中国社会科学院文库
文学语言研究系列
The Selected Works of CASS
Literature and Linguistics

 中国社会科学院创新工程学术出版资助项目

中国社会科学院文库 · **文学语言研究系列**
The Selected Works of CASS · **Literature and Linguistics**

汉语同位同指组合研究

ON CO-REFERENTIAL APPOSITION IN CHINESE

刘探宙　著

中国社会科学出版社

图书在版编目(CIP)数据

汉语同位同指组合研究 / 刘探宙著 . —北京：中国社会科学出版社，
2016.10

ISBN 978－7－5161－9323－5

Ⅰ.①汉…　Ⅱ.①刘…　Ⅲ.①现代汉语－语法－研究　Ⅳ.①H146

中国版本图书馆 CIP 数据核字(2016)第 273056 号

出 版 人	赵剑英	
责任编辑	任　明	
特约编辑	李晓丽	
责任校对	石春梅	
责任印制	何　艳	

出　　版	中国社会科学出版社	
社　　址	北京鼓楼西大街甲 158 号	
邮　　编	100720	
网　　址	http：//www.csspw.cn	
发 行 部	010－84083685	
门 市 部	010－84029450	
经　　销	新华书店及其他书店	

印刷装订	北京市兴怀印刷厂
版　　次	2016 年 10 月第 1 版
印　　次	2016 年 10 月第 1 次印刷

开　　本	710×1000　1/16
印　　张	21.5
插　　页	2
字　　数	355 千字
定　　价	85.00 元

凡购买中国社会科学出版社图书，如有质量问题请与本社营销中心联系调换
电话：010－84083683

《中国社会科学院文库》出版说明

　　《中国社会科学院文库》（全称为《中国社会科学院重点研究课题成果文库》）是中国社会科学院组织出版的系列学术丛书。组织出版《中国社会科学院文库》，是我院进一步加强课题成果管理和学术成果出版的规范化、制度化建设的重要举措。

　　建院以来，我院广大科研人员坚持以马克思主义为指导，在中国特色社会主义理论和实践的双重探索中做出了重要贡献，在推进马克思主义理论创新、为建设中国特色社会主义提供智力支持和各学科基础建设方面，推出了大量的研究成果，其中每年完成的专著类成果就有三四百种之多。从现在起，我们经过一定的鉴定、结项、评审程序，逐年从中选出一批通过各类别课题研究工作而完成的具有较高学术水平和一定代表性的著作，编入《中国社会科学院文库》集中出版。我们希望这能够从一个侧面展示我院整体科研状况和学术成就，同时为优秀学术成果的面世创造更好的条件。

　　《中国社会科学院文库》分设马克思主义研究、文学语言研究、历史考古研究、哲学宗教研究、经济研究、法学社会学研究、国际问题研究七个系列，选收范围包括专著、研究报告集、学术资料、古籍整理、译著、工具书等。

中国社会科学院科研局

2006 年 11 月

序

　　现代汉语语法研究在最近的 30 多年里成绩斐然，大大小小的专题研究几乎覆盖了所有汉语语法现象，研究者近来更多的是着力于用新的视角重新审视老问题，而去发现并耕耘未开垦的土地几乎成了奢望。是不是我们的语法描写和结构分析真的近乎穷尽了呢？当刘探宙这本《汉语同位同指组合研究》书稿摆在我们面前时，可以说给了这种疑问一个坚实的否定：我们的语法描写还远称不上完备，结构分析的工作更是大有可为。

　　同位同指问题在汉语语法里不算是新问题，系统的专门研究也不是没有，但为什么近些年以这个现象作专门选题的研究偏少呢？我想主要的原因还是思路和方法上没有新的突破。于是，我上面那段话的意思，不应该仅仅理解为我们尚有暂时没有看见的语法描写空白区，更准确地应该说是，视角的局限和思考的深度制约了我们语法描写的效能。其实，任何一个问题只要用心思考，都不是没有挖掘的余地。探宙面对汉语传统上说的"同位"问题，做的第一件事就是观察和思考。她首先发现的一个不被前人注意的现象就是所谓的"同位结构"，前人总是拿两项相邻的现象来讨论，而事实上具有这样关系的不限于两项，常常有三项、四项甚至更多的情况。应该说，这只是个很普通的发现，但就是这一发现，让向来不肯满足于简单观察的探宙触发了深沉的思考，也打开了一个全新的研究领域。她首先想到的是，三项以上的名词处于同位时，它们之间的关系是什么样的？是层层递进还是个个并列？显然，前人关于"偏正"或"并列"的轻率归类办法都无法令人满意，因为多项之间如果看成套叠的偏正关系，许多实例并不支持；如果看成是多项并列，则明显掩盖了同位特有的语法关系。这个时候，沈家煊先生对赵元任"零句说"的最新阐释发表了，沈先生令人信服地论证了汉语流水句里"连环说明"的实质，探宙敏锐地意识到，汉语的同位关系实质上就是浓缩的零句关系，其间的语法关系就是连环的阐释关系。至此，一项崭新的研究成果已然呼之欲出。我之所以不厌其烦叙述她的观察和思考过程，目的是想说明，这一过程，实在是对当前和今后语法研究具有启发意义的一个典型案例。

说到这里，就自然引到这项研究主要特色的话题了。这本书从头读来，首先给人一个强烈的印象是对传统的尊重，对成说的细抠。近年来的现代汉语研究文章，已经很少见对马建忠、黎锦熙这样的"骨灰级"学说的细抠了，"同位"这个术语最早出于马氏和黎氏的著作，按说这是个绕不过去的关隘，却被有些人早早搁置在古董店里了。本书作者静心潜入"同位"概念的发轫之处，从前辈的字里行间探究他们思路的最初形成，然后，她又潜心追究赵元任、吕叔湘等前辈关于"同位"的说法为什么在事实认定上有那么大的差异，追溯他们各自的理论背景，特别是把一个简单的术语定义放到前辈学者各自的语法体系中去理解他们划定外延的依据。这样的工作做完，自己再用自己的眼光开始研究时，心里的那种踏实和自信，是可以想象的。

这项研究的第二个特点，就是结构分析方法的熟练运用。在我刚开始学做语法研究的时候，结构辨析、层次分析是人人必会的基本功，这些年语法研究新学说丰富多彩，句法论证的手段相对来说并没有增加多少，而一向行之有效的结构主义方法却用得越来越少，不能不说这是个很大的遗憾。本书作者具有强烈的结构意识和论证意识，逻辑思辨色彩充满了全书。第四章关于形式鉴别标准的讨论最为鲜明地反映了这个特点，每一个实例的认定都是经过严格的测试，殊为难得；第七章关于 DP 理论与同位关系的讨论，也都用的是经典的结构辨析方法，充分显示了逻辑的力量。

第三个特点，就是尊重事实，冷静对待各种理论。当今流行的部分语法研究成果，往往喜欢标明一种旗帜鲜明的理论，用一个实例的研究显示该理论的解释力。同位问题也难免被学者们拉入某种理论框架，有的似乎还显得十分合适。本书作者显然关注到了这样的研究实例，但是很快她就发现，放到汉语同位同指组合的完整图景来看的时候，那些局部个案所体现出的理论完美性，其实是与汉语根本的语法事实捍格难通的。考虑到"的"的关系化作用，她把带"的"的 NP 排除在同位组合之外；观察到同位项的连环阐释性，她破除了贴"限定词"标签的幻想；归纳出多项组合的次序框架，她恰如其分地呼应了交际性解释。

以上三方面的特点，不仅是同位研究的最好切入方式，实在是当前研究任何汉语语法问题的正确打开方式（网语）。探宙能够有这样纯熟的手段和冷静的头脑，无疑跟她在北大受过的系统学术训练和在语言所熏陶的优良学术传统有关。

探宙2001年硕士毕业前北大的郭锐老师向语言所推荐了她，我们经过考察就很满意地录用了。她来到我的研究室工作伊始，就投入了一个大型语法描写项目中，她对语法事实的辨析能力给我留下了深刻印象。几年后她陆续发表几篇文章，都在学界形成了良好的反响，都是以材料新颖、观察细致、思辨性强为特色。2012年，我们句法语义学进入了中国社科院的创新工程，探宙作为这个项目的执行研究员，她的同位同指组合研究成为项目中一个重点。不到两年的时间，她完成了这本书的初稿，经过所、院两级专家评审，成功获得院创新工程学术出版资助，并成为数十项申请中为数不多纳入《中国社会科学院文库》的著作之一。又经过两年多大规模的修改和增补，展现在眼前的这部书稿面貌一新，更加扎实丰厚了，当得起代表我院一流水平的"文库"著作称号。相信这部著作在汉语语法学界能够成为弥补空白、启迪思考的重要作品。

张伯江

2016年6月

目　录

导 言

　　汉语的同位性组合是我们语言生活中习以为常的语法现象，但在语法研究上却是个关注度偏低的角落。比起大多数句法语义现象，汉语同位关系的研究在数量和理论阐释上都相对单薄。这一方面是因为这个现象长期以来被认为与英语等语言中的同类现象并无不同，并不体现汉语特点；另一方面可能是认为它形式简单，没有丰富的类型，也没有太多的理论蕴含。

　　其实，汉语的同位关系问题并不像一般人印象中那么简单。首先，关于它的事实描写就远远算不上充分。汉语的两项同位同指组合不仅与英语等西方语言有很多不同，而且能够以同位方式出现的组合不限于两项，可以多达六七项，这样的现象迄今未见全面的描写。其次，鉴于汉语同位组合类型繁多的复杂性，它的界定也是一个需要给出明确定义的重要问题，而目前事实描写的粗疏显然还未能为这一工作提供理想的基础。最后，用现代语言学的眼光来看，汉语同位同指组合的理论蕴含远比我们想象的丰富。相同的语义所指，相同的句法地位，在通行的语法体系里没有合适的安置位置，这本身就是极具理论挑战性的事实，传统语法未能予以回答，原因就是缺少更多的观察侧面和思考深度。现代句法理论关于名词短语的新视角，语用学和篇章语言学关于名词性成分信息性质的论断，都为我们深入理解汉语同位现象提供了重要的启示；汉语语法学者根据汉语实际提出的汉语基本语法关系的新学说，也为我们解释同位现象提供了有力的理论武器；同时，汉语同位同指组合的复杂性和自身特点，又为我们深入思考现代语言学理论如何恰切地运用于汉语事实提供了一个极好的观察视角和切入角度。我们可以立足于这个现象的观察和描写，在更广的视野中深入探讨汉语名词短语的句法语义属性，进一步揭示汉语短语构成以及句法运作方面的具有普遍意义的规律。

　　我们的研究在评述前人相关研究的得失、阐明本书的任务之后，从同位同指组合的性质、实现方式和形式界定标准入手，借以弄清同位同指组合与相关结构的联系和区别。然后以同位项的多少为序，逐类描写现代汉语同位同指组合的所有类别，以期得到对汉语同位关系的全面了解。最后，在事实描写的基础上，探讨我们关于汉语同位同指的若干理论思考。

第　一　章

为什么要研究同位同指组合

第一节　汉语同位语法现象研究的历史和现状

我们要研究的语法现象，在通行的论著里一般称为"同位结构"或者"复指短语"。我们称之为"同位同指"，是为了从形式和语义两个角度来界定它：如果单纯强调两个名词共同出现在相同的句法位置上（"同位"），则至少无法与并列结构区分清楚；如果单纯强调指称同一事物（"同指"），那么可能把过多不同句法性质的组合扯进来。我们不采用"复指"的说法，是为了区别于传统上语义复指关系所包括的纷杂的语法现象，同时也避免人们理解这种语法现象时受"复指"字面上所暗示的"重复"的影响。我们研究的语法现象，既在句法上同位，又在语义上同指。而称之为"组合"而不是"结构"，是因为我们观察到，这种句法关系不同于主谓、述宾、述补、定中、状中等一般句法关系，无论在句法本质还是实现句子的方式上都有其独特的特点，我们会在以下的几章进行具体的展示。

同位现象在汉语中是个很古老的语言现象。孟蓬生（1993：301—306）指出，汉语在叙述古国名、君主名、地方名等时，上古夏代以前"大名冠小名"如：帝尧的语序是盛行的并且占统治地位的；到了商周才出现"小名冠大名"如：尧帝的语序，两种语序并存、人名地名各有分工；秦汉以后，"小名冠大名"语序占了绝对的语序优势，"大名冠小名"的语序词汇化为通指名词（如"虫蚁""虫蛇"）。他所谓的"大名"是事物的通指名，"小名"则是具体人、事物的专名，类别上隶属于"大名"所指的事物。孟文认为这是一种修饰语在后、语序特殊的偏正结构。诚然，"小名"在前、"大名"在后的语序是汉语偏正关系的语序常规，而"大名"在前、"小名"在后的这种语序，在我们看来反映的是一种同位关系，"大名"是叙述的主干，而小名则是以补充说明来帮助辨明叙述主干所指向的具体对象。如：

> (1) 有₁夏₂（夏代以前称"国"为"有"）（左襄四）；
> 丘₁商₂（乙 4518）；城₁濮₂（《左传·宣十二》）
> 帝₁尧₂（《尚书·尧典》）；后₁羿₂（左襄四）；
> 神₁耕父₂（《山海经·中山经》）

(1) 各例中下标 1 的都是"大"的类名，下标 2 的都是具体的"小"名，组合方式近似于现代汉语的"数字三、总统奥巴马、首都北京"等，这些国名、地名和人名后来都以偏正式构词方式实现了词汇化，沿用至今：夏国、商丘、濮城、尧帝、耕父神。

孟文的研究显示出汉语称谓系统中同位关系的出现不晚于偏正关系。不过，对同位这种语法现象在汉语体系中的地位的认识，在《马氏文通》以来的现代语法研究史上有一个认识逐渐深化的过程。从把纷杂的语法现象笼统地归为同类，到逐渐提出质疑、辨析并给予特别的关注，问题的脉络越来越清楚。下文我们简明而系统地梳理一下这些文献。在这些文献的基础上，我们来看一下系统研究同位关系这样的名名组合有什么价值，还有哪些问题值得继续深入探讨。

尽管秦汉之后已经词汇化的国名、帝王名不再采取"大名冠小名"的同位构造方式，但以"大+小"同位方式入句的情况很多，如：

> (2) 右丞相₁陈平₂患之。（《史记·陆贾列传》）

这种语法现象，从具有现代意义的《马氏文通》开始就被关注。纵观这些论著和文献，对同位短语的研究可以分为四个阶段：第一个阶段是对"同位语"概念的界定和涵盖范围的争议；第二个阶段关注点开始转向两项同位成分的语法关系上，包括对构成成分的类型和语义关系的讨论；第三个阶段是 21 世纪以来对同位关系用法上的思考，包括它的逻辑语义、指称关系和语用表现，学者们开始借用当代语言学理论寻求对同位关系的句法解释；第四个阶段则是近几年来不同学派之间对同位关系分析的交流和对话。这四个阶段其实也反映了现代汉语其他语法问题的大致研究走向，即：厘清概念——辨析结构——寻求解释——对话交流。当然，这些阶段并非完全按照年代划分的，而是按照研究趋势，很可能较早的著作已经有了较超前的研究思路。下面分别简要概述一下每个研究阶段。

一　概念：汉语传统语法论著对"同位语"的论述

自《马氏文通》开始，汉语传统语法论著对同位语的论述多集中在概念的界定上。"同位"曾有过"同次""复指""复说"等名称，每个概念名称涵盖的范围都有差异。

《马氏文通》是最早关注同位现象的现代语法著作，所用名称为"同次"："凡名代诸字，所指同而先后并置者，则前者曰前次，后者曰同次。"（马建忠，1898/1998：102）。马氏在讲完名字、代字（即名词性成分）后，花了很大篇幅描述这些成分在句法结构中能出现的位置①：主次、宾次、偏次和同次。也就是说，马氏认为名词性成分在句子里可以出现在主语、宾语、定语和同位语这四个位置上。虽然这四个位置事实上地位并不等同②，但"同次"与主、宾、偏次这样的句法位置并列，足可见马氏是从句法角度对同位现象给予了充分的重视，他对此也投入了很多观察和思考。根据他对"同次"的作用阐释以及分类举例，我们列表（见表1—1）归纳出如下被认为是同位的情况（我们用 X 指前次，Y 指同次，用"XY 关系"表示用现代语法观测试的两"次"之间的句法关系）：

表 1—1　　　　　　　《马氏文通》"同次"现象归纳表

类别	XY 关系	同次样式	文　例
重言	主谓	(1) X（N.），Y（Adj.）	吾见新鬼大，故鬼小
		(2) X 者，Y 也	南冥者，天池也
	宾宾	(3) 封（拜/传/称）X 为 Y	陆生卒拜尉他为南越王
		(4) 以 X 为 Y	景帝立，以唐为楚相
	主状	(5) X YV（Y）	内史庆醉归；丈夫相聚游戏，悲歌忼慨
	主宾	(6) X 之谓（言/云）Y	此之谓大丈夫；德言盛，礼言恭

注：表中"用如表词者"列于"重言"与"XY关系"之间。

---

① 这种句法位置在书中被称为"次"："凡名代诸字在句读中所序之位，曰次。"（马建忠，1898/1998：27）

② "凡主、宾、偏三次皆可为同次。"（马建忠，1898/1998：102）

续表

类别		XY关系	同次样式	文例
重言	用如加语者	同位	(7) X（官衔勋戚）Y（人名）	项王乃谓**海春侯大司马曹咎**等曰
		主谓并列	(8) X (N.)，Y (N.)	**余**之宗兄，故起**居舍人君** 则得故相国今太子宾客荥阳郑工
		主状	(9) XY皆/俱/各	若属皆且为所虏
		总分	(10) X，$Y_1Y_2Y_3$……	子以四教，文行忠信
		称代	(11) $X_1 X_2 X_3$……，是/此……（Y=是/此）	礼义廉耻，是谓四维
			(12) XV之；X其V（Y=之，其）	险阻艰难，备尝之矣
		偏正/主谓	(13) X (N.)，Y (N.)	择郡国吏，木讷言辞重厚长者，即召除为丞相史 赠我南鄙之田，狐狸所居，豺狼所嗥
叠言		重复	(14) XY（Y=X）	臣诚愚，触忌讳，死罪死罪
申言		主状	(15) XY（Y=亲/亲自/自）V	庄王亲自手旌

从表1—1中归纳的15小类"同次"现象，我们可以看出，尽管马氏把同位现象视为在句法上与主、宾、定语等成分地位平等，但就表1—1来看，句法标准并未起作用，因此实际结果也不能让同次达到与它们平等的地位。他所划定的"同次"的范围远远大于后来学界渐渐达成共识的"同位"现象。这首先是因为他定义中唯一形式标准"先后并置"并不要求位置相连，这样，"一前一后"的线性标准就形同虚设，"所指同"的语义标准成了唯一的鉴别标准。只根据这个语义标准，有10小类［（1）、（2）、（5）、（6）、（8）、（9）、（11）、（12）、（13）、（15）］的前后两"次"是分居于主谓两大部分内部的，这就失去了"次"的句法意义；而第（1）类和第（5）类做表语的形容词"大""小"、做状语的形容词"醉"都能做前面名代诸字的同次，这更是破坏了"同次"是指名代诸字的词类条件；他还将完全重复的篇章现象叠言也归入句法上的同次，如第（14）类。所有这些都让人感觉"同次"在句法上的任意性。

不过，马氏的观察倒是首次让人们充分认识了汉语语义成分同指的种种情形。他独特的贡献在于通过举出各种实例表明，同次要求的"所指同"并非指两个名词性成分各自单说时指称完全等同，而是两者在同一个句子中实现了"所指同"，比如上面（7）中"海春侯"是勋名、"大司马"是官名，而"曹咎"是指某个具体的人，两者单说时指称范围大小各不相同，但在同一句中连在一起就实现了"所指同"。这一点在后来一百多年的研究中一直被忽略，以至常见的研究关注点就是同位的两个名词项的指称问题。

《马氏文通》之后，1924 年首版的第一部以白话文为研究对象的语法著作《新著国语文法》也对同位现象予以了充分的关注。由于黎锦熙（1924/1953）总体上持"中心词分析法"的句本位思想，因此他需要对马氏的"主、宾、偏、同"四个位置进行细化①，以利于分析句子成分、析出中心词。为示区别，黎氏摒弃"次"的称谓，将句法位置称为"位"②，"同位"是七位中重要的一位。在对同位的看法上，黎氏与马氏突出强调"所指同"有所不同，他真正强调句法位置，在 1954 年第 19 版修订之前，黎氏对同位的定义甚至没提到"所指同"："两个名词同在一个位置的，叫作同位。"（黎锦熙，1924/1953：65）第 19 版才修订为："两个或更多的名词同在一个位置，而又同指一个事物的，叫作同位。"（黎锦熙，1924/1954：65），可见从20 年代到 50 年代的 30 年间黎氏有个认识上深化的过程，补充上语义标准以精确定义，同时也认可同位可以多项共现。这一版修订后，同位有如下三种（见表 1—2）：

表 1—2　　　　　　　　　《新著国语文法》同位现象归纳表

种类		样式	举例
相加的同位		职衔/称谓＋专名	**中国的首都北京**是咱们中国人民的首都
		专名＋职衔/称谓	世界最高地是亚洲的**帕米尔高原**
总分的同位	总提	总，分$_1$＋分$_2$＋分$_3$……	**新民主主义革命的三个敌人，帝国主义、封建主义、官僚资本主义**，在国内都被肃清了
	总括	分$_1$＋分$_2$……＋数量名	**主语述语两种成分**是句子的主要的成分
重指的同位		①名＋指量名	**蚂蚁这种动物**到处都有
		②同主位	**电气**，**它**是很有用的
		③同领位	**蒸汽机**，**它**的功用也很大
		④同宾位	**这本书**，我很爱**它**
		⑤同副位	**这样一件小事情**，我们为着**它**也费了几点钟工夫

① 黎锦熙（1924/1953：30—31）将马氏的"主、宾、偏"各两分："主"分作"主""呼"两位、宾分作"宾""补"两位、"偏"分作"领""副"两位（副位实质上是指介词宾语位置，不过介宾通常一起修饰动词做状语）。

② "位"即"名词或代名词在句中的位置"（黎锦熙，1924/1953：30）。

　　从表1－1和表1－2的比较中我们发现，黎氏剔除了马氏15类中的三种情况：第一种是形容词（静字）"同次"的情况，如表1－1的（1）和（5）类；第二种是纯粹重复表达而非句法同位的"叠言"，如表1－1中的（14）类；第三种是两项名词分居主谓两部分或分居于谓词"为"两侧的，如表1－1中的（2）、（3）、（4）、（6）等。如果说前两种是纠正和排除不合定义的情况，那么第三种剔除情况则反映了黎氏比马氏更强调句法位置的同一性。

　　黎氏体系为"是""为"等"同动词"的宾语专设了一个句法位置"补位"（即表语位置），并解释说"可是实质上，补主即主，补宾即宾[①]，故理论方面或说为主位或宾位的同位"（黎锦熙，1924/1954：70）。此处"实质"应为哲学意义上"名实"之别的"实"（"名"指形式，"实"指意义），而"理论"应解为"道理"义。也就是说，黎氏认为补位上的名词性成分，在意义上与主语、宾语是同指的，因此从道理上可以说是"同位"。但他并不把它算作句法上的同位现象，因为两个名词性成分之间毕竟隔着动词[②]，不再是"同一位置"。

　　不过，同位的两成分间不能隔动词这一想法他也并未贯彻到底。我们看到，表1－2中第④⑤两类，其实和补位情况是相似的。我们现在认为是话题成分的"这本书/这样一件小事情"，黎氏的体系认为是"变式的宾位"，即"宾语提到句首去了，而他的本位又填充一个'指示代名词'"（黎锦熙，1924/1953：41）。但这样的话，两个成分也被动词等其他成分隔开了。很多学者借此认为黎氏对同位的认识更注重意义同指，其实那只是因为他并未认识到"变式宾位"和"补位"在"分居"上的相似。

　　"同位"的名称自黎氏起也就沿用下来。后来吕叔湘、朱德熙（1952/1979）、胡裕树（1979）、朱德熙（1982）等现代汉语语法著作和教材大多都用"同位"称呼这种句法现象。

　　"变式的宾位"和填充代词之间"分居"这种情况到吕叔湘、朱德熙（1952/1979）就被从同位现象里离析出去。"变式的宾位"被处理为"外位成分"。这样，"同位语"的概念发展到《语法修辞讲话》得到了进一步升

---

　　① 表1－1中第（2）类即黎氏所言"补主即主"，第（3）（4）类即"补宾即宾"。
　　② "这种实质上的同位，无论同于主位或同于宾位，在现代的形式上，一概要认为补位；因为它对于主位或宾位，其间究竟还有一个'同动词'，和其他紧贴而密合的同位不同，故不能做一样的图解。"（黎锦熙，1924/1954：71）

华，只有相邻的两个成分才被认为具有同位关系："同位成分实际上指相同事物的两个词或短语，我们把它重叠起来用在句子里，用一个做句子的成分，用另一个来解释它，我们就说第一个是本位语，第二个是第一个的同位语。"（吕叔湘、朱德熙，1952/1979：22）。从这里我们看到同位概念中首次出现了"重叠"（即相邻）的形式条件。不过在吕、朱的语法体系中，主语、谓语、宾语和表语才是句子的成分，附加成分、联合成分、同位成分和外位成分这四类另外单列，究竟是什么性质的成分他们并未明确。"用一个做句子成分，另一个来解释它"，意味着只承认出现在前面的"本位语"算句子成分，在后的"同位语"不算。正因为未明确性质，他们的同位体系中还包含着后来被认为是"松散同位"① 的情况，如下面的（3），以及有"亦""即"等联系词的情况，如下面的（4）：

（3）**这两方面，对人民内部的民主方面和对反动派的专政方面，**互相结合起来，就是人民民主专政。（吕叔湘、朱德熙，1952/1979：23）

（4）这些是**西方资产阶级民主主义的文化，即所谓新学**……和**中国封建主义的文化即所谓旧学**是对立的。（吕叔湘、朱德熙，1952/1979：23）

这两种情况我们现在都不认为是同位，下文还会详尽分析。

除了"同位"的名称，也有称同位为"复说"、同位语为"复指成分"的。1956 年的《暂拟汉语教学语法系统》以及依据这个系统编写的《汉语知识》（张志公，1959）等教材、刘月华等（2001）都采用这种称谓。不过《暂拟》及其教材所涉及的同位现象，基本上与黎氏体系的三分法（相加、称代、总分）一脉相承。与相近时间出版的《语法修辞讲话》相比，语法观念有所退步，因为不强调相邻叠用的形式条件。但肯定同位语是"句子成分"："用两个词或者词组，指同一样事物，做同一个句子成分，这是一种复说的表示法。这样的成分叫作复指成分。"（张志公，1959：194）

这一阶段的文献，从《马氏文通》到《新著国语文法》再到《语法修辞讲话》，三本著作代表了学界对"同位语"和同位现象的认识不断深化的三个阶段。研究关注点集中于概念解释、限定条件以及范围分类等问题，着重

---

① 松散同位，即语义同指的两个成分之间有停顿，有逗号隔开。

说明两个构成成分项的位次特点和意义上同指的特点。这些概念的界定和讨论对以后的研究有重要的启蒙意义。

二　结构关系：从同位语到同位结构

第二个阶段是以 Chao（Chao，1968，吕叔湘 1979 节译本，丁邦新 1980 译本）和朱德熙（1982）为代表。以这两部著作为代表的研究，将结构主义的方法和思路引入汉语语法，使同位现象的研究关注点从对"同位"概念和限定条件的讨论，转向了观察两个同位项之间的结构关系。

这个阶段对同位关系结构性质的处理大致分作两种情况：或者单独看作一种句法结构，或者不单列处理。不单列处理也有两种看法：一种是归入并列结构；另一种是归入偏正结构。

结构主义引入汉语研究是从 1952 年起连载于《中国语文》的《语法讲话》开始的。不过《讲话》并未提及同位现象，只在"名词的修饰语"一节中提到一类"同一性的修饰语"：**两公婆吵架**的小事、"**上大人孔乙己**"这半懂不懂的话（丁声树等，1961：45—46）。这种结构后来被很多人看成同位语从句。但因为结构中有"的"或可添加"的"，我们并不认为是同位关系，后文还会论述。

尽管 50 年代结构主义开始运用到汉语研究中，但是 40 年代初出版《中国文法要略》（下简称《要略》）（吕叔湘，1942）却已经有结构主义的思想，它是最早讨论句子和词组的变换关系的著作，因此朱德熙先生在《汉语语法丛书》总序中赞其为"研究汉语句法结构变换关系的先驱"。《要略》在"判断句和同一性加语①"的变换关系中提到，传记性判断句有转换成词组的可能。它的意思是下面破折号左边的判断句都能变换为右边的"同一性词组"：

　（5）长江是中国第一大水——**中国第一大水长江**；

　　　陈婴者，故东阳令史——**故东阳令史陈婴**；

　　　南阳刘子骥，高尚士也——**南阳高尚士刘子骥**；

　　　淑静者，大姊也——**大姊淑静**

"形容性词组和领属性词组都不大用人名地名做端语，而同一性词组常

---

① 吕先生说的"加语"相当于修饰语，下文的"端语"相当于"中心语"。

拿人名做端语，这很可以表示这种词组和前两种的性质不相同。"（吕叔湘，1942/1993：72）把有同位关系的两项组合称为"词组"（结构），这在中国语法学史上是首次。从这段话我们可以判断，吕先生是将同位结构视为一种特殊的偏正结构，把居后的专有名词视为中心语，而居前的名词视为修饰语，这和十年后他参与编写的《现代汉语语法讲话》中提到的"同一性修饰语"是一致的。

继承了吕先生"同一性修饰语"的提法，80年代朱德熙先生更加明确地提出"同位性偏正结构"的说法："同位性偏正结构的特点是定语可以指代整个偏正结构"（朱德熙，1982/1997：144）。按照这个定义，同位结构的范围就扩大到一切可转指的"的"字结构了，比如他说："'新的房子'和'新房子'，'木头的房子'和'木头房子'意义近似，但是结构不同。'新的房子'和'木头的房子'是同位性偏正结构，其中的定语（新的、木头的）可以指代整个偏正结构；'新房子'和'木头房子'不是同位性偏正结构，其中的定语（新、木头）不能指代整个偏正结构"（朱德熙，1982/1997：144）。我们注意到，朱先生这里谈的是"定语"和"整个偏正结构"的语义关系，而传统的同位关系指的是"定语"和"中心语"的语义关系（按照朱先生的定义），因此从定义上朱先生的同位性结构就与前有所不同。我们把将同位归入偏正结构的观点比较列表如下：

表1—3　　　　吕叔湘、朱德熙先生对"同位结构"性质的观点比较

	同位性偏正结构（朱德熙）		同一性词组（吕叔湘）	
a	"人"字、广东省、老王同志	不能加"的"	中国第一大水长江、故东阳令史陈婴、南阳高尚士刘子骥、大姊淑静	e
b	我李逵、咱们中文系、人家小王			
c	这本书、两块钱、五斤米			
*	新房子、木头房子			
		能加"的"	两公婆吵架的小事、迁地为良的主张、明日开船的消息、沙漠旅行的经验、建国的事业、"上大人孔乙己"这半懂不懂的话	f
			"省亲别墅"的牌坊、战争的威胁、赤壁之战的故事	g
d	我的眼镜、新来的老师、他写的诗（可转指）		我的事业、（领属性）伟大的事业（形容性）	*2
*1	开车的技术、走路的样子（自指）			

表1—3中a—g六个被认为是同位结构，其中a、b、e三类后来仍被认为有同位关系，f类后来被认为是同位语从句，c类被看成数量结构，而d、g两类由于有居中的"的"，现在依然被认为是真正的偏正结构。

从表1—3两栏的比较中我们可以看出，尽管吕先生和朱先生对整个同位结构中间是否可以加"的"都没有硬性的要求，但是吕先生秉承马氏以来的传统，观察的是前后两个名词项的同指性，而朱先生观察的则是前项和整体之间的同指性，因此吕先生主张同位性结构和领属性结构、形容性结构三分，朱先生则同位、领属不分，形容性结构则以自指和转指做区别。由于以"结构"为要旨，两位先生都将两成分位置相邻且成一个句法整体作为同位关系不必言说的形式条件，也都没将有逗号等标点符号插入（即"松散同位"）的情况纳入同位结构。

在教学领域，北大版《现代汉语》（1993）完全秉承朱先生的观点，也持"同位性偏正结构"说。

将同位关系归入并列结构的以Chao（1968）为代表。不过他只是将他同位体系里的一类归进并列结构，因为他将同位关系更多地视为一种语义关系："When two expressions in succession refer to the same thing, the relation is one of apposition. Since reference to the same thing is a semantic conception, it may actually involve different formal features."[①]（Chao，1968：271）从这个定义中我们可以看到赵先生更重视同位关系的语义同指，不认为它有句法独立性。不过形式条件也有：一是连续出现——连续才能成结构；二是名词性成分——名词性才能有所指；三是相对关系——两者地位平等互为同位。他对同位的归类我们列表如下：

表1—4　*A Grammar of Spoken Chinese*（赵元任）的同位现象归类表

分类	举例	性质
close apposition 紧凑同位[②]	王家、李大夫、ㄨ一音、天字、科学杂志、吴县、你懂不懂**"岂有此理"**这个话	subordinate phrase or compound 主从短语或复合词
loose apposition 松散同位	我的朋友江一、文学院长陈方伯、他们三位、东西交通的孔道苏伊士运河、我有个八哥ㄦ会说话的	coordination construction without pause 无停顿并列结构

①　译文：如果两个成分连续出现并且所指相同，两者之间的关系就是同位关系。由于"所指相同"是个语义概念，因此实际上涉及不同的形式特征。

②　译文参考（Chao，1968，吕叔湘1979节译）

续表

分类	举例	性质
interpolated apposition 插入同位	江一，（是）我的一个朋友，要来见你；他们（是）外国人不会吃瓜子；他做了一套新洋服，挺漂亮的一套洋服	insertion or afterthought 插入或追补成分

表1—4赵先生所说的"松散同位"跟现在英文中的"松散同位"不同，说它"松散"只是和有修饰关系的"紧凑同位"相对比而言——说的是两成分间没有修饰关系。英文中的"松散同位"对应于Chao（1968）的"插入同位"类，即有逗号、停顿插入两成分之间的情况。没有逗号和停顿插入的，在通行的体系中被称为"紧密同位"。

对比表1—3和表1—4，我们可知，赵先生归为偏正（主从）关系的"紧凑同位"，即表1—3朱先生的a类；赵先生归入并列结构的"松散同位"，即表1—4吕先生归入同一性词组的e类；另外赵先生还提出吕、朱都忽视的有逗号插入两成分的这种情况，认为它是不属于主体结构的补插成分。

将同位结构归入并列或联合结构，秉承这种思路的有范晓（1980）、邓思颖（2010）等，刘街生（2004）也强调同位两成分之间的并立性。

无论归入偏正结构还是并列结构，三位老先生都不承认同位关系的句法独立性。他们更多地将同位看成一种语义关系，以维护"词组实现为句子"结构系统的齐整。

不过在教学体系，将同位关系给予句法独立对待的占主流。很多《现代汉语》教材都将同位结构单列为一类句法结构，如胡裕树本、黄伯荣、廖序东本等。1984年颁布的《中学教学语法系统提要》针对1956年制定的《暂拟汉语教学语法系统》做了修正，取消其中作为特殊的句子成分的"复指成分"，分别归入"复指短语"和"不相连的复指"，其中前者是在短语系统中作为单列的一类，后者根据《〈暂拟汉语教学语法系统〉修订说明和修订要点》分别"归入复句和主谓词组做谓语"（《中国语文》1981年第6期，第439页）。我们列表对比如下：

表1-5　　　　　　　　《中学教学语法系统》和《暂拟汉语教学
语法系统》"复指成分"对比表

		暂拟汉语教学语法系统"复指成分"	句法功能
中学教学语法系统	复指短语	厂长老王工作抓得紧；他们三位都为了；北京，我们的首都，是一个美丽的城市	主语
		《义勇军进行曲》是天才音乐家聂耳的作品	定语
		他访问了工程师李建国同志	宾语
		国庆节那天在公园里真热闹	状语
	不相连的复指	称代复指	这个人我认得他	主谓谓语句
			童年，这是多么美好的时光啊	
			飞沙像山一样压下来，那在大戈壁里是不稀罕的	
		总分复指	游园的人很多，有的看电影，有的猜灯谜，有的带孩子去儿童乐园	复句
			她的两个姐姐，一个是医生，一个是演员	复句谓语

　　从表1-5中我们看到《中学教学语法系统提要》（下简称《提要》）充分体现了结构主义的思想，根据"复指短语"能分别实现为主语、宾语、定语等句法成分，给予同位关系以独立的句法地位。而对一些不相邻、不成结构的复指现象怎么分析，《提要》颁布前后有很多讨论，如高更生（1981）、金凤桐（1982）、何伟渔（1984）等，大致认同将其分别归入复句和主谓谓语句中。

　　进入新世纪，齐沪扬（2000）将"同位短语"作为短语系统的独立成员之一，做了最充分的阐明。这本书不仅从逻辑上和功能上给同位短语分了类，而且从自称、尊称等指称角度提出同位短语的语义搭配限制，并简要说明了同位短语的句法功能，列表如下：

表1-6　　　　　　　　《现代汉语短语》对同位短语的功能分类

逻辑外延分类	功能分类				语义限制	句法功能
$N_1 = N_2$；$N_1 \geqslant N_2$；$N_1 \leqslant N_2$	自称	非自称			自称短语；尊称短语；人称短语；非人称短语	主语；宾语；定语
		尊称	非尊称			
			人称	非人称		
				物称	非物称		

　　根据指称对象称谓功能来给同位短语分类并大致描写语义搭配限制，这

在结构主义语法描写中是最独特也是最详尽的，尽管其中很多细节尚需讨论。

由于前一阶段各家论著对同位语的定义和类型有不同的看法，因此这一阶段的文献对同位结构两项成分的结构关系也有不同的处理方法。但无论归并处理为并列结构、偏正结构，还是独立单列一类，都显示出汉语语法学者已经将研究视角从单纯的语义概念和位次特点，转向成分之间的结构关系和搭配类型，并将其作为最重要的语法描写和分析手段。

三　解释：从专项研究到多维视角

从 20 世纪末起，汉语学界开始陆陆续续地出现一些对同位短语或复指成分进行专题研究的文献。

这个阶段的研究大致以 21 世纪为界分为前、后两个时期。前一个时期主要继承赵元任、朱德熙先生以来的结构主义语法描写方法，关注同位关系的某个具体问题并对其进行专题研究。讨论比较集中的几个问题有：（1）同位结构和其他结构之间的关系：李人鉴（1986）、黄河（1992）、刘泽民（1997）等论证了同位结构应该属于偏正结构；岳中奇（2001）则从转换关系入手论述同位结构和偏正结构的差异；李升贤（1995）、张文章（1996）都论证了同位结构和主谓结构的区别；冯文洁（1998）则指出"复指短语"与偏正和联合短语都不同。（2）细致描写同位结构类型的文献也不少，如陈建民（1986）、雷长怡（1989）、李人鉴（1986）、黄河（1992）等。黄河（1992）在语义类别、语法特征描写之后，还谈到了语境对同位结构的限制。（3）含专有名词的指人的同位结构是贯穿这个阶段的、研究者一直特别给予关注的类型。最早的专门关注是刘丹青（1985），他针对"王大成主任"和"主任王大成"两类位序相反但都被认为是同位的结构，从组成成分的限制、句法功能、表义重点等不同，阐明两者性质的不同；储泽祥（1998）则探讨指人同位短语两个成分之间位序的制约原则。这是早期研究指人同位短语的两篇代表文献。另外杨靖宇（1998）还讨论了指人同位短语的歧义化解。（4）首次谈到多项复指及其结构关系的是朱英贵（2005），这是用结构主义直接成分分析法对同位结构进行层次分析的典型代表。（5）谈同位结构在语用表达上的作用的以赵静贞（1982）为代表。这一时期还有对少数民族语言同位短语的专门描写，如靳畸（1991）对突厥语和周振明（1994）对维语同位关系的描写。

这些倾向于结构主义描写的研究都显示出研究者对同位关系某个侧面的细致观察，丰富了人们对这种句法关系的认识，同时，也正因为人们对同位关系的本质的认识尚在探索阶段，未达成共识，因此会造成诸多观点上的分歧。

随着国内语言学理论进一步发展，西方各语言学流派在国内逐渐盛行和活跃，本阶段后一时期的特点是，功能、认知取向的语言学理论由于汉语本身的特点及其理论的简洁直接、可接受性强，在汉语学界得以优先地推广和发展，同位关系的研究也逐渐从结构主义的单一视角向功能认知多维解释的方向发展，新一代研究者对同位关系的研究不再只满足于一个问题或一个侧面的结构描写、辨析和语义分类，而是更注重运用现代语言学的新理论和新方法多角度多方位地观察同位现象，寻求对这种语法结构的解释。研究者越来越广泛地注意到同位关系反映出的指称意义和语用功能的特殊性。

这一时期从刘街生（2000）讨论同位短语的博士论文开始，相继有姚小鹏（2005）、王忠（2005）、李文萃（2011）、邓荣（2011）等几篇硕士论文和阮氏秋荷（2009）、郑友阶（2013）两篇博士论文，这些学位论文都以现代汉语的同位关系为共同关注点，主要研究两项同位结构的句法和语义，充分讨论了同位短语内部构成和类型，都从语法、语义、语用和认知等多个角度出发，试图解释这个结构的生成、意义和使用，内容既有交叉，又各有侧重。涉及的理论角度多彩纷呈，大致有以下几个。

1. "三角"理论和语体研究。刘街生（2000，2004）第一个深入研究汉语的同位关系，运用邢福义先生的两个"三角"理论，对同位关系进行了古今对比和中外对比，认为汉语的同位结构是介于定中结构和并列结构之间的一种结构，并率先通过同位结构看汉语的语用敏感性。之后，刘街生、代天善、北如（2006）又通过对不同类型的同位结构在不同风格文本中的分布进行统计分析，为同位短语的研究注入了语体研究的思路。运用刘街生（2000）的分析体系，近两三年出现一系列古代汉语同位关系研究的硕士论文①。

2. 焦点理论。姚小鹏（2005）用功能主义自然焦点居后的观点，解释复

---

① 2011—2014年，山东师范大学出现若干对古汉语文献中的同位关系研究的硕士论文，包括《韩非子》（范胜，2011）、《三国志》（齐琳，2012）、《史记》（孙云龙，2012）、《拍案惊奇》（王苏波，2012）、《论衡》（吴帅，2012）、《关汉卿杂剧》（王振宪，2014）、《红楼梦》（杨柳，2014）。

指短语遵循着把重要的、指称程度高的成分放在后面凸显的位置，而把次要的、指称程度低的成分放在短语前面从属的位置。韩蕾（2009）也专门谈到焦点对该结构的影响。

3. 指称。王忠（2005）、李文萃（2011）都着重于同位结构指称意义的分析，同时韩蕾（2003）、黄瓒辉（2003）的单篇论文也考察了指称对于双项同位结构的作用。

4. 话语篇章。双项同位结构最受关注的一类就是包含人称代词和 NP 的结构，一直为研究者所青睐，有多篇研究成果。张旺熹（2010）就考察了这一结构的话语功能，认为汉语"人称代词＋NP"结构主要的话语功能在于凸显代词所指对象在特定话语情境中所拥有的某种特定属性，从而规定着言者对这一对象的主观评价，或是预测代词所指对象在话语情境中所要采取的特定行为，显示出篇章理论的影响。研究"专名＋人称代词" ／ "人称代词＋专名"的硕士论文陈艳艳（2015）也对两个同位结构式的话语功能进行了对比分析。

5. 构式语法等。近些年来随着构式理论的发展，研究指人的同位性构式的文献越来越多。研究"人称代词＋一个 NP"的硕士论文徐华（2013）、研究"你个 NP"的硕士论文雷玉芳（2015），以及近两年讨论相似构式的单篇文献都是构式语法理论在中国发展的阶段性成果。

6. 语法化和词汇化理论。在现代汉语同位关系的研究逐渐走向深入之后，进入 21 世纪，研究上古汉语同位关系的成果也出现了，郭晓红（2005）对甲骨文、潘玉坤（2005）对西周金文同位关系的研究是继孟蓬生（1993）之后上古汉语同位关系描写的力作。郑友阶（2013）的博士论文在西周文同位关系的基础上，对比现代汉语，运用了语法化和词汇化理论力图分析某些同位关系由古至今的发展。

总之，这一阶段同位短语的研究开始进入了有广度、有深度的探讨阶段，研究思路和方法注入了现代功能主义语言学派重视语言交际使用的特色。不过，这一时期的研究虽然尝试运用新理论、新方法，对某些类型比如指人同位结构的篇章、语用观察成果尤其丰硕，但局限于局部关注，进行全局性思考的少。对汉语同位现象这种特殊的句法关系进行本质思考的虽然有人做出了努力，比如富有开创性的刘街生（2004）和交叉运用多种理论的郑友阶（2013），但都没有将同位关系放在汉语整个句法体系全局的背景下思考，因此探讨未能深入到位地触及汉语实质，新理论虽然采用较多，但理论介入和事实描写显示出两层皮的问题，而造成这些情况的原因其实首先在于缺乏对整个汉语同位关系体系做全面系统的观察描写。

四　对话：不同学派的交流

前三个阶段的研究特点是各学者或者用结构主义方法、或者用功能认知方法执一家之言深入研究，而近几年开始的第四个阶段则展现出不同学派之间开始对话的特点，也就是两个或多个学派就他们共同关心的问题展开论辩交流。交流者对热点话题的论证出发点不再局限于本派，而将视角延伸至别的学派，他们更加关注问题本身所反映的汉语语法特点，更多地思考和比较对某一问题的各种解释与汉语语法体系的整体契合度。这种对话交流的研究思路近些年在语法学界已经成为一个新的趋势，在一些交叉学科比如心理语言学、计算语言学等领域更是不断得以拓展。语法学界比如关于"的"是不是中心语的争辩、关于"王冕死了父亲"的生成方式等问题，学界传统派、认知派和生成派都加入了论辩阵营，针锋相对地展开讨论。这种对话式研究使我们对所研究对象各个侧面的认识进一步深刻，从中会发现很多执一家之词难以发现的问题。在这种大环境影响下，同位关系的研究也呈现出这个趋势。

这个趋势是从生成语法学派进入汉语研究开始的。近些年生成学派的研究者逐渐开始运用生成句法理论重新审视汉语中的一些传统结构，这些成果以 Huang et al（2009）的 *The Syntax of Chinese* 为代表。其中名词短语一章（第 8 章）对汉语传统上认定的同位结构如"他们三个学生"等，做了 X-bar 理论下的句法分析①。自 Abney（1987）之后，生成语法理论将论元性名词结构都看作以限定词为中心语的 DP 结构，认为 NP 本身的逻辑属性具有述谓性，不能做论元成分，而限定性中心语 D 就是使 NP 和具体篇章建立起桥梁的纽带，NP 冠上 D 之后才可以成为动词的论元成分。就"他们那三个学生"这样的结构而言，他们认为人称代词"他们"嫁接在限定词中心语"那"上，表数量的 NP"三个学生"则是补足语。这是最先采用生成语法"DP 假说"解释汉语同位关系的开创性的成果。除此之外，另一种同位关系的生成语法分析以邓思颖（2010：254—257）为代表。他把"他们那三个学

---

　　① 作者将这样的结构看作限定词结构，不认为这种结构是同位结构，而把那种有逗号隔开的松散同位才看成有同位关系，我们此处暂不讨论结构性质，后文会详述。

生"这样的结构处理为联合结构的分析模型，即将"他们"处理为一个 DP，"那三个学生"处理为一个 DP。

对这些生成学派的分析，尤其是 Huang et al（2009）的分析方法发起对话交流的发端性作品是功能语法派张伯江（2010）的《汉语限定成分的语用属性》。张伯江（2010）并非以讨论同位短语为目的，而是着眼于被生成语法分析为限定词 D 区域的那些成分，如人称代词和指示词等。他提出对话的问题之一是：如果把人称代词和指示词都看作限定性成分 D，那么当这两种限定成分共现的时候（如"他们那帮老头"），两者体现的句法差异运用生成语法的 DP 理论能解释得了吗？张文采用删除测试等语法手段证明，汉语"人称代词＋指量名结构"的同位组合中，由于人称代词删除后不影响真值语义（比如"他们那帮老头"删除"他们"），因此是语用成分，而生成派的处理方式并不能反映出限定成分的语用属性，因此这个问题用生成句法手段解释不了。在这个论证的基础上，他进而提出下一个关键问题：汉语作为一种句法形态标记尚未充分语法化的语言，可能出现多限定词共现的现象吗？这篇文章所探讨的限定成分共现，也就是人称代词和指示词共现的结构，正是传统语法所认定的同位同指组合，因此这种思考将同位关系的句法探讨推向了深入。

而 Huang et al（2009）在处理人称代词和指示词共现的结构时的确也遇到一些问题，就是当再有更多的名词性成分加入这个结构时，比如："班长小王他们那三个孩子"，普通名词"班长"该出现在哪个句法位置？他们这本书实际上也没有注意到这样的例子。而汉语的实际情况是，大量存在着比"班长小王他们那三个孩子"更多项、类型更复杂的同指同位组合。这些都需要更深入的研究，我们将会在第七章详细讨论。

张伯江（2010）观察到的事实，也就是名词短语内部包含语用成分的特点，生成派也有人注意到，如 Lin Yi-an（2009）就对名词短语内部体现出来的语用特性做了句法上的处理。他指出，汉语的 DP 像 CP 一样可以分裂为四层，其中一层就是话题层 $D_{topic}P$，人称代词体现的语用特性是因为它在 DP 中占据了话题的位置，即 $D_{topic}P$ 的中心语 D_{topic}。但这篇文章由于套用 Rizzi（1997）的 CP 分裂理论，观察到的一些语言事实也跟汉语的实际情况有所违背，他设置的四个与分裂 CP（split-CP）相对应的整齐分层其实并不太适合汉语。不过，基于生成语法的理论背景，他对名词短语内部有语用成分的观察和句法处理很有启发性，一定程度上呼应了张伯江（2010）的观察。在生成语法理论中，句法－语用的接口一般都在 CP，如果承认名词性成分内部有语用成分的存在，那是不是 DP 结构内部也有类似 CP 的分裂（split）？实际上像意大利语等很多有形态的语言，有很多文献做"split-DP"的研究（如 Ion，G.，2006 等）。汉语究竟适不适合还需要全面系统地观察语言事实。带着这个问题思考汉语的复杂同位关系，也会将这些问题的探讨引向深入。

张伯江（2010）论文发表后，洪爽、石定栩（2012，2013）连续两篇文章从生成语法角度做了回应。洪爽、石定栩（2012）以同位关系"同指"的语义出发，质疑了张文的测试方法，认为"你们这些乖孩子"这个同位结构，"你们"和"这些乖孩子"语义等同，所以可以删除"你们"，但"这些"作为一个完整同位项的组成部分则不能删除，删除之后"你们"和"乖孩子"不构成同位结构。这里存在两个问题：一是张文的关注点本来是在"你们"和"这些"两个限定成分的句法地位是否等同上，而非两个同位项之间的关系，两文的关注点有所不同；二是删除"这些"后，"你们"和"乖孩子"是否在句子中能实现为同位关系，涉及对同位关系的理解问题，这给我们研究同位关系提供了思考空间，需要对汉语的同位关系做更全面的考察和界定。

洪爽、石定栩（2013）也回应了 Huang et al（2009）对"他们那三个孩子"的 DP 分析。他们不赞成邓思颖（2010）将这样的结构处理为联合结构，认为"他们"在 DP 的指示语（Spec）位置、"这"在"D"的中心语位置，"这"有［＋同指］还是［＋领属］的语义特征决定了"他们这三个孩子"这个结构的性质是领属关系还是同位关系。他们认为人称代词"他们"和指示词"这"在不同位置的分析法恰好印证了张伯江（2010）所提出的这两种成分地位不同的问题。不过这种分析方法也尚需推敲。我们在第七章会有详细讨论。

上面这些对话中所涉及的问题，比如限定成分的位置和性质，不同成分之间的先后顺序，等等，都关乎对汉语同位关系的性质、类型等的认识和理解，而现有的研究，因为缺乏穷尽性调查，所以对汉语的同位关系缺乏全局性认识。这就需要我们首先打下全面细致观察汉语同位关系的基础。

第二节　汉语同位句法现象值得研究和重视

上面我们综述了汉语语法学界对同位关系的研究从关注概念发展到注重对话的四个研究阶段，从这里我们可以看出同位关系研究发展的大致脉络。四个阶段的研究体现出逐渐深入的特点，每一个研究阶段都给后续阶段的研究打下牢固的基础。

一　同位关系的研究薄弱点和重点

作为一种古已有之的语言现象，同位同指组合与关系从句、领属结构、定中偏正结构、"的"字结构以及指示词等其他一些名词性成分和结构相比，在受关注度和研究成果上都相对薄弱。目前已有的关于同位关系的研究，大多以两个成分项构成的双项组合为关注点（如：**我老婆₁王小华₂**是个会计，**他₁李晓明₂**不该这样做等），三项以上的复杂同位关系（如：**人家₁小明₂他₃哥俩₄**早把作业写完了）是以往研究少有注意的薄弱环节，缺乏系统的观察和讨论。当我们遇到多项同位同指成分连续出现时，最常思考的一个问题就是同位关系的层级性，但这一问题只有少数人提到了（如朱英贵，2005）。多项成分共现会呈现什么样的句法、语义、语用特色，是个需要做深入考察研究的薄弱点。

我们需要针对这个薄弱环节对汉语的同位关系做一个全面系统的考察，把在句子中可能会形成同位关系的各类名词性成分两两搭配，组合成不同项数的同位同指组合序列，将所有可能出现的序列类型尽可能穷尽性地列举出来，并对这些序列中多个名词项的顺序、搭配规律和内在联系，即句法分布及能力做出尽可能详尽的分析，继而展示出这种语法关系在句法结构上的特殊性。这是我们研究的重点之一。

对于双项同位关系，目前已经有不少专门研究，关注点集中在"同位"的性质、两个名词项的上下位概念关系和名词项的指称意义等问题上。这些研究以功能、语用为理论背景分析解释的文献多，以形式语法和类型学为理论背景分析解释的少。不管基于哪一种理论背景，由于大家对汉语的同位关系没有一个明确统一的认识和判别标准，所以存在一个各说各话的弱点。我们针对这一弱点，首先论证同位关系的性质主要是"在线组合"形成的，也有由短语层面的结构关系实现而成的。对于什么是同位关系，我们需要设立一个行之有效的测试标准，各个序列类型的研究全部依据这个标准。

总之汉语的同位关系是一个涉及多个词类（如指示词、代词、量词等）、多种结构类型、多种表达作用的复杂句法关系，通过这个窗口我们可以深入探讨很多汉语语法的理论问题，比如汉语句子的实现方式问题、"DP"理论对于汉语同位性组合的适用性问题、名词结构内的语用成分所体现的句法语用两重性，等等。研究汉语的同位关系有很重要的理论价值。下面主要分五个侧面详细说明。

二　同位关系研究的理论价值

第一，系统而全面地分析描述具有同位关系的各种名词性组合序列及其规律，对认识和理解汉语句子的生成方式、生成语法的 X-bar 理论、功能语法的信息结构都有重要作用。同时，厘清汉语同位关系的全貌，也会为语言类型学以及计算语言学的信息处理等领域提供重要的理论参考价值。

同位关系是一种各个类型的语言中都普遍存在的语法现象，人们在语言交际中通常用这种句法手段，对已经提到的某个概念或事物从另一个不同的角度提供补充、诠释或说明性的信息，这是人类语言的共同需要，因此是各语言的语用共性，通常由两个名词项组成。但汉语的同位关系也有它的个性特征，主要表现两点上：一是同位关系只限于紧密相邻没有符号相隔的那种组合[①]；二是可以允许多个同指的名词性成分并立在同一个句法位置上，也就是存在多项同位同指名词并立的组合。这个特点会引发出很多值得思考的问题，比如什么样的名词性成分，能组合成哪些序列类型、搭配规律、相互之间的关系、句法分布和能力是怎样的，等等。研究这些问题，对语言类型学的研究会提供重要的参考。

第二，这种多项同位同指名词性组合对生成语法中论元名词短语的"DP假说（Determiner Phrase Hypothesis）"（Abney1987）也产生了一定程度的挑战。前文提到，"DP假说"简单讲就是假设所有的名词性短语都存在一个限定性的中心语 D，也就是说名词短语 NP 都戴着一个限定词 D 的帽子，D 在其他有形态的语言中一般由冠词和指示词等成分充任，而在汉语传统中 D 常常被认为是零形的。近些年来，用"DP假说"来解释汉语名词性

[①]　松散同位为何不计入汉语同位关系，我们下文第四章会论述。

句法结构已经逐渐被广为接受，主要成果表现在领属结构、指量名结构和定中偏正结构的分析上。那么同样是名词性的同位同指组合是否适宜用"DP假说"解释？上面综述中谈到目前已有学者尝试使用，但由于缺乏对汉语的同位关系的全面考察，方法和结论都值得进一步思考。系统全面地研究各种同位同指组合的类型，掌握不同类型同位关系的数据，可以深入地测试和探讨我们能不能用以及如何用"DP假说"解释汉语的同位关系，这势必会对深入认识生成语法的 DP 理论做出一定的贡献。

第三，同位同指组合是一种对言谈中的某个人、事、物或概念提供补释、说明等信息的句法手段。根据语言经济性原则，指同一事物的名词在同一位置上出现，势必每一项都有它们言谈表达上的需要，而绝不会是某项信息的完全重复。除了提供新信息和其他必要的背景知识外，说话人还常常借助同位关系表达主观情感和评价。所有这些信息，说话人在语流中压缩为一个个名词性成分组合在一起，可以说这种组合，如同汉语中零句（minor sentences）与零句组合的作用一样。因此同位同指组合实际上是汉语语用表达凝固为句法结构的一种手段，它的这种特殊性充分展现了句法和语用的两重性，系统考察研究汉语展现这种特性的同位关系，对功能语法也有重要的参考价值。现象的描写和规律的揭示，不仅能加深我们对汉语同位同指组合本身的认识，更能帮助我们对不同学派的理论蕴含做出更深入的思考。

全面认识和了解汉语同位关系的方方面面，对结构主义传统语法同样有值得思考的启示。汉语同位关系的一个非常突出的特点是，有的同位同指组合能够形成名词短语，充任主宾定中等句法成分，但有的同位同指组合并不能形成短语，这是同位同指组合与其他名词短语的最大区别。这就值得我们重新思考汉语句子实现的途径。认识汉语各种各样的同位同指组合，对深入思考和完善朱德熙先生的"词组实现为句子"的思考有重要的理论价值。

而在计算语言学领域中，对于双项同位关系的判断识别，韩蕾（2007）的论文中已有初步的成果。全面考察研究多项同位关系，尤其是找到判断同位关系的形式标准，对计算语言学的识别和理解也会提供有用的价值。

三　例句来源说明

我们研究所用的例句和语料来源有多个渠道，分别取自北京大学中文系 CCL 语料库、中国社科院语言所 Cocosearch 语料库、网络搜索语料和自省例句，其中双项、三项组合以语料库来源的例句为主，三项以上的组合以自省例句为主，自省例句都会经过多人测试语感，能说能接受的即可为例。

需要说明的是，在考察多项尤其是五项以上的同位同指组合的时候，很多自省例句在现实的言谈中很少会找到，如下例：

（6）刚通知开会又马上宣布取消的都是**班长李大个**ル**李华他小子自己本身**。

这句话把关于叫"李华"的班长的各种信息集合在一起：职务（班长）、绰号（李大个儿）、姓名（李华）、评价（他小子）、反身（自己本身）等，组合成为一个复杂的名词性成分出现在宾语位置上。但现实对话中关于"李华"这个人的某些信息也许对话双方都知道，比如职务、绰号等。当言谈双方对于话题所指的人、事、物多少有点共享的背景知识时，这么长的名词组合就很少会用到了。本着语言经济性原则和信息足量原则，共享信息不必都说出来。上面（6）这样的句子通常用在两种情况下：一是听话人没有一点背景知识；二是听话人不止一个，说话人判断各个听话人所了解的背景信息不全。但我们的研究对象并非现实中的口语对话，只要合乎汉语语法规则、语感上能接受的句子都在我们的考察范围中。我们的目标更多的是关注说汉语的人的语法能力。具体涉及同位关系，考察的范围要关注到有同位关系的名词性成分能够组合在一起的极限情况。因此在考察多项同位同指组合的时候，会有一些平常说话不会这么"啰唆"的例句出现。

第二章

汉语同位同指组合的性质

根据上一章的研究综述，我们知道，在汉语同位关系研究的历史上，马建忠（1898）把"同次"的情况分作 15 小类，甚至还包括形容词表语的情况，观察范围远远大于现在学者们一般认同的同位结构，原因就在于他完全着眼于意义上的同指；黎锦熙（1924：49—51）分别讨论了"相加的同位"、"总分的同位"和"重指的同位"，观察范围也大于现在学者们一般认同的同位结构，他虽然在重视意义上同指的基础上加入了"句法同位"的形式因素，但受限于"句子成分中心论"，形式条件未起作用；Chao（1968：271—273）把同位关系分别归入偏正式复合词和联合结构，后者分三种：紧凑同位（close apposition，如：李大夫）、松散同位（loose apposition，如：我的朋友江一）和插入同位（interpolated apposition，如：江一，我的一位朋友，要来见你），这显然是着眼于结构，把同位范围缩小到位置上相邻；朱德熙（1982：144—145）则把有同位关系的两个成分视为"同位性偏正结构"，这其实直接承袭的是马建忠（1898/1998）"诸名先后连置，而所指同者，则所次同，同则必有为之加词者矣"（1998：107）的处理办法，但结构上同位是其严格的限制条件；至朱德熙（1993）则发展为："同位性偏正结构在现代汉语各类名词性偏正结构里所占的比重极大。除了名词直接修饰名词（NN）和形容词直接修饰名词（AN）之外，几乎全都是同位性的"；近些年汉语语法学界更常见的做法是将同位关系的形式结构独立出来，称为"同位结构"或"同位短语"（刘街生，2004；韩蕾，2007；周日生，2010 等）。这些不同说法所涵盖的语言事实出入非常大，语法学界面对如此大的分歧却相对平静，同位问题的探讨似乎从未成为热点。

朱德熙（1982：14—21）根据词组内部组成成分之间的语法关系，把词组分为偏正结构、述宾结构、述补结构、主谓结构、联合结构和连谓结构六种。在这六种句法结构关系中，由名词性成分和名词性成分组合而成的"名名组合"有三种句法关系：偏正关系、主谓关系和联合关系。本章我们打算对汉语同位同指组合与其他句法结构的关系作较为全面的考察，在关于汉语基本语法关系的新思考下，对同位同指组合的性质问题，提出新的看法。

第一节　同位关系和偏正关系

同位同指组合与定中式偏正结构的纠葛由来已久。如前所述，早在马建忠（1898/1998：106）就认为"海春侯大司马曹昝"这样的同指短语里，"'海春侯'勋名，'大司马'官名，加于'曹昝'人名之先"。至今，将同位结构归入定中式偏正结构的仍占非常大的比例。上一章的综述我们已经介绍，由马建忠先生开始，吕叔湘、赵元任、朱德熙三位现代汉语语法学奠基人都不同程度地支持同位关系属于定中偏正关系，比如吕叔湘（1942/1990：69—87）将定中偏正结构（他称为"主从结构"）的定语（加语）分为三类，其中同一性加语所在的结构就是同位同指组合。而 Chao（1968，吕叔湘节译，1979：141）将紧密型的同位同指组合（如"李大夫、科学杂志"）归入复合词或偏正结构（主从结构）；朱德熙（1982：144—145）如前所述更是认为偏正结构的多数都是同位性的。我们将他归纳类型抄录如下（见第一章表1—3）：

(a)　"、"字、广东省、老王同志
(b)　我李逵、咱们中文系、人家小王
(c)　这本书、两块钱、五斤米
(d)　我的眼镜、新来的老师、他写的诗

显然（c）—（d）的归入纯粹出于句法功能角度的观点（"同位性偏正结构的特点是定语可以指代整个偏正结构"，出处同上）。同时朱先生也承认其中的某些形式可以表示不同的语义，如"孩子的脾气"定语表示领属，"珂罗版的书"定语表示性质。

我们所讨论的同位同指组合，与定中偏正关系的不同，可以从以下几个方面来说明。

一 前项是否为后项划定外延

偏正关系的要义在其"修饰关系"。汉语书面语体的定中偏正结构都是前偏后正，前项为修饰语，后项为被修饰语。Chao（1968，吕叔湘节译本，1979：145—47）说："修饰语对被修饰语的意义，就是'种'（species）对'属'（genus）或特别对一般。"这说明修饰语和被修饰语的概念外延是不相同的，后者大于前者，修饰语的作用是为被修饰语限定外延。张伯江（2014：53—60）在阐述"定语问题"时也指出，认知语义上处理汉语的定中关系的策略是将其看作"参照体—目标"关系："以指称明确的、信息度高、可及度高的定语成分，来辨识中心语成分"。因此他认为，"定中结构里的中心语没有确定的外延，它的外延由前面的定语所限定"。据此，像"卖花的姑娘"这样的定中偏正结构，"姑娘"没有确定的外延，而"卖花的"则给它划定了外延。当然中心语也并不一定都没有明确外延，比如"卖花的那个姑娘"，中心语"那个姑娘"是限定短语，外延是比较明确的，但定语"卖花的"依然是进一步给它划定外延，使之更加明确。

如果承认定语的作用是为中心语划定外延，那么同位同指组合的两个名词项，由于彼此之间没有谁给谁划定外延的必然要求，因此两项之间的句法关系跟定中偏正关系有所不同：同位同指组合相邻的两项或几项，虽然单独出现各有各的外延，但当它们连续并置出现在具体的句子中时，实现的外延完全相同。以下例子里，都有两个下标分别标为 1 和 2 的名词，每句中的这两个相邻的名词，在句子语境中的指称外延都是一样的，不存在一个为另一个限定外延的情况。

（1）我觉得**老刘**₁**这个人**₂心眼儿太小，老虎屁股摸不得，一摸就跳，瞧，又飞到半空中去了吧……

（2）你见过**七彩玫瑰**₁**这种花**₂吗？

（3）西头那些大户人家，都用的是官名，有乳名别人也不敢叫——比方**老村长**₁**阎恒元**₂乳名叫"小囤"，别人对上人家不只不敢叫"小囤"，就是该说"谷囤"也只得说成"谷仓"，谁还好意思说出"囤"字来？

（4）那时候，每天早上他还未起床，**他媳妇**₁**张月**₂便在那鸡叫二遍时已把饭给弄好了。

（5）警察问他为什么又砸车又抢车，**人家**₁**他**₂回答说是要去英雄救美！

（6）这款软件有自动给出乘积的功能，比如你根据提示输入**两个数字**₁**31 和 16**₂，按回车键，屏幕上就自动弹出得数 496。

（7）你干吗罚他？**他**₁**一个卖花盆的**₂，又不脏，又没有气味，"污染"，他"污染"什么啦？

以上例子中（1）—（5），前项 NP₁ 都不是给后项 NP₂ 划定外延的，因为 NP₂ 的外延都非常清楚："老刘"即"这个人"，"七彩玫瑰"即"这种花"，"老村长"即"阎恒元"，"他媳妇"即"张月"，"人家"即"他"，都不存在后项比前项外延大的问题。（6）中"两个数字 31 和 16"在这个句子里的意思是"31 和 16 这两个数字"，（7）中"他一个卖花盆的"在这个句子里的意思是"他就是一个卖花盆的"，虽然"两个数字"和"一个卖花盆的"单说时是不定指，外延更大，但它们各自和相邻名词项以同位关系实现在具体的句子语境中时，两者的指称外延是相同的。杨成凯（1996：150—155）指出，词语的固有信息量和场合信息量不能轻率地画等号，他说："（单说的'a'的信息量跟'a＋b'中的'a'包含着同样的信息量）这个命题一般地讲是不成立的，需要慎重对待。……我们不能因为'the rich'单用可以表示富人，就说'the rich men'中的'the rich'跟单用的'the rich'是同一个单位。"这段话给我们的启示是，观察同位关系各组成部分的指称外延要看其语境"场合信息量"。

同位同指组合相邻的两项常常是一个提供指称信息，一个有针对性进行补释，从不同的角度说明同一个事物。

二　前项是否为后项增加信息量

汉语定中偏正结构中，定语为了给中心语划定外延，因此会用很多限定手法给中心语增加信息量，以利于中心语被更方便地识别出来。但同位同指组合的前项并不给后项增加信息量。下面这个句子是歧义句，因为黑体字的名名组合既可以做同位关系理解，又可以做定中偏正关系理解：

（8）**李小明**₁**这孩子**₂今年考上北大中文系了。

　　a. 谁的孩子？——李小明的孩子（偏正）

　　b. 谁？——李小明自己（同位）

　　我们看偏正结构的解读 a，前项"李小明"为后项"这孩子"增加了领有者的信息，以此给"这孩子"划定外延。而同位关系的解读 b，前项"李小明"并未给后项"这孩子"增添信息，倒是后项为前项的所指提供了说话者的主观性信息。

三　对前项进行疑问词替代测试

　　根据朱德熙（1957，第二部分之"名词做定语"）和北大版《现代汉语》教材（1993：271），定中偏正结构中的定语虽然有不同的种类，但名词做定语时一般是可以用如下两类疑问词来对中心语进行发问：可以用"谁的～？"或"什么东西的～？"来提问，以显示领属关系；用"什么～？"或"什么样的～（包括"什么时间的""哪儿的"）？"来提问，显示定语表示某种性质。如下面黑体字部分就是涉及定中偏正结构的疑问词测试：

　　　　（9）谁的朋友？**老王的**朋友
　　　　（10）什么东西的味儿？**咖啡的**味儿
　　　　（11）什么脾气？**孩子**脾气
　　　　（12）什么样的味儿？**咖啡**味儿

　　上面几例（9）和（10）是领属关系的偏正结构，（11）和（12）则是表性质的偏正结构。

　　双项同位同指组合的前项却不能用这些词来提问。从这一点上也可以看出同位同指组合跟偏正结构在语义上的区别。比较下面两句话！

　　　　（13）面对着可爱的女儿，李二和满心慈爱，此时的李二和是<u>慈父李二和</u>，可是一出家门，李二和就迅速转换到工作状态，变成铁面无私、断案如神的**刑警李二和**。
　　　　（14）**刑警李二和**今年五月再次破获一起大案要案，荣立二等功。

　　第（13）和第（14）句中同样都有"刑警李二和"，但人们会明显觉得两句中的"刑警李二和"体现的语义和句法关系是不同的。（13）中的"刑警"与前面"慈父"形成对比焦点,都是"李二和"的修饰性的定语,形容"李二和"这个人不同环境下所展现的不同角色,这个定语实际上是说"慈父那样的"和"刑警那样的",因此可以用"什么样的李二和?"来提问。但(14)中的"刑警"和"李二和"之间不是修饰性关系,不是说"刑警那样的",两者更多的是一种平等的互释关系。不能用"什么样的"来取代前项进行提问,下面的问答是不成立的:

(15)　*什么样的李二和今年五月再次破获一起大案要案,荣立二等功?

——刑警李二和。

这两种不同的句法关系在语音上表现也不同,(13)句中的"刑警"要重读,是对比重音的落点,这正是修饰语的特点;而(14)句中的"刑警"则不需要重读,甚至可以轻于"李二和"。

用这种疑问词替换法,可以将很多一般人归入"同位短语"的偏正结构识别出来。

如何辨识这种歧义结构的准确意义,一方面跟语境有关,如例(13)一直是在叙述"李二和",作为与慈父相对比的刑警身份就只是一种修饰作用了;但例(14)刑警破案是默认情况,"李二和"作为一个较新的信息首次出现,便是对"刑警"的阐释说明。另一方面,也跟听话人的认知状态有关,例(8)听话人如果了解李小明本人是个高考年纪的孩子则理解为同位,如果了解李小明是个考生的父亲则理解为偏正关系。

四　两项之间是否包含"的"或可以插入"的"

上文我们曾在不同地方提到,前辈有把带"的"的偏正结构处理为同位关系的观点。因此我们首先要讨论一下关于"同位性定语"存不存在同指的问题。

(一)带"的"的结构有没有同指问题

两种"同位性定语"的说法,一是吕叔湘(1976/2002:440—442)的同位定语说。吕先生说:"一般说,de字短语对被修饰的名词所代表的事物加以限制,把它的范围缩小",吕先生又把限制性的de字短语分为三种:(1)领属性的限制:中国人民的志气;(2)描写性的限制:竹壳的热水瓶;

(3) 同位性的限制：人民战士的光荣称号。这样分类的形式依据是它们三个分别对应着不同的句式：有字句（中国人民有志气）、"是……的"句（热水瓶是竹壳的）和"是"字句（人民战士是光荣称号）。

二是朱德熙（1993）所强调的"同位性偏正结构在现代汉语各类名词性偏正结构里所占的比重极大。除了名词直接修饰名词和形容词直接修饰名词之外，几乎全都是同位性的"。朱先生看重的是名词性偏正结构里定语部分单说的时候与整个结构的指称相同，"承认'S 的 N'里的'S 的'是一个表示转指意义的名词性成分，因此整个格式是同位性偏正结构"。

朱先生判断同位关系的主要依据就是"定语可以指代整个偏正结构"（1982：144—145）。某个名词性成分单说时的指称，与以它为定语的整个偏正结构的指称是不是完全相同，是个值得思考的问题。比如：

　　（16）a. 我不认识卖花的。
　　　　　b. 我不认识卖花的姑娘。

比较 a 和 b 中的"卖花的"，a 中"卖花的"单说，b 中"卖花的"做定语，a"卖花的"和 b"卖花的姑娘"并不一定等同。a 可以指所有以卖花为业的大姑娘、小伙子、老太太、小娃娃等。

除去这个问题外，我们还注意到，朱先生只是强调定语部分与整个偏正结构的指称相同，没有谈及定语与中心语指称是否相同的问题。他曾经提到"凡是由名词性成分组成的同位性偏正结构 $N_1 N_2$ 都能变换为形式为'N_2 是 N_1'的判断句。'S 的 N'正好也有同样的变换式：木头的房子——房子是木头的"（朱德熙，1993：92）。我们认为，这种"是"字变换式并不能证明中心语与定语的同指关系，因为汉语判断句"是"字前后的成分指称范围往往并不等同（丁声树等，1961：83—86；张黎、于康，2000）。吕叔湘（1976/2002）所说的定语把中心语范围缩小也从侧面说明汉语普通偏正结构定语和中心语的指称范围并不必然相同。

相对于朱先生侧重形式标准而言，吕叔湘（1976/2002）更看重语义上的指同关系，吕先生承认多数情况里中心语的指称范围大于定语，仅指出"人民战士的光荣称号"和"我的小组长［当了半年了］"这样的例子里"的"相当于"这个"，可以看出吕先生认为这两例里定语与中心语范围相同。值得注意的是，吕先生同时指出"如果换成'这个'就是另外一种结构了"，这也就意味着，"人民战士这个光荣称号"和"我这个小组长"才是真正的同位同指现象。

吕先生讨论的"人民战士的光荣称号"和"我的小组长［当了半年了］"一类结构，或许不宜看作同位同指，原因就在于其中"的"字的存在。"'的'具有提高参照体指别度的功能，最终提高了目标体的指别度。"（完权，2012）同位同指组合的组成部分，都具有极高的指别度，而且指称等同，不需要靠谁来辨识谁。由是可见，含"的"的名词短语里至少存在一个需要提高指别度的成分，可以说，含"的"的名词短语，都属于吕先生所说的"定语把中心语范围缩小"的情况。因此两项之间含"的"或者能插入"的"成为辨别同位关系和偏正关系的一个标志。

（二）能否插入"的"

"的"是定语的标记，所以如果前后两项能插入"的"，说明两项具有修饰关系，前项是后项的定语，两者不可能句法地位等同，不可能是同位关系。如下面的例子中，黑体字的双项名词组合就不宜看作同位同指组合：

(17) 天哪，真是认不出来了，才走两个月，**你人**怎么就变成这样了？

(18) 杀**你人**是没用的，最毒的是杀你的心。

(19) 你给我来个电话，我来车接你。把**你人**拉走，连这些书。

这几个例子取自储泽祥、刘琪（2012：464—465），他们认为，"表人定指词＋人"可以看作同位短语，上面例子中的黑体字部分都是同位短语。实际上这几句的"你人"，"你"和"人"之间都可以加"的"而意思不变，如第（18）句的"人"是和后半句的"心"相对应。"人"是指人的身体、形体，和"心"一样，是"人"所领有的部件之一，因此"人"与前面的"你"是领属关系，可以插入"的"成为显性偏正结构：杀你的人是没用的，最毒的是杀你的心。第（19）句的"人"也是同样的情况，指人的"身体"，与"人"的所属之物"书"相对应，也可以插入"的"使"你"成为显性的定语：把你的人拉走，连这些书。第（17）句"人"也是指人的形体容貌，而不是指人本身，正是因为这样，所以插入定语标记"的"句子也可以接受：

（20）天哪，真是认不出来了，才走两个月，**你的人**怎么变成这样了？

除了可以插入"的"不符合同位同指组合的形式标准外，第（17）句"你人"去掉"你"之后，也会导致话题目标不明确，这样的句子接受起来就比较困难，比较下面两句：

（21）天哪，真是认不出来了，才走两个月，人怎么变成这样了？
（22）天哪，真是认不出来了，才走两个月，你怎么变成这样了？

第（21）句当"人"是指言谈外的某个个体时接受度稍高些，但如果指言谈的受话者则不能接受，必须有"你"出现。如果"你"和"人"地位等同，两句话应该接受度是一样的。因此第（17）—（19）句的"你人"都是领属结构，而非同位同指组合。"你"是"人"的参照体。

我们前面说能插入"的"的结构一定不是同位同指组合，但反过来却未必成立，也就是说，这并不意味着不能插入"的"就一定能确立为同位同指组合。这样的情况比较复杂，我们只能具体情况具体分析。

五　说话人对定中偏正关系和同位关系的信息编码模式不同

更进一步说，偏正关系与同位关系在语言编码时的心理过程就不一样。张伯江（2014：61）指出："偏正结构里 NP$_2$是说话人预料听话人头脑中已有的一个概念，当说话人用 NP$_1$对它进行限制性操作时，所带来的新的信息内容是 NP$_1$与 NP$_2$之间的关系"。而同位结构，是说话人先想到并且先说出 NP$_1$，然后才说跟它相关的另一个侧面的信息 NP$_2$。更多地体现的是一种在线包装能力。

可以这样理解，同位同指组合的两个名词项提供的信息本来都是关于同一个事物的独立句子，由于它们两者有共同的背景知识部分，因此将两个句子整合在一起，提取共同的背景知识，做句子的其他部分，而关于同一个事物的不同侧面的信息则并置在一起变成一个名词性的组合。比如：

（23）**他一个不起眼的小老百姓**受到了总统的亲切接见。
　　a.**他**受到了总统的亲切接见。

b. **一个不起眼的小老百姓**受到了总统的亲切接见。

(23) 句黑体字部分是下面 a 和 b 黑体字的信息整合。这是同位同指组合区别于定中偏正结构的语义基础。

第二节 同位关系和主谓关系

一 同位关系和主谓关系有相通之处

同位关系既然不是偏正式修饰关系，其组成成分之间是什么关系呢？我们在第一章综述中讲到，马建忠（1898/1998：102—103）曾经把同位关系的意义概括为三种：一、申言以重所事也；二、重言以解前文也；三、叠言以为惊叹也。除去纯粹修辞性的第三种（如"天乎天乎"）不在我们考虑范围以外，"申言"和"解前文"的说法很好地概括了同位同指组合中后项对前项的语义作用。从其后项对前项总是有语义上的进一步阐释这一点来看，同位同指组合跟主谓结构有一定的可比性。

汉语主语和谓语之间的关系，依 Chao（1968：69—78）的看法，是"话题"与"说明"的关系，亦即，汉语谓语是提出关于主语的一些新的信息内容，这种说明性的信息提供，其实质是指称性的（沈家煊，2013）。两个指称性的成分相连，后者对前者做进一步的语义阐释，阐释（remark）是说明（comment）的一种，这是汉语主谓结构与同位同指组合在语法意义上的相通处。汉语话题与说明的关系，实际上是一种宽泛意义上的判断关系。沈家煊（2012）指出汉语的主谓结构之间都可以加"是"的事实，而汉语同位同指组合的前项与后项之间也总是能加"是"或"也就是"，如下面（1）句黑体字的两项是主谓关系，（2）则是同位关系，两者的两项之间都可以添加"是"：

(1) A：喂，你好！（电话）

B：你好老张！**我**₁**老王**₂啊。（我老王＝我是老王）

(2) **我**₁**老王**₂岂能做这等事儿！（我老王＝我是老王）

这是汉语主谓结构与同位同指组合句法形式上的相通之处。

容易与同位同指组合发生纠缠的那些主谓结构都是名词性成分做谓语的主谓结构。有一部分名词性谓语句，主语和谓语两部分的名词性成分都指同一类的事物，比如都指人，或都指时间、地点，这时两个名词项就有语义同指的可能性。那么同位同指组合可不可以直接看作主谓关系的一种呢？

二　虽相通但有差异

我们讨论一个简单的例子：

（3）**今天₁星期六₂**。

这个片段里，首先两个名词项"今天"和"星期六"是同指的（"今天"就是指"星期六"），其次后项是对前项语义的进一步阐释，语义上似无歧义。但从句法角度看，一旦将其放到句子里让其整体做一个句子成分——实现为同一句法位置，那么视为主谓关系还是视为同位关系就有所不同了。主谓结构的结构意义在于主语和谓语之间的陈述关系，而同位同指组合的意义只相当于它所指称的那个事物，于是我们看到：

（4）a. **今天星期六**让我很兴奋

　　b. ≠**今天**让我很兴奋

　　c. ≠**星期六**让我很兴奋

（5）a. **今天星期六**就该好好休息

　　b. **今天是星期六**

　　c. =**星期六**就该好好休息

　　d. =**今天**就该好好休息

上面两组例子，我们取 a 句黑体字部分的两个名词项分别做主语，就得到了例（4）的 b 和 c 和（5）的 c 和 d。但是我们看到，两组句子变换之后的情况有所不同。

尽管汉语主谓结构做主语比较受限，但是例（4a）还是可以被明确断定为"今天星期六"作为一个陈述形式做"让我很兴奋"的主语的，意思是："今天星期六"这件事让我很兴奋。也因此（4b）和（4c）让"今天"和

"星期六"分别单独做主语并不相当于原句的意思。(4b)的接受度很差,仿佛没说完整,或者是多用了"让";(4c)句虽然合法,但不表事件,和 a 意思不符,表达的是一种常规情况:星期六这个日子总能让我很兴奋。

而(5a)的意思是两重的:今天是星期六,星期六就该好好休息。由这个意思可推出:今天就该好好休息。因此在具体语境下(5c)、(5d)的意思与(5a)相同,(5d)是由(5b)和(5c)推出来的。

(5a)与(4a)不同在于:"星期六"是补充说明"今天"的时间属性的,这个信息可以补充也可以不补充,取舍决定于说话者对信息必要性的判断,"今天是星期六"的事件整体并不被强调。这一特点使同位同指组合的两个名词项和后面的陈述部分分和自如,在具体句子中能真正实现地位等同;而主谓结构是作为一个整体在句子中起作用的,NP$_1$和 NP$_2$分开后分别和其他部分组合时,真值语义就会发生改变,NP$_1$和 NP$_2$实现不了地位等同。

从上面的分析我们得出,"事件性"是主谓结构和同位同指组合的重要语义差异。由这个重要差异,导致了第二个差异,那就是,主谓结构做主语(主语从句)的(4a)中,谓语"让我很兴奋"就是文献中说的事件谓语(stage-level predicate)[①],事件谓语可以选择事件性的主语;而含同位同指组合的(5a)中,谓语"就该好好休息"是属性谓语(individual-level predicate),只能选择属性主语。我们再举一组例子看看两种谓语对主语要求的差异:

(6) a. **今天星期六**让我很兴奋。
　　　　　　　事件谓语
　　b. **我们学生**今天都去帮忙了。
　　　　　　　事件谓语
　　c. **我们学生**就该好好学习。
　　　　　　　属性谓语

上面(6b—6c)显示,"我们学生"这个同位同指组合既能搭配属性谓语"就该好好学习",又能搭配事件性谓语"今天都去帮忙了"。这种主谓搭

---

① 这两种谓语的差别最初是 Carlson(1977)在考察英语通指名词的指称时提出来的。他指出,英语主语名词根据常搭配的谓语的类型不同而有差异,与属性谓语搭配的主语名词通常是通指名词。

配关系显示出扭曲对应的特点，如图 2—1 所示：

图 2—1 做主语的主谓结构和同位同指组合与谓语性质的对应关系

可见同位同指组合不受谓语类型的限制。

与此同时，主谓结构不能单独出现在体宾动词的宾语位置上。如果要做宾语，只能出现在谓宾动词的宾语位置上。而同位同指组合则可以自如地出现在宾语位置上。比较下面几个句子：

（7）听说那人专门挑**我们学生**！（同位同指组合做体宾动词宾语）

（8）＊听说那人专门挑**今天星期六**。（主谓结构不能做体宾动词宾语）

（9）我知道**今天星期六**（主谓结构做谓宾动词宾语：宾语从句）

这种关系也是扭曲对应的，如图 2—2 所示：

图 2—2 主谓结构和同位同指组合做宾语的对应关系

三 从汉语本质语法关系看同位与主谓

从上面的种种分析，我们也可以看出，同位关系和主谓关系的语义本质都是后项对前项的阐释，有这种语义特点的并置名词性成分，拿双项的来说，孤立地看，确实无法判断它们是主谓关系还是同位关系。在静态短语层面上，传统结构主义语法把这种阐释说明关系定义为主谓结构，但当它们搭配其他成分实现为更大的句法单位（句子）时，两者间到底是主谓关系还是同位关系，得具体情况具体分析。比如上面（3）—（5）几例，"今天星期六"这个"名名组合"从静态短语层面上看是一个名词做谓语的主谓结构，但它如果作为组成部分搭配其他说明成分实现为句子时，"今天"和"星期六"两个名词项就有可能构成同位关系，即（5）"今天星期六就该好好休息"这样的句子。

　　有人会说，很多歧义结构都得是入句后才能判断它到底是什么句法关系啊，比如"烤地瓜"是动宾关系还是定中关系，得通过"我爱吃烤地瓜"和"她在烤地瓜"这样的句子对比来消解歧义；得通过加"的是"的句法测试手段"烤的是地瓜"来确定为动宾关系；通过加"的"的句法测试手段"烤的地瓜"来确定为定中关系。但同位、主谓的区分与这种歧义结构的本质不同在于同位和主谓没有语义本质上的"歧"，而是纯粹句法关系实现上的差异。句首出现的阐释性双项成分的句法关系得实现为句子后才得判定，这显示出同位关系的动态特征。

　　汉语相邻指称性成分之间的关系还值得做更深的思考。于泳波（2012）根据能否插入"是不是"、能否做宾语等句法测试手段论证，"她一个孤身女人"这样的"人称代词＋一个＋NP"组合是主谓短语，而非同位组合。根据我们上面的分析，这样的组合序列看作什么结构性质，往往取决于它入句后的句法表现。以"她一个孤身女人"为例，孤立地看"她一个孤身女人"，其实是无法确定它的两项是主谓关系还是同位关系。放到不同的语境中会得出不同的判断。如下面一段话：

　　（10）家珍那天晚上走了十多里夜路回到了我家。**她一个孤身女人，**又怀着七个多月的有庆，一路上到处都是狗吠，下过一场大雨的路又坑坑洼洼。（余华《活着》）

　　这段话由两个句子构成，语篇话题为"家珍"。头一句话陈述的事件是，她（家珍）走了很长的夜路才来到我家的。后边的一句讲述这件事的不容易，不容易的原因用了四个短句来说明，其中前两个短句的话题是"她"，写家珍自身的不容易，后两个短句话题是路，分别说路况的艰难。

　　我们关心后一句的头两个短句，尤其是黑体字的部分，"又"的出现表明"一个孤身女人"和"怀着七个多月的有庆"是并列或递进的关系。正如于泳波（2012）提到的，"又"一般只能连接两个谓词性结构。因此在这段话中，将"一个孤身女人"看作名词谓语、"她一个孤身女人"看作名词性成分做谓语的主谓结构是合理的。

　　但"她一个孤身女人"在很多句子中能实现为同位关系，比如当这个组合做动词宾语和介词宾语时，实现为同位关系。如下面的例子：

（11）小王再混蛋也不至于去欺负**她一个孤身女人**吧！

（12）你怎么能向**她一个孤身女人**晒幸福呢，多刺激人家！

　　像这样从句法角度辨析出不同性质的名词项组合来，或许是个可操作的办法。但显而易见的事实是，"她一个孤身女人"在以上三个例子里并无实质性的语义区别，换句话说，我们都能从中体会出"一个孤身女人"对"她"的陈述意味。这是为什么呢？

　　沈家煊（2012：413）对汉语的"流水句"问题提出了一个全新的看法："我们由此得出一个'令人惊异然而明明白白的'结论，汉语的流水句是：$S \rightarrow S'_{NP} + S'_{NP} + S'_{NP}$……组成流水句的每一个句段 S' 都具有指称性，可以标为 S'$_{NP}$"。他还指出，汉语的流水句里，"我们可以把任何两个前后相继的零句组合为一个整句"，他举的例子是：

　　（13）a. 老王呢，生病也该请个假，走不动的话儿子女儿呢？上班忙就请个保姆嘛，工资低就先借点。（真是）犟脾气一个！

　　　　　b. 老王又生病了，请假又走不动，儿子女儿上班忙，请个保姆工资低，先借点呢犟脾气一个！

　　也就是说，相邻的两个 S'$_{NP}$ 之间都具有陈述关系。这给我们观察汉语多项同位组合以重要的启发。我们注意到，多项同位组合相邻两项之间也都存在着可能的陈述关系：

　　（14）**人家₁局长书记₂他们₃两位老党员₄**一听说这事马上就赶到了现场。

　　　　a. 人家啊，局长书记

　　　　b. 局长书记，他们

　　　　c. 他们呢，两位老党员

　　当凝结为同位同指组合时，这种主谓关系就变成隐性的了。这就揭示了汉语同指同指组合的形成机制：同位同指组合实际上是说话人先想到并且先说出已知信息 NP₁，为了使这一信息更加立体丰满，然后说出跟它相关的一个或几个侧面的信息 NP₂、NP₃、NP₄……而这些信息，其实单独说出来都是一个一个的零句，但说话人出于句子结构的需要，以名词性成分的形式将多个零句的意思整合在一起，成为一个有同位关系的组合。这就是在线包装（online package）的过程。

说话人的在线包装，在听话人那里得到什么样的效果，又与听话人当时的认知状态有关，我们在上一节曾经提到这一点，谈的是修饰关系与阐释关系的区别。这里，我们还要进一步指出，听话人的认知状态，其实也影响着阐释性的强弱。如"医院重地，禁止燃放烟花爆竹"这句话，如果听话人知道医院即重地，句子表达"医院这样的重地禁止燃放烟花爆竹"的意思，那么"重地"是作为"医院"的补充和提示，"医院重地"就是同位同指组合，组合整体依然指称一个处所，整个句子说的是一件事；如果听话人不知道医院是重地，句子表达"医院是重地，因此禁止燃放烟花爆竹"的意思，那么"重地"是焦点新信息，"医院重地"就是主谓结构，是完整陈述的事件，整个句子是由两个分句构成的，指称两个事件。这就是说，对于说话人以阐释为主要构造原则的"名名组合"来说，传达到听话人那里之所以有不同的理解倾向，就是因为 $NP_1 NP_2$ 这样的表面形式表义功能的多能性。

同位同指组合相邻两项的关系虽然是阐释关系，但整个组合的基本句法性质是名词性的，是作为一个整体充任宾语和定语等句法成分的，独立成句的情况少，并且有特殊的语用含义。而主谓结构是汉语句子的主要结构模式，主要用于相对独立、完整陈述的事件，主谓结构整体做主语在汉语中十分受限。

我们简单总结一下，由同指的 NP_1 和 NP_2 构成的主谓结构，当它作为一个整体充任某个句法成分时，容易与同位同指组合发生让人分辨不清是主谓关系还是同位关系的情况。区分的方法是，一是从句法上，主谓短语不能做体宾动词的宾语，同位同指组合则可以；主谓短语做主语或话题时只能搭配事件谓语，同位同指组合则不受这个限制。二是从组合特征上，主谓结构做主语或话题时，"主＋谓"作为一个整体事件，是整个句子陈述的对象，而同位同指组合由于阐释信息总是在前一项的基础上逐个补充的，因此任何一项都可以单独实现为整个句子的陈述对象，不强调组合的整体性。名名组合的主谓关系和同位关系最本质的相通之处是：双方语义构造的本质都是后项对前项进行阐释，只不过主谓关系更强调后项的焦点性和事件的整体性，是在静态短语层面形成的句法关系，而句首出现的同位关系则是多在实现为句子时才能动态确认的句法关系。

第三节　同位关系和并列关系①

以前的汉语"同位结构"研究中，较多地关注它与定中式偏正结构的关系，较少论及与主谓结构的关系。在我们看来，汉语同位同指组合与定中式偏正结构有本质性不同，倒是与主谓结构有紧密的关联。本节我们通过分析来看同位关系和并列关系也有本质性不同。

一　有共同点：并立、同位

首先看传统结构主义对并列结构的定义。朱德熙（1982：156）的定义是："联合结构②是由两个或更多的并列成分组成的。"北京大学中文系《现代汉语》（1993：274）的定义在"并列"的基础上又强调了"地位平等"："几个成分并列在一起，地位平等，不分轻重主次"。可见"并立""同位"是并列关系的语法要点。

从第一章的文献综述中我们知道，认为同位关系与并列结构有密切关系，是一种很有代表性的观点。Chao（1968，吕叔湘节译，1979：136）是基于"有两个或更多中心的内中心结构，每个中心都有大致跟整个结构相同的功能"而把部分"同位结构"看作并列结构的一种的。刘街生（2004）曾指出，双项同位组构的两项之间存在相当程度的并立性，"同位"这个概念包含着语法地位等同的含义，而并列结构句法语义的基础就是并立性，因此两者密切相关。邓思颖（2010）对同位短语的句法处理也是依据 Chao（1968）的观点。这些观点都是因为并列关系的"并立""同位"这两个特点也是同位关系的必要条件。但必要条件并不意味着很充分。

二　语义、识解策略和句法上都不同

尽管有共同点，同位关系和并列关系在语义、识解策略和句法上都有不同。

（一）语义不同

首先，黎锦熙、刘世儒（1958：1）就有这样的语义标准："语意上，组

---

① 并列关系即联合结构的两项或几项之间的句法关系。

② 等同于并列结构，仅称呼不同。

成它的各单位彼此'都没有什么说明或修饰之类的作用'"。而同位同指组合我们前面多次提到，它的语义本质是每个后项对相邻前项的阐释和说明。仅这本质就足以和并列关系区别开来。

从与其他语法成分的关系上看，联合短语的意义，不管内部关系是加合（即"A 和 B"）还是交替（即"A 或 B"）①，都是由两个直接构成成分的意义整合起来形成的，当它整体做某个句法成分时，跟句子里其他成分发生语法关系的是两个构成成分外延加合的整体，而不是单独一个构成成分。而由两项或多项成分构成的同位同指组合，多数情况可以以任何一个构成成分单独与相邻成分发生语法关系。比较下面一组例句：

（1）a. **我弟弟和小亮**刚刚进屋。
　　b. **我弟弟小亮**刚刚进屋。

a 句刚刚进屋的是两个人："我弟弟"＋"小亮"，而 b 句刚刚进屋的是一个人，我弟弟就是小亮，小亮就是我弟弟，说哪一个都行。这也是同位同指组合和其他结构的差别：主谓、偏正、动宾、动补以及并列结构跟其他句法成分发生关系的时候都是两个构成成分的外延之和；同位同指组合由于它的语义本质，可以分别与其他成分结合，可以截取几项与其他成分结合，还可以全部整合为一体与其他成分组合②。联合结构的几项通常语义上不同指，而同位同指组合每一项都同指。

（二）识解策略不同

从识解策略上讲，我们前面说，同位同指组合说话人的编码模式，是说话人先想到并且先说出 NP$_1$，然后才说跟它相关的另一个侧面的信息 NP$_2$。可以这样理解，同位同指组合的几个名词项提供的信息本来都是关于同一个事物的独立零句，由于他们两者有共同的背景知识部分，因此将两个零句整合在一起，提取共同的背景知识，做句子的其他部分，而关于同一个事物的

---

①　吕叔湘（1979，1990：533）将并列成分的内部关系分为"加合"和"交替"，"加合"又分作"加而不和"和"加而且和"分别例示为：老张和老李是山东人；老张和老李是同乡；动词或者形容词都能做谓语。但不管哪一种并列关系，和其他成分实现为句子时，并列成分项都不能随意去掉一个而意思不变，即：老张和老李是山东人≠老张是山东人≠老李是山东人＝老张是山东人＋老李是山东人。

②　同位项的性质也有不同，比如补充属性的同位项，信息强度要高于其他种类的同位项，与其他成分结合实现为句子时，有可能并不能实现每一项的等立对待。我们下一章会详述。

不同侧面的信息则并立起来变成一个名词性的组合。

这种识解策略还可以用来说明同位同指组合与并列结构的区别。虽然"并立""同位"这两点是名词性并列结构和同位同指组合的共同点，但我们需要从这两种句法关系的形成理据去认识它们："并立"对于同位同指组合的几项成分来说只是形式上并立的地位，意义本质则是后项对相邻前项进行阐释，有这种要素则打破了"并立"的基本含义；并列结构的组成项之间由于不存在这种阐释意义，因此实现了真正意义上的"并立"。正因为这个本质的不同，也造成了两者之间很多句法上的不同。

（三）句法不同

在句法表现上，同位关系和并列关系有一系列的区别。

首先，并列关系可以用顿号、并列连词"和""跟""同""与""及"插入两个或几个成分之间，每个构成成分之后还可以加语气词"啊"或是"啦"，而同位同指组合都不能，这是文献中最常用来区别两者的句法测试。上面例句（1）就显示出并列关系可以插入并列连词"和"而同位关系不能。以下两组例子的黑体字（2）是同位同指组合，（3）是并列结构，从他们不同的转换关系可以看出两种句法关系的差别：

（2）**吴汉雄吴老师**冷冷的目光像针一样从细密的网眼中透出。

→ *吴汉雄、吴老师冷冷的目光像针一样从细密的网眼中透出。

→ *吴汉雄和吴老师冷冷的目光像针一样从细密的网眼中透出。

→ *吴汉雄啦，吴老师啦，冷冷的目光像针一样从细密的网眼中透出。

（3）**李老师吴老师**是我们这次比赛的技术指导。

→李老师、吴老师是我们这次比赛的技术指导。

→李老师和吴老师是我们这次比赛的技术指导。

→李老师啦，吴老师啦，（都）是我们这次比赛的技术指导。

其次，黎锦熙、刘世儒（1958：1）提出并列结构的一项语法特征是："语序排列比较自由（如'工人和农民'→'农民和工人'）。"而同位同指组合的几项构成成分的语序相对固定，一般不能随意调换而意义不变，比较

（4）和（5）两组例句：

> （4）**我这个人**不喜欢热闹。
> → * **这个人我**不喜欢热闹。
>
> （5）我和这个人不喜欢热闹。
> →**这个人和我**不喜欢热闹。

同位同指组合的几个构成成分换序后，即便是句法上依然合格，语用意义也有所改变，如下：

> （6）**吴汉雄吴老师**冷冷的目光像针一样从细密的网眼中透出。
> →**吴老师吴汉雄**冷冷的目光像针一样从细密的网眼中透出。

（6）中"吴汉雄吴老师"跟"吴老师吴汉雄"语用意义差异明显：前者是用"吴老师"这种尊称来给"吴汉雄"增添情感意义，后者则是用"吴汉雄"这个具体的姓名为"吴老师"这个称呼增添信息量。这类同位同指组合几个名词项倾向于显著度高的在先，如已知信息和艺名、昵称等。而尊称如果按照汉语说话人的语用习惯，一般出现在后项，上面（6）前句就是尊称在后的情况，后面一句虽然调换了顺序语法上合格，但换序还是会受限制，调换次序是出于不同的语境不同的语用需求。

最后，根据黎锦熙、刘世儒（1958：1），并列结构还有一项语法特征是："理论上没有中心词，可以无限制地排列下去（如'工人、农民、商人、知识分子……'）。"同位同指组合则是封闭的，受语序和话语限制，能七八项罗列已属极限：

> （7）你看**人家局长老王他老人家自己本身**就乐观开朗，再加上每天都坚持锻炼，所以都快 60 岁了看起来还跟 40 岁小伙子似的。

而并列关系的无限制排列在相声贯口中体现得淋漓尽致。如马三立的相声《报菜名》贯口：

> （8）我请您吃的有：蒸羊羔、蒸熊掌、蒸鹿尾儿、烧花鸭、烧雏

鸡、烧子鹅，卤猪、卤鸭、酱鸡、腊肉、松花、小肚儿、晾肉、香肠儿、什锦苏盘儿、熏鸡白肚儿、清蒸八宝猪、江米酿鸭子、罐儿野鸡、罐儿鹌鹑、卤什件儿、卤子鹅、山鸡、兔脯、菜蟒、银鱼、清蒸哈士蟆！烩鸭丝、烩鸭腰、烩鸭条、清拌鸭丝儿、黄心管儿，焖白鳝、焖黄鳝、豆豉鲶鱼、锅烧鲤鱼、锅烧鲶鱼、清蒸甲鱼、抓炒鲤鱼、抓炒对虾、软炸里脊、软炸鸡……扒海参、扒燕窝、扒鸡腿儿、扒鸡块儿、扒鱼、扒肉、扒面筋、扒三样儿，红肉锅子、白肉锅子、什锦锅子、一品锅子、菊花锅子，还有杂烩锅子！

一共罗列了 185 项菜名做"有"的宾语。

（四）同纬度信息限制

同位关系和并列关系还有一个信息提供方式上的重要区别是以往文献都未曾提到的，就是同位关系的几个构成成分，每项都提供某个不同侧面的信息，同侧面、同维度的信息不允许出现多个，否则就变成并列结构。举刘街生（2004：13）的一个例子说明：

(9) 父亲当兵与**他的父亲我的爷爷**有很大的关系。

说汉语的人都知道，"他的父亲我的爷爷"通常被判断为并列结构。但是这两项除了有并列结构的本质特征外，与我们前面对同位关系界定的标准也不违和："他的父亲"和"我的爷爷"指同一个人——语义同指；"他的父亲我的爷爷"做介词"与"的宾语——句法同位；"他的父亲也就是我的爷爷"——后项对前项阐释；不能插入语气词：＊父亲当兵与**他的父亲啦，我的爷爷啦**，有很大的关系；不宜于插入连接词：＊父亲当兵与**他的父亲和我的爷爷**有很大的关系。

但为什么还判断为并列结构？我们对比下面句子黑体字的同位同指组合来说明：

(10) 梁从诫：回忆**我的母亲林徽因**

(10) 中黑体字部分后项"林徽因"为前项"我的母亲"提供了补充信息，可以说这两项一个是关系信息、一个是姓名信息，给听话者提供了两个纬度的信息。而（9）"他的父亲"和"我的爷爷"都是从亲属关系这同一个纬度说出的信息，如此，可以根据大量的复杂的远近亲属关系无限制地排列名词项，如：他的父亲我的爷爷你的外公母亲的公公……根据上面例子（8）的显示，这是并列结构的特征。

　　同位同指组合中，姓名和绰号虽然都跟名字相关，但是得算两个纬度的信息，因为绰号通常会显示人的某项特征，而姓名是个没有个人特征的标记符号，如：

　　　　（11）宣布正式退出的是**班长李大个儿李非**。

　　"班长李大个儿李非"三项分别提供了职务、绰号和姓名三个维度的信息。

　　跟（9）亲属关系并列的例子常见的还有职务并列，下面句子中的前三项"中国中央总书记""国家主席""中央军委主席"是并列结构，整体和"习近平"的姓名信息构成同位关系：

　　　　（12）**中共中央总书记、国家主席、中央军委主席习近平**检阅受阅部队。

　　当然，（9）中黑体字的两项也有句法上的证据可以证明它更像并列关系——就是可以调换顺序：

　　　　（13）父亲当兵与**他的父亲我的爷爷**有很大的关系
　　　　　→父亲当兵与**我的爷爷他的父亲**有很大的关系

　　"他的父亲"跟"我的爷爷"调换次序以后整句的基本语义和语用意义都没有明显变化。

　　由此可见，两个指称性成分相邻并且句法地位相同时，辨认其间的关系是同位还是并列，"语义同指"并不是必要条件，还需从句法形式和语义关系两个角度细加辨析。联合结构中容易与同位同指组合发生纠结的主要是所指的实体相同的两项名词性成分，这个时候，有两个简单的形式标准可以作为判别依据：一是是否可以插入停顿标记；二是是否可以随意改变次序。顿号是停顿的显性标记，可停顿并且可以随意换序说明两个名词项关系松散，不具有限制力和制约力。

除了上面所说的语义、识解策略、句法还有信息提供方式上的不同，并列关系和同位关系**在语音上**的不同也有相应的体现：比如并列关系几项之间可以停顿或者可以插入停顿，有特定的列举语调（黎锦熙、刘世儒，1958：1），等等。而同位关系几个同位项之间一般不能有停顿。

根据上面论述的这些标准，我们可以看到，并列关系和同位关系实际上是有句法、语义、语音、识辨、排列等一系列本质上的不同，我们可以简单通过一些形式标准区别它们，比如能否插入停顿符号、能否插入语气词、能否插入连接词、可否换序。由此我们可以看出，同位同指组合两个成分项之间关系紧密，但联合结构两项之间关系较为松散。

本章小结

本章分别讨论同位同指组合与偏正结构、主谓结构和联合结构的联系和区别。第一节指出同位同指组合和偏正结构的语义基础不同；第二节指出同位同指组合和主谓结构的本质都是后项对前项的阐释，因此关系最为密切；第三节指出联合结构和同位同指组合的共同点在于并立和同位，但是有句法、语义、语音和信息识解上一系列的不同。

在传统的语法体系里，"同位结构"的地位似乎并不重要，下属于偏正结构、下属于并列结构的归类方式看上去显得有些随意，事实上是学者们面对同位现象的事实犹疑不定的反映。究其原因，一是在于对汉语名词性短语构成方式过于拘泥的保守认识，二是对在线生成的结构形式重视不够，除此之外，我们认为最重要的一点是，对汉语语法关系的实质探究深度不够。我们是在沈家煊（2012）对赵元任"零句说"和"主谓关系即话题说明"学说的深刻阐释启发下形成的看法，我们认识到，汉语体词性的零句相互组合，形成汉语最基本的语法关系——话题与说明的关系，这种关系对汉语语法的影响是深刻的，渗透在许多方面。同位同指组合，过去较多地被习惯性地归入定中结构，而我们受零句说明性的启发，观察到同位项之间的阐释性关系，并且观察到同位组合的在线生成性。这些观察说明，汉语语法特点的发现，有赖于新的视角和新的思考。

第 三 章

同位同指组合的句法实现方式

第一节 同位关系：动静之间

上一章我们讨论过，跟定中偏正结构和并列结构相比，同位同指组合与主谓结构关系更为密切，两者的语义基础都是后项对前项进行阐释。因此就同位同指组合而言，句法上的"同位"和语义上的"同指"都只是形成它的充分条件，而后项对前项的阐释关系，才是这种组合实现的必要条件。

由于常常整体出现在论元位置上，同位同指组合有与一般体词性短语相同的"静态"特征：整体名词性、充任论元成分、语序相对固定；而观察到同位同指组合内部存在的阐释关系，又可以看作具有一种"动态"特点：为了方便阐释，常常打破固有的语序以及短语组合的规律，在句法上以"在线组合"的方式和其他成分临时组接起来，直接实现为句子。这里的"动"和"静"都是比况的说法，我们想要强调的是，同位同指组合里"动"的一面是更为值得关注的。而从动到静之间，其实是一个受语用驱使、随着语言发展逐渐发生改变的连续体。

一 上古汉语同位关系的形成：经济而高效的"补释"

在第一章我们提到，汉语在叙述古国名、君主名等时，在夏代及其以前是"大名冠小名语序占据一统天下的时期，……所举的古国名、古君主名、古女名反映的都是夏代及其以前的文化现象，而这些名称中没有发现小名冠大名的例子"（孟蓬生，1993：305）。夏代以前，君主一般称"帝"，比如《尚书·尧典》中记载的"帝尧、帝舜"等：

（1）曰若稽古，**帝尧**曰放勋。（《尚书·尧典》）

而传说中夏代以前的女人或女神，一般在专名前冠以"女"字，如《楚辞》中出现的女神"女娲、女歧、女婴"等。

（2）**女娲**有体，孰制匠之？（《楚辞·天问》）

可见，同位关系是上古早期就已经产生的一种古老的语法关系。我们可以设想，古人在文字产生早期，记录某个重大的社会事件，应该是很简单地记下"参与角色"和"事件"即可，重大社会事件的参与角色往往都是地位显著的人，而"女娲""女歧"等都是传说中母系社会的女神，后来进入父系社会，"帝尧"也是部落中地位最显著的人物，因此最早期的时候，用一个表达他们地位的词"女""帝"表示，大家往往就可以知道是指谁了。但随着社会的发展以及人们见识的扩大，经历了部落兼并、首领交替，人们在记下"女""帝"之后，需要补充阐释一下"女""帝"的具体信息，以明确说明参与角色是谁，这就产生了同位式的称名法。因此，我们认为，同位关系的成因就是说话人说出指称某人的前项后，后边接着补充与之相关的另一个侧面的指称信息，以实现对前项的说明和阐释，使前项的所指更加明确。同位关系的阐释特点是由此及彼的联想。

商朝以后，同位关系进一步发展，根据郭晓红（2005）对甲骨文的考察，除了帝王的称名用同位关系的表示法之外，当发生占卜、祭祀等重大社会事件时，记录者记录它们时需要记下时间、地点和占卜参与角色（受祭者、为祭者），于是我们在甲骨卜辞中会看到同位关系的使用范围已经从过去的女神帝王称名扩大到时间、地点和参与人，下面两例是关于时间的同位同指组合：

（3）丙辰卜**今辛酉**侑于岳？[①]
（4）乙丑卜，贞：雨？其**兹今**亦无祸？

"今"在卜辞中表示当日，"辛酉"是当日的干支，而"兹"是指示代词

"这"的意思，例（3）问卜的人说完"今"之后，为表示严谨又补充上当日的干支信息"辛酉"，例（4）则是问卦的人想知道"现在"有没有灾祸，为了明确具体时间，说完"兹"后又补充上占卜当日的时间信息"今"。

我们看到这个阶段的记录文字，即使同位同指组合的数量很有限，但仍然存在组合项语序灵活的情况，比如（4）中的"兹今"在下例中语序倒过来了：

（5）甲戌贞：**今兹**亡大［雨］？

问卜者先提到占卜当日时间"今"，又补充时间直示信息"兹"来阐释"今"，这种组合语序更符合现代汉语指示词在后的顺序规则：今天这个日子。例（4）和（5）这一对具有语序灵活性的例句，充分显示出同位关系以"补充阐释"为语义基础的动态特点。

甲骨卜辞反映出商代汉语同位关系的发展：不仅使用对象和范围扩大了，而且内部层次关系和同位结构类型也更加复杂，下面两例中黑体字的同位同指组合，（6）是指地点，（7）是指受祭对象：

（6）癸卯卜，在**攸侯喜鄙永**。
（7）癸亥贞：侑于**二母母戊齒母庚**，兹用。

（6）和（7）两例都是包含两层同位关系的同位同指组合：（6）"攸侯喜鄙永"指地点，"永"是地名永城，与"攸侯喜鄙"构成同位关系，意思是：攸候喜攸国边境永城，这是第一层同位关系，第二层同位关系是指人名的"攸侯喜"，"喜"是攸国侯的名；（7）"二母"是指"母戊"和"齒母庚"二位，这是第一层同位关系，而其中"戊"和"庚"又分别指人名，与其前项"母"构成第二层同位关系。（7）的意义不仅仅在于内部包含两层同位关系，而且是在上古占多数的"名＋名"同位同指组合类型外，展示出新的同位同指组合类型："数量名＋名"。郭跃红（2005：26）用层次分析法对（6）和（7）划出的层次直观的图解，显示出这两个例子的复杂层级性：

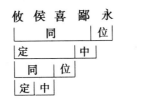 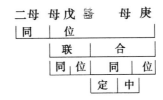

除了例（7）这样的"数量名＋名"式同位，这个时候还出现了"代词＋数量名"式同位的端倪（代词限于"余"，数量名限于"一人"），以及"名＋数量名"式同位：

（8）癸丑卜，王曰贞：翌甲寅乞酒脅自上甲卒至于毓，**余一人**无害？

（9）戊寅卜，贞：**令甫比二侯**及暨元王循于之若。

可见自殷商时代，随着占卜祭祀等重大社会事件对时间、地点、人物等精确度的要求，为了使简单的句子容纳更多的信息，具有**补释性的、经济而高效的同位关系表达方式**应运开始蓬勃发展。

到了西周以后，根据潘玉坤（2005：63—68）对西周铭文的穷尽性调查，同位的类型更多了，前项为代词的同位式，后项除了"一人"还可以出现人名或表身份地位的普通名词：

（10）余考，不克御事，唯**女（汝）笈**其敬乂乃身，母（毋）尚为小子。（2835 叔父趞卣）①

（11）先王其严才（在）上，……降余多福，福**余顺孙**。（0096 麸钟）

（10）中的"笈"是人名，这句话是长者告诫幼者"笈"：你笈要谨慎地修饰自身，不要再认为自己年少。（11）"顺孙"即孙子，补充阐释"余"的辈分，是后代祈求先王多给我孙辈福分。

---

① 西周铭文诸例皆摘自潘玉坤（2005：63—68）。

西周铭文还显示，此时多个同位项逐个阐释的现象开始出现，下面两例是三项的情况：

（12）**番匊生**铸賸（媵）壶，用賸（媵）**乓元子孟妃𫟁**①。（1796 番匊生壶）

（13）王唯念**戜辟剌（烈）考甲公**，王用肇事（使）**乃子戜達**（率）虎臣御淮戎。（4015 方鼎）

（12）的三项同位成分分界如"乓元子｜孟妃｜𫟁"；（13）的三项同位成分分界则为"戜辟｜剌（烈）考｜甲公②"，"从三个不同方面来说明戜的父考"（潘玉坤，2005：64）。

还有几例多项同位，潘玉坤（2005）认为是多层次同位关系：

（14）今我唯令**女（汝）二人亢罘矢**。（2159 矢令方彝，早期）

（15）**女（汝）**勿剋**余乃辟一人**。（4024 大盂鼎，早期）

潘文认为（14）中的"女（汝）二人"与"亢罘矢"为首层同位关系，"女（汝）"与"二人"为二层同位关系；（15）则是"余"与"乃辟一人"③为同位关系，"乃辟"与"一人"为二层同位关系（潘玉坤，2005：67）。但实际上，这两例的三个同位项都是指人，没有确切证据证明哪两项更为紧密，不如视为像（12）和（13）那样的多个同位项逐一阐释。

潘玉坤（2005）的研究显示，在"名词＋名词"这样的组合中，"前项或为职官，或为行辈，或为泛称的社会身份，后项多为人名，即前项多为通名，后项多为专名"。如果脱离句子单独看两个名词项，就是前一概念的外延大于后一概念的外延。这种语序是西周铭文最常见同位关系语序类型，但像甲骨卜辞"兹今"和"今兹"那样语序灵活、呈现动态特点的组合，西周铭文中也有。我们看潘玉坤（2005：65）对下面一例违反常规语序的同位同指组合所做的特别说明：

---

① 这是番匊生用来陪嫁其长女孟妃𫟁所做的媵器。"元子"即长女，"𫟁"是"孟妃"的名。

② "辟"即君主，"烈考"即显赫的亡父，"甲公"为名。

③ 根据唐兰（1986），"余"即"乃辟"，此王自称为"余"，从盂来说是"乃辟（你的辟）"；陈梦家（2004）解释，殷末卜辞"王"亦自称为"余一人"，所以"一人"、"乃辟"都指"余"。

（16）王伐楚侯，周公某（谋）**禽祝**，禽又（有）祝啟。　（4892
禽簋）

潘文对此例做出了如下的解释：

（17）以上是《两周金文辞大系图录考释》和《商周青铜器铭文选》
的断句，"禽"指周公之子伯禽，"祝"是伯禽所担任的职务，《商周青
铜器铭文选》对"周公某（谋）禽祝"一句的解释是，周公旦训导其子
大祝伯禽。照这样理解，同位语"禽祝"的语序排列正好与 B 类相反，
但又不同于 C 类。对此应该如何看待？同是伯禽所作器的有大祝禽鼎，
其铭文为"大祝禽鼎"，还是职官在前，名字在后。我们怀疑"周公某
（谋）禽祝"标点有问题。相比之下，陈梦家、唐兰的句读就合理许多，
他们把"周公谋"与"禽祝"视为两个独立的分句，两个同是主谓结构
的分句。也就是说，这里并不存在同位语。（潘玉坤，2005：65）

从这里我们可以看出，潘文认为"禽祝"具有"专名＋官职名"的语
序，不符合当时同位同指组合的常规语序"官职名＋专名"，因此考虑为断
句错误，而陈梦家和唐兰两位先生恰好将"禽祝"独立出来处理为主谓结构
的分句，这就解决了语序"失常"的问题。其实如果理解了同位关系的"动
态特点"，就可以完全理解这种语序上呈现出来的灵活性：周公教导其子伯
禽，说到伯禽，又紧接着补充阐释一下：伯禽是大祝（官）——这就是"周
公谋禽祝"。

从上面所述上古汉语同位关系的形成和发展过程，我们可以看到同位关
系最初是从"名＋名"的组合方式产生的。最初以帝王为话题，补释帝王的
姓名信息，后来在记录占卜、祭祀等社会事件（乃至家族事件）时，对所涉
及的显赫参与角色和时间地点进一步补充注释具体信息。因此同位关系的形
成和发展，是伴随着社会的发展以及语言表达的需要，它始终都以**补充阐释
为语义基础**，从而使得其类型越来越丰富，结构越来越复杂。"这与单单自
称其名（即不用同位语）相比，内涵自然大大丰富了，表现力也不可同日而
语。"（潘玉坤，2005：65）

正是由于"阐释"这个和主谓结构一致的语义基础，具有现代语法学精
神的马建忠（1898）才多次混淆主谓和同位的概念，他归纳的 15 类"同次"

中至少有如下几类属于我们现代语法认为的"主谓关系"：

> （18）吾见**新鬼大，故鬼小**。
>
> 　　　**南冥者，天池也**。
>
> 　　　**丈夫**相聚游戏，**悲歌忼慨**。
>
> 　　　**此**之谓**大丈夫**。
>
> 　　　**余之宗兄，故起居舍人君**。
>
> 　　　**南鄙之田，狐狸所居，豺狼所嗥**。

以"阐释前项"为语义基础所形成的体词性同位同指组合，势必会有临时用作补充的"动态"特性，致使部分组合溢出常规的语序排列，呈现临时组合成句的现象，这种现象上古汉语就存在，以上文（4）、（5）、（16）例为证。

二　"阐释"重于"并立"

以往对汉语同位关系的研究，往往认为"并立性"是这种句法关系的关键点（刘街生，2004），这就是过于关注"静"的一面。"并立性"意味着并立的诸项不仅语义所指相同而且语法地位也相同，那么是不是据此可以推导出"每一项都可以独立地参与到整个同位结构所处的表述中"呢？也就是说，是不是每一项单独形成表述都是等值的呢？有相当多的同位同指组合在做句子成分时有这个特点。但我们这里强调的是，当有些表示属性的名词性成分做同位项时，每一项单独形成的表述就不等值，因此也就有了显著的"动"性。我们看这个例子：

> （19）你不能欺骗**人家局长老王他一个老同志**！
>
> 　　　a. 你不能欺骗**人家**。
>
> 　　　b. 你不能欺骗**局长**。
>
> 　　　c. 你不能欺骗**老王**。
>
> 　　　d. 你不能欺骗**他**。
>
> 　　　e. 你不能欺骗**一个老同志**。

由原句五项同位同指组合分解所得的零句有 a—e 五个，将这些零句和原句比较一下可知，原句的真值语义并不是跟每个分解句句都等值，也就是说，同位同指组合的各个组成项性质并不一样，a—d 中各组成项意义和地位大致相当，体现出"静"的一面，但 e 句出现了变化，原句"一个老同志"这一项在属性上对前项进行了补充阐释，致使整个句子说的既不是单纯的"不能欺骗他（老王）"，也不是单纯的"不能欺骗老同志"，而是"具有'老同志'这种属性的'他（老王）'"。这显示出不同性质的同位项对同位同指组合的影响并不完全一样，像"一量名"这样表属性的同位项更像主谓关系，阐释性强，会使同位同指组合的内涵出现一个明显的加合，因此更容易吸引其他句子成分共同实现一个因内涵加合所造成的复杂命题，这就是我们上一章涉及的例子"她一个孤身女人"出现在句首时总需要有后续成分的原因。

表属性的通指名词做后项也有显著的阐释性，如下例：

(20) 我们对**他老会员**都没有任何优惠。
  a. 我们对**他**都没有任何优惠。
  b. 我们对**老会员**都没有任何优惠。

a 句和 b 句虽然都是原句真值语义中的组成部分，但都不是原句的全部语义。另有一些情况，分解后的命题甚至不是原句意义的组成部分：

(21) 我就喜欢**人家首都北京他们那儿**。
  a. 我就喜欢**人家**。
  b. 我就喜欢**首都北京**。
  c. 我就喜欢**他们**。
  d. 我就喜欢**那儿**。

如果这个例子显示真值语义的词语不是处所词（北京）而是一个人名的话，或许可以说每个分解的表述都是符合真值语义的；但正是因为例（21）这样句子的存在，证明了代词的作用不是简单的称代，而是具有一定的语用价值。张伯江（2010）曾经讨论过同位组合里包含人称代词的一种情况，他指出人称代词的作用"或是强调个人立场（第一人称），或是用以拉近与被叙述者的距离（第二人称），或是把整句话的意义带入了专有名词那个人物的自我表白（第三人称）"，这个概括同样适用于本文所观察的同位同指组合中的代词。也就是说，代词与实体名词之间在同位同指组合里建立了语用意义的阐释关系。

这个观察让我们得出一个清楚的结论：汉语的同位同指组合中，各个组成项之间语法关系的本质，既不是等立，又不是修饰，而是阐释关系，亦即一种陈述关系。上面（19）、（20）、（21）三组例子的原句"你不能欺骗……"、"我们对……都没有任何优惠"和"我就喜欢……"所陈述的都不是某一个或几个名词，而是连环相继的整个阐释性组合。因此在某些同位同指组合所参与的命题中，各个组成项分解后的命题并不一定是原句命题意义的替代物，甚至不能准确传达原句意义。而整个命题中同位同指组合所体现出的体词性是它和主谓结构的主要区别。

三　动静连续统：从同位同指组合的答问看

同位同指组合"动"和"静"的特点差别还表现在回答问题的时候。我们常常用"什么"和"谁"来提问主语和宾语位置上的句法成分。在汉语静态短语体系中，主谓、偏正、并列、述宾、述补等，都能自由出现在主宾语位置上，因此都能用"什么"提问，简短作答时，这些短语都能独立成句作为答案。比如：

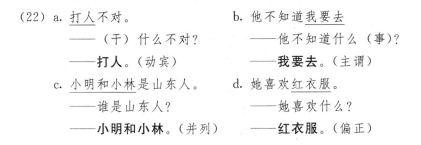

（22）a. 打人不对。
　　　——（干）什么不对？
　　　——打人。（动宾）
　　b. 他不知道我要去
　　　——他不知道什么（事）？
　　　——我要去。（主谓）
　　c. 小明和小林是山东人。
　　　——谁是山东人？
　　　——小明和小林。（并列）
　　d. 她喜欢红衣服。
　　　——她喜欢什么？
　　　——红衣服。（偏正）

（22）的a—d分别是动宾结构、主谓结构、并列结构和偏正结构充任主语和宾语，对它们进行提问时，回答的必须是整个短语，如上黑体字的回答都和原句中画线部分是一致的。

但是同位同指组合无论在句首主语位置出现还是在宾语、定语位置上出现，针对其提问时，回答都不一定用整个组合。看如下两个例子：

　　（23）《义勇军进行曲》是天才音乐家聂耳的作品。

　　　　——《义勇军进行曲》是谁的作品？

　　　　——聂耳。

　　　　? 天才音乐家聂耳。

　　（24）人家小王不想去。

　　　　——谁不想去？

　　　　——小王。

　　　　? 人家小王。

　　例（23）是针对"作品"的定语提问，原句定语是个同位同指组合，我们回答问题的时候一般仅就"谁"的本质内涵回答姓名信息，不涉及评论性的"天才音乐家"；（24）是针对主语提问，回答时一般也是提供具体人名即可。上两句如果回答整个同位同指组合也不是不可以，但会显得很机械，不符合平常说话的常理。由于"天才音乐家"和"人家"都是跟评价有关的主观性信息，因此在回答中都不必出现。

　　上文的例句（21）的情况也是如此，我们重复如下：

　　（25）我就喜欢人家首都北京他们那儿。

　　　　——你就喜欢哪儿？

　　　　——首都/北京/北京那儿/首都北京。

　　　　? 人家首都北京他们那儿。

　　如果将同位同指组合"人家首都北京他们那儿"作为地址提问，单独回答"首都"、"北京"，或者组合回答"首都北京"、"北京那儿"都可以，可是如果把整个组合作为答案除非是特定的语用场合。

　　将（23）—（25）和（22）对比，我们可知，静态短语层面的主谓、述宾、并列、偏正等结构是构成句子的基本单位，整体不能拆分，而同位同指组合相对的动态性就很强，可以回答一项，可以打破组合顺序用两项回答（如25例中"北京那儿"的组合越过了处于两者中间的"他们"），有的时候回答全了反而别扭，甚至不允许回答整个组合，如下两例就是这样的情况：

　　（26）老张这个人刀子嘴豆腐心。

　　——谁刀子嘴豆腐心？

——老张。

　* 老张这个人。

（27）他不敢跟<u>我老张</u>开玩笑。

　　——他不敢跟谁开玩笑？

——我。

　* 我老张。

　　（26）句"这个人"是提示前项为话题，后面要加以评述，是纯粹起篇章作用的"动态"同位项，因此在回答问题时要滤除；（27）"我老张"这样的同位序列，如同我们上面举的（19）、（20）句，由于同位的后项对前项补充阐释的是属性内涵，因此这个同位同指组合是需要吸引其他句子成分共同参与才会有完整的命题意义的，单独出现总觉得话没说完，我们把这三例再集中到一起体会一下：

　　（28）老王他一个老同志

　　　　他会员

　　　　我老张

　　显然这三个组合都不能直接实现为独立句。这些同位后项只是增加一个语言信号，以使前项的指称对象实现为一个评述性主观命题的参与角色。这是同位同组组合的动态特点最显著的体现。

　　还有的同位同指组合根本不用来回答问题，比如"职务＋人名"的同位组合序列。回答问题的时候不是用原句的同位同指组合，却是用的称谓复合词，如下两例：

　　（29）<u>国家主席习近平</u>今天去庆丰包子铺考察。

　　　　——谁今天去庆丰包子铺考察？

——习大大/习近平主席。

　　　　—— * 国家主席习近平

　　（30）<u>副局长李大兵同志</u>宣布运动会开始。

　　　　——谁宣布运动会开始？

　　——**李局长/李大兵副局长**。

　　—— ＊副局长李大兵同志。

　　（29）原句主语位置上的同位同指组合"国家主席习近平"，在被提问时，答案会换成大众更亲切熟悉的称谓复合词①"习大大"或者更正式礼貌的称谓"习近平主席"。（30）也是同理。这显示了作为问题答案的称谓复合词的静态特点以及同位同指组合在实现话题－陈述过程中连环阐释的动态特点。

　　当然同位同指组合也有能直接做问句答案独立成句的，比如：

　　（31）他说<u>国庆节那天</u>天坛公园特别热闹。

　　　　——他说什么时候天坛公园特别热闹？

　　　　——**国庆节那天**。

　　（32）他叫<u>咱们三个</u>去那边。

　　　　——他叫谁去那边？

　　　　——**咱们三个**。

　　上两句里的同位同指组合和（22）里的主谓结构、并列结构、偏正结构等一样可以做静态短语，直接实现为句子。这样的同位同指组合就可以看作静态短语。

　　那么上面所说同位同指组合在回答问题上的差异是不是叙述报道语体和对话语体的差异呢？我们想要强调的是，静态短语层面的主谓、偏正、述宾、述补并列、连谓等结构不论在什么语体里都可以实现为独立回答的答句。但同位同指组合却根据句子实现的不同语用功能显示出动静的差异来，这正说明同位同指组合在实现句子的方式上不同于静态的各种短语类型。

　　综上所述，同位同指组合其实是一个动静连续统。它的本质是后项对前项的动态补充阐释，但常用的一些类型组合由于长期连用，整体感很强，就凝固为静态短语，应该视为和主谓、偏正、并列结构一样，相互关系为同指关系；但另一些组合溢出常规的语序，有的甚至是临时组合的，这就是动态

───────────────

　　①　过去的文献多将"人名＋职务"也看成同位结构，我们将其看作称谓复合词而不是同位同指组合，下文会详细说明这一类。

特点极强的一种组合，不应列入同位同指的组合序列类型中。这里我们暂且举一例说明，我们看下面一段采访节目导演的话：

(33) 谈到这个节目的创作过程，张继刚说："在中国四川发生地震以后，我在一篇报道上看到**这个孩子李月**，她是一个刚刚学芭蕾不足两年的孩子，在地震当中失去了左腿。在那篇报道中看到她说的原话，'虽然（地震）夺去我的左腿，但是我永远不放弃芭蕾梦想'。我在那段时间读到这段话的时候顿时热泪盈眶，就在那一刻，我想到了要把李月邀请过来。"

这个例子中的"这个孩子李月"，常规的语序应为"李月这个孩子"。说这段话的人用这种非常规的语序，通常是在"这个孩子"在前文中有凸显，或者说话人是指着屏幕上、图像中的某个孩子说他的时候，此时姓名就成了补充信息。像这种组合就是动态的临时组合。

同位关系的动静连续统，我们图示如下：

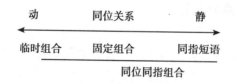

图 3-1　同位关系动静连续统

处于动静之间的是有同位关系的一些固定组合，但会呈现出不同于静态短语一些动态的特征，比如我们上面举出的各个例子。而像（33）例这样的同位同指临时组合由于语序不固定，通常以在线组合的方式成句，因此不计入同位同指组合的类型。但这种在线组合成句的实现方式引起我们的关注，我们下一节就通过介绍像（33）这样一些动性很强的同位同指组合，由其实现方式进一步思考汉语词组与句子的实现方式。

第二节　同位关系的句法实现：在线组合

上节我们已经谈到像（33）例这样不按常规语序组织的同位同指组合，

其实如果理解了同位同指组合"补充阐释"的要义，我们会在具体的语句中发现很多看起来不成短语但相互间却具有同位关系的组合。它们显然是说话人在说出句子时临时"在线包装"组合成句的。下面我们就先列举一些这样富有"动态"特性的同位关系。

一　非静态词组层面的同位同指现象

(一)"动物马"类：光杆通指属＋光杆通指种

有些从句子中切分出来的结构体，在抽象的词组层面是不成立、不能说的。比如吕叔湘先生(1942/1990：72)就指出："我们不能说'动物马'或'马动物'或加'之'字成'动物之马'或'马之动物'。"①

"动物马"和"马动物"之所以不能说，是因为它们看起来都像两个独立的语法单位，而"无论怎样复杂的词组，它的作用只等于一个词"(吕叔湘，1942/1990：69)。如要使其变成一个词组需要加一些成分，如"动物中的马"变成偏正结构，"马是一种动物"变成主谓结构。

下面几种词和词的组合在抽象的词组层面像是两个独立的语法单位(词或词组)，不像是连在一起的一个语法单位。但在句子中，它们又确实是连在一起作为一个整体单位，表示同位同指这样的句法关系的。

下面三个例句中的"动物马"、"图形圆"和"文具铅笔"，前者是指"属"的光杆通指名词，后者是指"种"的光杆通指名词，看起来都像两个独立的语法结构单位，但在具体句子中却实现为同位关系，这一类就是吕先生提到的"不能说的"一类。如下例：

(1)要说十二生肖在常州地名中的体现，龙马恰恰是最多的。……礼嘉镇政平街原名"走马塘"，同样也是以**动物马**定地名。相传明朝时这里就商贾云集，而且是常州至宜兴的官道，可五马并行，官民南来北往络绎不绝，镇上马蹄遍地，镇名就从"中兴镇"改名为"走马塘"。

(2)如图，假设你在**图形圆**内随机撒一粒黄豆，请计算它落到阴影

---

① 张伯江(2006：306)指出，汉语里具有领属关系的两个相邻名词之间的"的"在一些句式里可以隐去不说，如"把**我帽子**都摔丢了"、"这是**我衣服**里最难看的"。我们认为，"我帽子"和"动物马"并不是同一种"不能说"，因为"我帽子"虽然不说，但"我爸爸"、"我同学"等都可以说，这种领属结构关系是存在的。但是"动物马"这种组合即便换成分为"动物驴""动物猫"等，如果不在具体句子里也是绝对不能说的，不存在这种静态的词组。

部分的概率是多少。

（3）在今天的节目中，我们来介绍一种一年级的孩子的必备品：**文具铅笔**。

句子中黑体字部分，如果用结构主义的层次切分法（IC），一定会切分为一个结构体。这样的同位同指组合在科教语体中很常见。

（二）"马动物"类：光杆通指种＋光杆通指属

这一类也是吕先生提到的"不能说的"。"猫狗动物"前者为指种的光杆通指名词，后者为指属的光杆通指名词，在静态词组层面不像一个整体单位，但在下边这个句子里可以实现为同位同指的一个整体结构单位：

（4）动物保护者联名请愿，要求停止在中国对**猫狗动物**的屠杀。

第（4）句是反对吃猫肉、狗肉的人说的话。这两句中的"动物"是作为前项"猫狗"的同位项出现在句子中的。其实等于说"猫狗等动物"。

（三）"你大人"类：人称代词＋普通名词

"你大人"在静态词组层面不成立，即便是指"你是大人"的意思，也需对举说"你大人，我小孩"才能实现为谓语为名词的主谓结构。但在下面的句子里，"你大人""你教师"都能形成具有同位关系的句法单位：

（5）王老师希望家长不能对孩子们写字的要求太高，她说："写个汉字对**你大人**不是什么难事，但对一个四五岁的孩子来说就比较困难了。"

（6）一旦有学生对**你教师**产生了不好的印象，他就会不喜欢上你的课，久而久之，就会对这门课失去兴趣。

（四）"爸爸大博士"类：专有名词类＋普通名词类

"专有名词"一般和表示称谓的名词连用，比如"赵子成同志"，和普通名词搭配时就像两个独立的结构单位，如下几句中的黑体字单独抽取出来看都不像一个结构体：

（7）这道题你不会做很正常，连**爸爸大博士**都想了半天才会呢。

（8）这是出版社的责任，跟他**刘震云作者**是没有关系的！

（9）你说你**自己说话人**都没说明白，怎么能埋怨**人家听话人**不理解呢！

（7）—（9）句中的黑体字部分，后项"大博士"、"作者"和"说话人"都读重音，在句中强调前项专有名词的属性，与前项语义同指并有句法上的同位关系。但在静态词组层面一般是不看作一个结构单位，只有词序颠倒过来才可以看作一个结构单位，尤其是（8）句中的"刘震云作者"，颠倒词序后的"作者刘震云"才会被看作同指组合；而（7）颠倒词序后的"大博士爸爸"则是偏正结构，形容是什么样的爸爸。

（五）"两个小学生婷婷和倩倩"类：数量词组＋专有名词

这种搭配从静态词组层面上看也不像一个整体性强的词组，而像两个独立的结构单位：数量结构"两个小学生"、联合结构"婷婷和倩倩"。但是在下面的句子中，数量名和专有名词这两个结构单位组合后，只能被切分为一个整体：

（10）昨天下午，**两个小学生婷婷和倩倩**急中生智，救了一车人。

（11）你带着**五种动物老虎、大象、猴子、孔雀和狗**，到你没有去过的原始森林探险，如果遇到危险你会先舍弃谁？

（12）上海财经大学去年公布了 2010 年中国省级财政透明度排行榜，把广东省排在第三位，在**两个城市北京上海**之后，这是很不容易的。

（六）"老马我"类：专有名词＋人称代词

"专有名词＋人称代词"（如"老马我"）这一类组合和语序相反的"人称代词＋专有名词"（如"我老马"）在汉语口语中都比较常见，但人称代词在前的"我老马"通常在词组层面可以看作一个结构整体，而人称代词在后的"老马我"却更像是两个指人名词的并列。不过在具体的句子里，"老马我"应该被看作一个结构整体，如下面句子中的黑体字：

（13）**老马我**真想跟你说几句掏心窝子的话。

这个句子中"老马"和"我"不能拆分，一拆分就变成另一种与（13）句的意思不一样的结构，比较下面的第（14）句：

（14）**老马，我**真想跟你说几句掏心窝子的话。

"老马"与"我"分离后，变成了对话中的呼语。

"专有名词＋人称代词"组合中当人称代词为单数第一人称和第二人称时，如果它与前项专有名词分离成两个结构单位，那么要么句子结构和语义发生了变化，要么分离后句子变得不合法，如下面两个句子的比较：

（15）就凭**老马你**这点儿心眼儿就甭想跟他斗了。
（16）＊就凭**老马，你**这点儿心眼儿就甭想跟他斗了。

专有名词与人称代词的组合，不管次序是什么，都表达说话者的主观情感。从语篇上看，如果专有名词（或者与专有名词用法相当的普通称谓词）居前，再与第一人称"我"形成同位同指组合时，说话人的语用目的往往是双重的——先顺着对方对自己的称呼来称呼自己，这是从听话人的视角（或者所描述的对象的视角）和立场，拉近听说双方的距离；然后用"我"将视角一转，转到说话人一方，将听话人的称呼所指和说话人的人称角色统一起来，以凸显说话人将要陈述的内容。下面一段对话来自网络小说《天剑群侠》：

（17）"**大娘**，对不起，我并不是存心想瞒着你。"唐若萱满心的愧疚，大娘几年来待她甚好，而自己却隐瞒了她这么多事情。
　　　"**大娘我**啊，只希望看到你快乐，瞒着什么都不重要了。"李大娘倒是坦然，瞄了眼身旁的两个儿子，在心中暗暗叹气。

听话人"唐若萱"对"李大娘"称呼为"大娘"，说话人"李大娘"顺着"唐若萱"对自己的称呼，用人称同位同指的补充阐释方式，让对方自然接受自己的观点。这是一种以亲近方式凸显自己观点的表达法。下面这个例子也是这样：

（18）德云社复演，**老郭我**回来了。

"老郭"是粉丝对相声演员郭德纲的亲昵称呼，说话人先用这种昵称称呼自己以拉动与粉丝的亲近，紧接着用第一人称将人们的关注点引向"回来"。下面这个例子不是从听话人视角而是从说话人所描述的对象的视角出发，但凸显的是说话人：

（19）我刚才看到一个小美妞儿，萌死**阿姨我**了。

也有借对方视角来骂人的，以下两例是詈语：

（20）对面的<u>小贱人</u>还敢跟我玩这套，**老娘我**也不是吃素的。
（21）<u>你</u>居然自己躺枪，笑死**大爷我**了。

实际上"称谓词＋我"暗含的意思是"你叫的×也就是我"，在这一同位同指组合里，称谓词是言域的。

"专有名词/称谓词＋第二人称"所表达的主观情感和第一人称不同。本来对话中，说话人指称听话人时简单用第二人称"你（您）"就可以，但如果在第二人称前先称谓词，说话人的语用目的往往也是双重的——先提醒听话人从别人（尤其是说话人）对自己的称呼上注意到自己的身份，然后用第二人称"你"将这种身份和人称信息同一，使听话人认识到说话人对他的评价。这种评价，多为礼貌和尊敬［崔希亮（2000）、陈艳艳（2015）都提到这种功能］，如：

（22）孩子的表现，让**老师您**失望了。
（23）以我们的实力，借他十个胆，他也不敢把**大王你**怎么样！
（24）我朱某能有今天，都是仰仗**兄弟你**提携啊。　（摘自韩蕾，2003：146）

"老师""大王"和"兄弟"都是说话人对听话人身份的提醒，"你"则是说话人将这种提醒拉回对话，表达说话人对这个身份的看法。也有相反的评价，表达说话人的蔑视：

（25）孩子有权选择自己感兴趣的事情去做，所以父母千万不要有**"小屁孩你**懂什么，老子帮你选"的心态，这样只会让他觉得烦。

（26）"哈哈，既然**小妞你**要拦着，连你一起收拾了。"旁边的高个儿冷笑道。

如果是专有名词在第二人称之前形成的组合，那么说话人则是先提醒听话人通过自己的名字意识到自己的某些特性，然后借第二人称把这种共鸣感拉入对话，从而方便表达说话人的评价。如：

（27）如果不是因为那混蛋，**马明你**何至于走到今天这种惨痛地步！

（28）以目前县里和岭东的态度，投资者会放心把钱投到这里来？何况**国栋你**不过是一个乡党委副书记。

从上面分析我们可知，"专有名词/称谓词"和第一、二人称组合都是从听话人的视角出发，然后拉其关注说话人本身及其评价。因此，单凭一个孤立的同位同指组合，是实现不了说话人的语用目的的，必须和句子的其他部分紧密配合成一个完整的命题。因此像"老马我"这样一个组合，不能成为一个词组。

第三人称代词与前一项专有名词在句子中的可分离性似乎比第一、二人称代词好一些，比较下面两句中的黑体字部分：

（29）**韩红她**毅然把孩子给领养了，并把这首歌的版权收入全部捐给这个小孩。

（30）**韩红，她**毅然把孩子给领养了，并把这首歌的版权收入全部捐给这个小孩。

这两句没有出现语义上的太大差异，但在结构和叙述方式的表达上有差异：（29）句的人称代词"她"像是附带读出的，往往读得又轻又短，且与专有名词的前项没有停顿，是为话题"韩红"补充语用阐释的——从言语现场拉远主角以完整看清楚其行为之坚定、态度之坚决，从而传达说话人的高度评价，拉远之后再进行说明"毅然……"；而（30）句就是普通的话题段落，人称代词"她"与前项的专有名词之间有停顿，这个停顿提示下面将有一段说明是关于"韩红"这个话题的，因此关于"韩红"的说明是从"她"开始往下持续的，"她"的作用不是语用手段，而只是通过复指来开启说明部分，传达其固有的人称信息。

其实这一类组合的前项不仅仅是专有名词和称谓词，普通名词也可能存在同样的问题，如下句：

（31）作者他人呢？

这句话"作者"和"他"都可以去掉说成"作者人呢？"和"他人呢？"，但是不能把"人"去掉：

（32）＊作者他呢？

这说明"作者他"这个组合不是一个静态短语。

（七）"这个孩子李月"类：指量名＋专有名词

"指量名"和普通名词及专有名词结合为一个结构体时，通常出现在后项，比如第三章第一节的例（33）"这个孩子李月"，一般会说成语序相反的"李月这个孩子"。下面两个摘自网络的例句也是这样：

（33）现在梁洛施唯一的优势，不是爱情，而是**这个孩子李长治**。

（34）小米手机已经成为低端市场中高配置手机的代表，这点毋庸置疑，无论是之前的小米手机 M1，还是到后来的小米手机 2 都成为红极一时的产品。尤其是**这款手机小米 2**，在各方面的规格上都与国际大牌不相上下，从处理器，到摄像头，到搭载的操作系统，都让这款手机不负"发烧"之名。

我们在前面（33）例提到，"指量名"在前时，多半是前文提过他的信息，或者是有直观的图解，像例（34）就是取自配有小米手机 2 图片的宣传介绍词。"小米 2 这款手机"是成一个整体的词组，但在（34）句被切分成一个结构体的"这款手机小米 2"却是一个不能被看作静态词组层面的结构单位。

（八）"这个人他"类：指量名＋第三人称代词

"指量名"和人称代词结合为一个结构体时，通常出现在后项，比如第三人称代词"他"和指量名"这个人"组合成一个句法单位，一般会遵循"他这个人"的语序。但我们发现"这个人他"这样的语序也能临时组合成为同位关系。如例：

（35）他怎么可以这样呢？**这个人他**怎么可以这样呢?！（摘自韩蕾，2003：146）

（36）我想："**这个牛皮客他**不简单呢，心理承受能力有那么强。"（摘自黄瓒辉，2003：67）

这两个例子中的"这个人他"和"这个牛皮客他"都是出现在话题位置上的，因此如果把居于前项的"指量名"视为主话题，将"他"视为"次话题"也未尝不可，不过如果整体出现在介词"对"和"把"的宾语位置上，则"指量名"和"他"之间就有同位关系。下面（37）—（38）句"指量名＋她"整体做"对""把"的宾语；（39）—（40）句"把"的宾语由复杂名词短语充任，"指量名＋他（们）"分别做宾语名词短语的组成成分：

（37）之前我们这儿一个老师他老婆，我对**这个人她**印象比较深刻，她人非常好，就是那种很好打交道的人。

（38）她可不想多事，更何况，她还有把柄抓在 Andy 手里，万一把**这女人她**惹急了，肯定不会善罢甘休，到时候再把她和周绍霆的事儿到外面去抖搂抖搂，那后果就真的不堪设想了。

（39）怎么样把**这些人他们**这个休眠期给他缩短，尽快地发挥他们的潜能，可能是政府、企业和"海归"自己都需要考虑的问题。

（40）如果你妹妹把**这个人他**平时是怎么对她的都告诉你，那么你对这个人是不会有好感的。

上面这些例子中的"指量名＋人称代词"都是不符合常规语序的临时组合。不过"指量名"后的"他们"不能出现在句末动词宾语的位置上，因此使用还是受限的。出现在后项的"她""他"都读得轻而短。

（九）"这个人人家"类：指人名词及短语＋人家

指人名词和"人家"构成有同位关系的句法单位，通常的语序是"人家"在前，但是有时"人家"可以在指人名词的后面出现，临时组合成同位关系。这是说话人在说出一个明确的人之后，想要夸赞他，又补充上"人家"表示自己的态度。如例：

(41) 你这不是把**李老师人家**往死里逼吗?!

(42) 先声明，这可是**这个人人家**自己的，你们别抱太大希望。

(43) 这明明是**同一个人人家**自己说的。

(44) 这可是**我们隔壁邻居人家**自己的院子啊。

上面这些例子常规的语序分别应该是：人家李老师、人家这个人、人家我们隔壁邻居。但是在句子临时这样改变语序组合，句子依然是合法的。不过"人家"不能出现在句末。出现在后项的"人家"都读得轻而短。

（十）"北京大学母校"类：时间、处所同类词连用

时间、处所等同类词连用组成一个短语（词组）需遵循一定的规则，马庆株（1991）、陆俭明（1994）都曾指出过这些规律，主要包括如下几点：

1. 处所词连用：相对处所词在前，绝对处所词在后，比如：

首都北京～*北京首都　　下一站故宫～*故宫下一站
首府拉萨～*拉萨首府　　母校北京大学～*北京大学母校

2. 时间词连用：
相对时间词在前、绝对时间词在后。比如：

今天星期一～*星期一今天　　现在六点钟～*六点钟现在
明天中秋节～*中秋节明天　　后天星期三～*星期三后天

两个绝对时间词连用，周期连续的时间词在前，周期不连续的时间词在后。比如：

星期一三九～*三九星期一　　20号头伏～*头伏20号

周期连续的时间词连用，元素连续的时间词通常在元素不连续的时间词的前面。比如：

五月初五端午节～﹡端午节五月初五　　4号清明节～﹡清明节4号

上述处所、时间词连用的规则大致可以总结为：相对的在前、绝对的在后，连续的在前、不连续的在后，袁毓林（1999）指出这种规律的原因是，相对的、连续的时间处所项信息量小，而信息量小的成分通常排在信息量大的成分之前。

他们所说的这些规律和成因，都是指静态词组层面的语序规律，例句涉及的词组有主谓结构、同位结构和偏正结构。但是我们看到，在包含同位关系的句子里，这些规律都可以打破，上面画星号的例子在下面具有动态特点的同位关系①的句子中都能实现：

（45）﹡北京首都

善良的住户从没有怀疑过这天天吃的水能有什么问题，在**北京首都这里**，任何与生活有关的事务从来没有怀疑过，这是首都啊，不用怀疑什么吧。

（46）﹡拉萨首府

来自印度驻**拉萨首府**辛哈的消息称，拉萨政府已经撤销了其派出7人代表团去北京与中共进行谈判的命令。

（47）﹡北京大学母校

我也是北大的学子，82年在这里学习，所以我对**北京大学母校**给予我们广西师大每一点关心和支持，总是格外地感到感激和高兴。

（48）﹡星期三后天

哥，千万别忘了**星期三后天**上午我的家长会哟！

（49）﹡中秋节八月十五

近日，一年一度的**中秋节八月十五**刚刚过去，影视歌三栖艺人马仕

---

①　下面的例子并不都是对上文星号例子原封不动的实现，但都是不符合上述时间处所词连用规律的例子。

健 9 月 6 日在深圳京基晶都酒店举办的中秋晚会上，将自己的代表作之一《平易近人》带给大家，为全国第一人口大县及国家级贫困县安徽临泉县的近万名五保户筹集善款，再献爱心。

(50) *元宵节星期一

春节特殊调整：22 号**元宵节星期一**是正常营业，顺延至 23 号周二闭园维护。其他时间周一闭园维护，不对外开放，请合理安排时间，谢谢！

(51) *端午节五月初五

我是在农历**端午节五月初五**中午出生的，这是什么星座啊？

时间处所词连用其实还有一个规律他们没有提到，就是"这/那＋名"一般总在具体时间地点之后，比如：

墙角这儿～*这儿墙角　三八那天～*那天三八

不过这个语序规律在呈动态特性的同位关系中一样也会被打破：

(52) *这儿墙角

他使劲儿向我忏悔："我再也不抽了！求求你原谅我吧，如果你不原谅我，我就在**这儿墙角**蹲一夜。"边说边往墙角凑。

(53) *那天三八

后来去打饭的时候，在路上他问我**那天三八**喝了多少酒。

以上这些同位同指现象，大量存在于现代汉语的书面语和口语表达中，类型远超出吕先生所举的"动物马"、"马动物"说法，却都是汉语静态名词短语所不允许的结构形式。值得注意的是，我们曾经指出同位项外延相同是同位同指组合的最主要特点之一，在上面八类例子里，似乎存在不少外延大小不一样的情况，需要做出解释。先看例（1）—（3），似乎都是前项外延大于后项，但是我们体会一下这几个句子的真实意义，就会看出这样的事实：

(54) 以**动物马**定地名＝以我说的这种十二生肖动物也就是马定

地名

(55) 在**图形圆**内随机撒一粒黄豆＝在我说的这种图形也就是圆内随机撒一粒黄豆

再看后面几类诸例，"猫狗动物"、"你大人"、"你教师"、"爸爸大博士"、"刘震云作者"中，似乎都是后项外延大于前项，但与偏正结构一个明显的区别是，前项并不是用来给后项限定外延的：

(56) **猫狗动物**＝猫狗这两种动物≠动物中猫和狗

　　你大人 ＝ 你这位大人 ≠ 大人中你这位

　　你教师 ＝ 你这个教师 ≠ 教师中你这一位

　　爸爸大博士 ＝ 爸爸这个大博士 ≠ 博士中的爸爸

　　刘震云作者 ＝ 刘震云这位作者 ≠ 作者中刘震云这一位

仔细体会句意，这几个名词项的外延在具体句子里事实上还是等同的。至于"两个小学生婷婷和倩倩"、"五种动物老虎、大象、猴子、孔雀和狗"、"作者他人"、"端午节五月初五"以及"这儿墙角"等几例，前后项外延等同是十分明显的。

可见汉语句子中存在相当多的同位关系是静态词组层面实现不了的一种句法关系，只能在句子中组合生成。这是"在线组合性"的最好证明。

二　同位同指组合的句法实现："在线生成"是实质

上一章我们基于与偏正结构、并列结构和主谓结构的对比观察，得出汉语同位同指组合与前两者有很大不同、与后者有些共性的看法。但同位同指组合毕竟不是主谓结构，因为它整体的体词性非常明确，最主要的句法功能就是实现论元角色。这就是我们称之为"动静之间"的缘由。

作为一种外部功能地道的体词性短语，而其内部结构又不同于汉语语法系统里既有的体词性结构，该怎么认识这个现象？

朱德熙（1985）指出，汉语的语法体系和印欧语的语法体系一个很大的区别在于语法单位之间的关系不同，印欧语中，词、词组和句子之间是组成关系，即部分和整体的关系；但汉语中词和词组是组成关系，词组和句子则是实现关系。如图3-2显示了印欧语词到句子的组成关系，而图3-3显示了汉语词到句子的组成和实现关系。

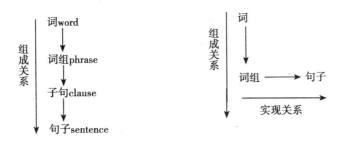

图3－2　印欧语词到句子的组成关系　图3－3　汉语词到句子的组成和实现关系

也就是说，在汉语中词组是抽象的、一般的东西，句子是具体的、特殊的东西，"词组随时都可以独立成句或者成为句子的一个组成部分。这个过程就是从抽象的词组'实现'为具体的句子或句子的组成部分的过程，……词组和句子的关系是抽象的语法结构和具体的'话'之间的关系"（朱德熙，1985：74—75）。

按照这个逻辑推论，如果说句子是把词组具体实现了的"话"，那么构成句子的各个结构体和整个句子，都是大大小小的词组，这些大大小小的结构体所体现的各种句法关系，不外乎词组层面中词与词配合所产生的那几种关系类型。

但朱德熙（1985）在强调"汉语的句子的构造原则跟词组的构造原则是一致的"的时候还说道："不过句子跟词组终究是两回事，不能混为一谈。因此在建立词组本位的语法体系的时候，不能不考虑以下两个问题：（1）是不是所有的词组都能独立成句；（2）是不是所有的句子都能还原为被包孕的词组，也就是说，能不能作为更大的词组里的一个组成部分，对于（1）的回答是否定的。"这事实上已经注意到了汉语使用中的特殊句法现象了。朱先生考虑到的特殊现象有哪些呢？他说："要是有的句子不能还原为词组的话，那就是说光描写词组的结构还不能穷尽全部句子，有的句子只能从句子的平面上去描写。要回答第二个问题是困难的。因为我们对于这个问题的研究很不够。不过肯定有一部分句子是无法还原为词组的。最明显的是所谓"易位句"，例如：'他走了，就。''放假了吗，你们？''他骑走了，把车。'"（朱德熙，1985：78—79）朱德熙先生的这段话是切中要害的。他肯定了"有的句子只能从句子的平面上去描写"，同时指出了一种重要的语法现象

"易位句",而"易位句"的实质,正是一种"在线包装"的典型形式(张伯江、方梅,1996:52—53)。

事实上,句子层面的"在线组合"现象远比朱先生估计的"组成部分仍然是符合词组的构造原则的"要复杂。完权(2014)详细讨论了复合词的在线组合现象,指出许多在线组合的"复合词"现象的实质是"语言使用者打包在短期记忆中的所知所想,在听说的过程中构成,可以却未必和长期记忆中的认知图式(schema)相联系",我们所讨论的同位同指现象即是如此。如前文所述,汉语同位同指组合是说话人先想到并且先说出已知信息 NP_1,为了使这一信息更加立体丰满,然后说出跟它相关的一个或几个侧面的信息的在线包装过程。

同位同指现象实质上是一种在线包装话语策略在语法形式上的实现。乍一看本章中第二节列举的十类例子,总会有点"临时性"的感觉。这种感觉往往是来自我们拿偏正结构或联合结构那样的模式作为衡量标准的习惯性思维。如果我们理解了"在线生成"是汉语同位同指组合的实质,也就可以说,这些例子没什么特殊,正是验证了朱先生已经察觉的汉语句子层面的另一种组织原则。

换一句话说,除了朱先生看到的易位句之外,汉语同位同指组合又提供了另一种在线包装的案例。在线包装实际上就是一种组成关系,因此汉语从词组到句子的对应关系其实是一种扭曲对应关系,也就是说,汉语词组是由词和词组成的,而汉语句子的实现方式有两种:或者是由词组实现而成的,或者是由词和词或词组和词组组成的。图3—3应该补充为图3—4,而词组实现和句子实现的对应扭曲关系为如图3—5:

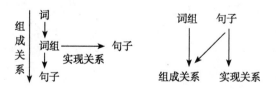

图3—4 词到句子的组成和实现   图3—5 词组实现和句子实现的对应

对同位同指组合句法实现方式的思考,使我们对朱先生"词组实现为句子"的基本理论和实现条件的认识得到了进一步丰富和提高。

本章小结

　　本章我们首先追溯了上古汉语同位关系的形成和发展过程，我们可以看到同位关系的成因就是说话人说出指称某人的前项后，后边接着补充与之相关的另一个侧面的指称信息，以实现对前项的说明和阐释，使前项的所指更加明确。最初以帝王为话题、补释帝王的姓名信息，后来随着占卜、祭祀等重大社会事件对时间、地点、人物等精确度的要求，为了使简单的句子容纳更多的信息，具有补释性的经济而高效的同位关系表达方式应运而生并蓬勃发展，类型越来越丰富，结构越来越复杂。以"阐释前项"为语义基础所形成的体词性同位同指组合，势必会有临时用作补充的"动态"特性，致使部分组合溢出常规的语序排列，呈现临时组合成句的现象。

　　不同性质的同位项对同位同指组合的影响并不完全一样，表属性的同位项更像主谓关系，阐释性强。各个同位组成项之间语法关系的本质，阐释重于等立。

　　汉语静态短语体系中的主谓、偏正、并列等词组可以独立成句回答问题，但同位同指组合并不一定都能独立成句回答问题，有些同位后项只是增加一个语言信号，以使前项的指称对象实现为一个评述性主观命题的参与角色。因此同位同指组合其实是一个动静组合的连续统。

　　如果理解了同位同指组合"补充阐释"的要义，我们会在具体的语句中发现很多看起来不成短语但相互间却具有同位关系的组合，它们是静态词组层面实现不了的一种句法关系，是说话人在说出句子时临时"在线包装"组合成句的。同位同指现象实质上是一种在线包装话语策略在语法形式上的实现。在线包装实际上就是一种组成关系，因此汉语从词组到句子的对应关系其实是一种扭曲对应关系，也就是说，汉语句子的实现方式或者是由词组实现而成的，或者是由词和词或词组和词组组成的。对同位同指组合句法实现方式的思考，使我们对朱先生"词组实现为句子"的基本理论和实现条件的认识得到了进一步丰富和提高。

第 四 章

同位同指组合的形式鉴别

第二章我们在和偏正关系、主谓关系和并列关系的比较中，讨论了汉语同位关系的性质，认为汉语同位关系的本质和主谓关系相近，语义基础都是后项对前项的"阐释"。第三章在分析上古汉语同位关系的形成和发展的基础上，着重探讨同位同指组合的"动态"特性，得出汉语同位同指组合的句法实现方式是"在线包装"组合，因此存在很多不合常规语序的动性强的同位同指临时组合，不能归入静态的短语层面。也就是说，同位同指组合是一个外部具有名词论元性、内部具有动态补充阐释性、组合方式为在线组合的这么一种特殊的句法结构。认清了同位同指组合的这些本质特点，我们从这一章起开始深入同位关系的内部，首先探讨一下如何从形式上识别同位关系，然后讨论能做同位项的都有哪些成分。

第一节　识别同位同指组合

一　识别同位关系的三个要点

经过前面三章的讨论，我们对"同位"这种语法关系，已经有了三个关键点的认识，如果用两项名词性成分构成的同位同指组合作为典型例证来看的话，那就是：一、两项名词性成分必须前后相继，不能分开；二、这两项名词性成分必须处于同一个句法位置上；三、它们两项所指的对象是同一个实体（entity）（或行为），传统语法常常称为复指（duplicate reference），但我们考虑到两个名词项所指并非简单的重复，所以改称为语义同指（co-reference）。上面三个关键点可以简单概括为：前后紧密相邻、句法上位置同、语义上指称同。

（一）前后相继不能分开——标点符号和停顿是第一形式标准

这三个关键点对于同位同指组合来讲是需要同时满足且相互制约的。比如，第三点"语义上同指"要受第一点"两个成分前后相继不能分开"的制约。如果两个成分分开了，即便是符合第三点的"语义同指"，也不能视为同位关系：

　　　（1）**老村长**$_1$，也就是**阎恒元**$_2$，**他**$_3$的乳名叫"小囤"。

上面第（1）句黑体字的三项名词代词，在句子中指的是同一个人，符合"语义同指"的条件，但中间有停顿，句法位置也各不相同，不符合第一、二点条件。因此不视为同位关系。

这里需要指出的是，"不能分开"意味着如下两种语义上同指的情况不能算作同位同指组合：一是所谓的"松散同位"（loose apposition）；二是项与项之间带有冒号和破折号的情况。例子如下：

　　　（2）**老村长**$_1$，**阎恒元**$_2$，乳名叫"小囤"。
　　　（3）他们的文科有**五个系**：**中文、历史、哲学、经济、新闻**。

第（2）句就是"松散同位"的情况，下标为1和2的名词性成分前后相继，指同一个人，都在话题位置上。这个"松散同位"与Chao（1968）中的"松散同位"概念并不相同。英语等其他语言将有逗号分开的两个前后相继、语义相同的名词性成分看作"松散同位"，如：

　　　（4）**My friend**$_1$，**John**$_2$，is very handsome.

但在我们汉语中经过长时间的争议已经不把（2）和（4）例中用逗号隔开的成分视为同位语。像（2）中的"阎恒元"和（4）中的"John"这样的成分，cao，1968将其视为插入性"追补成分"，不看作构成句子的主要结构成分，也就是说，（2）句的"老村长"通常被视为主语（话题），"乳名叫'小囤'"通常被视为谓语（说明）。

有些结构主义背景下的语法分析将"阎恒元"看作追补成分的依据大概是"老村长"和"阎恒元"之间有语音上的停顿，而关于这个话题的说明还没有完成，"阎恒元"在一个意义完整的话题－陈述中像是主干交际信息之外多余补出来的一个分支信息。不过，我们在第二章还提到，Chao（1968）首先提出了"零句"说，近年来沈家煊（2012）又进一步发展了对汉语"流水句"的新视角。Chao（1968）提出，主语、谓语其实都各自是一个"零句"，两个零句可以组成一个整句。沈先生进一步认为，汉语的流水句里，"我们可以把任何两个前后相继的零句组合为一个整句"。从这个新的语法视角看，"老村长"是具有"话题"性质的零句，"阎恒元"是具有"说明"性质的零句，前两个零句"老村长，阎恒元，"就可以结合为一个整句，这个整句表达的意思就是：老村长就是阎恒元。同样地，"阎恒元，乳名叫'小囤'"也可以视为两个零句，"阎恒元"是具有"话题"性质的零句，"乳名叫'小囤'"则是具有"说明"性质的零句，两个零句组合为一个整句，表达"阎恒元的乳名叫小囤"的意思。也就是说，"阎恒元"这个处在中间的零句兼有谓语（说明）和主语（话题）的功能。从这个新视角看（2）这个句子，"阎恒元"就不再是追补成分，而是前项的谓语、后项的话题，也就是说（2）可以视为汉语典型的流水句。这样，所谓的"松散同位"，由于中间有了语音停顿，出于汉语语法体系的整体性考虑，我们就不再将其纳入同位同指组合来进行考察。事实上，（2）这样的句子在口语中很少说，"阎恒元"这个零句通常要加上"（也）就是"说成："老村长，也就是阎恒元，乳名叫'小囤'。"

从这个视角看，第（3）句中间有顿号或冒号做停顿的两个项"五个系"和"中文、历史、哲学、经济、新闻"，一样也是汉语的"流水句"，其中"五个系"做"有"的宾语，接下来，又开启了对它自己的说明，即"中文、历史、哲学、经济、新闻"，即"五个系是中文、历史、哲学、经济、新闻"。

（2）和（3）的共同特点是两个项之间有标点符号作为实实在在的停顿的标记，这就使得它们之间的关系成为松散的话题－说明关系，而不是整体性、体词性的同位关系。所以说"前后相继、不能分开"是理解同位关系的一个很重要的关键点。这一点也是识别同位关系的第一个形式标准——看看两项之间有没有标点符号、有没有语音停顿。

（二）句法位置相同

再看第二个关键点"处于同一句法位置上"，这一点非常重要。这意味着有同位关系的各名词项的组合必须得进入句子后，才能实现为句法上的同一位置，才有所谓"同位"之称，在静态短语层面中是很难理解两项或几项的相互关系是怎么"同位"的。正如我们上一章讨论的那样，主谓、定中、状中、述宾、述补等短语可以直接实现为句法上的主谓、定中、状中、述宾、述补结构，而具体句子中切分出来的同位同指组合是各名词项逐一在线组合形成的，句子中切分出来的同位同指组合，很多都是不能纳入汉语的静态短语体系的，因为它不能加上标点直接实现为句子。比如"小张这个孩子"这类名词性组合，在静态短语层面倾向于看作定中偏正结构，表领属语义关系，但我们知道从语义上，"小张"和"这个孩子"还有同指的可能性，那么"小张这个孩子"有没有可能是个偏正和同位歧义的短语结构呢？根据朱德熙先生"词组能直接实现为句子"的理论，"小张这个孩子"这样的组合由于不能直接加标点实现为句子，因此不能纳入短语体系。第三章的问答测试重复如下：

（5）**小张这个孩子**整天调皮捣蛋。
　　——谁整天调皮捣蛋？
　　——小张。
　　* 小张这个孩子。

可是在实际句子中切分出的"小张这个孩子"这样的结构体，却可以有同位关系的解读，如：

（6）**小张这个孩子**并不认识他。
　　a. 小张$_i$这个孩子$_j$并不认识他$_k$。
　　b. 小张$_i$这个孩子$_i$并不认识他$_j$。

（6）至少有 a 和 b 两种解读，当"小张"和"这个孩子"在语义上不指同一个人时，即 a 句，是领属关系；当"小张"和"这个孩子"在语义上同指时，即 b 句，由于都处于话题位置，因此是同位关系。这就是同位关系只能在句子里实现的一个例证。

同样地，在结构主义语法体系中，"昨天二月二"这个名词性组合，"昨天"和"二月二"在语义上是同指的，但从短语层面上看，两者的语法关系只能是主谓关系，表时间的名词性成分"二月二"充任谓语，阐释"昨天"，结构上没什么歧义。但这样一个组合进入具体句子中，又有可能形成同位同指组合。如：

　　(7) a. **昨天二月二**了，已经。

　　　　 b. 王大爷已经忘了**昨天二月二**理过发了（今天又去理发店了）。

　　"昨天二月二"这个组合在 a 句和 b 句中体现的语法关系是不同的：在 a 句中是主谓关系；在 b 句中则体现为同位关系，两个同指的名词项在宾语从句"昨天二月二理过发了"中居于同一位置——从句的主语位置[①]。我们在第二章讨论主谓关系和同位关系的异同时，也提到这样的例子。

　　(6) 和 (7) 中黑体字的"小张这个孩子"和"昨天二月二"作为短语，本身是没有歧义的，但当我们从具体的句子里切分出这样的结构单位时，发现它们除了本身在短语体系里的语法身份（定中和主谓）外，又都有可能形成同位关系，身份变成同位同指组合。这说明判断一个名名组合是不是有同位关系，需要到句子中才能判断。从这个角度上说，赵元任、吕叔湘和朱德熙三位先生都未将同位结构独立出来，和主谓、述宾、述补、偏正、联合五个结构并列纳入短语这个层面上，是有道理的。

　　入句后才能判断结构关系是同位关系的重要特点，但确实有一些能直接加标点实现为句子的组合，如"国庆节$_1$那天$_2$"，两个名词性项在语义上同指，不是修饰关系，地位上也没有明显的主从之分，这样的短语可以称为"同指短语"，不宜称为"同位短语"。

　　（三）语义上指称相同

　　再看"语义同指"这一点。同位关系要求的"同指"是指两个相邻的名词性成分在具体句子中实现为所指相同。这里又有两种情况。

　　一种情况是两个名词性成分本来内涵就一致。也就是说，单独看，两者都有明确所指，内涵等同，比如"中国首都"和"北京"两个名词性成分所指等同，中国首都就是北京，反之亦然。那么，这样的两个名词项组合在一起的序列"中国首都北京"，在进入句子而又处于同一位置时，就很容易形成同位关系。

---

　　① 结构主义语法也有人将这样的时间性成分看作"理过发"的时间状语，排除观点差异，我们想要强调的是"昨天"和"二月二"在同一句法位置上。

专有名词也是指称内涵明确的一种名词性成分，当专有名词进入对话现场语境，和人称代词组合在一起时，其所指就和人称代词的所指同一起来，构成同指关系，如下面句子中的"我李冬宝"：

（8）大伙儿别害怕，不牵连大家，这钱**我**₁**李冬宝**₂一个人出。

还有一种情况，两个名词性成分孤立地看外延并不相等，常见的情况是在前面的名词性成分指称的外延大一些，在后面的名词性成分指称外延小一点，比如：

（9）你统计一下这篇文章中**标点符号**₁**逗号**₂用了多少次。

黑体字部分的两个名词性成分项"标点符号"和"逗号"，从句子中取出来，静态孤立地看，"标点符号"所指的事物范围显然要大于"逗号"的所指。但传统上一般把这样的组合也看作有同位关系，刘街生（2004）称之为"上位居前"类的"同位组构"。怎么看待这种情况的"同指"呢？我们认为同位关系要求的"同指"不能孤立地从短语层面上去判断，而是在进入句子后，当它们前后相继处于同一句法位置时，看它们在具体的语境下是不是所指相同。在第（9）句中，要"统计"的"标点符号"指的就是"逗号"，"标点符号逗号"的意义等同于"逗号这个标点符号"，也就是说，说话人在看到"逗号"时，出于语境考虑先说出它比较重要的性质种类，然后以补释的方式紧接着说出具体名称，因此说"标点符号"的时候，说话人的意思其实就是"逗号"，说话人用两个侧面的信息共同完成对这一事物的指称，两个名词性成分在具体的句子里实现了同指。"标点符号"在这个具体的语境中，其外延并不大于"逗号"。再如：

（10）我给**你们**₁**两个人**₂分别买了一份小礼物。

静态孤立地看，第一个名词性成分项"你们"有明确所指，指受话方；而第二个名词性成分项数量短语"两个人"指的是谁并不明确，孤立地看甚至不知道是它强调数量意义还是指称意义。另外，不放到具体句子里，单从"你们两个人"这个组合序列来看，它们在短语层面的结构关系还可以是主谓关系。但当这个组合进入句子（10）之后，"你们"和"两个人"就实现了语义上的同指关系，"你们两个人"的意义等同于"你们这两个人"。

（四）居中"的"是第二个形式鉴别标准

上面说"前后紧密相邻、入句语义同指、句法位置同一"是识别同位关系的三个关键点，但符合这三要素的名词性组合就一定具有同位关系吗？有人提出下面这个句子黑体字的名名组合也符合这三个点：

（11）**卖花的**₁**那个小姑娘**₂就住在我隔壁。

根据朱德熙（1983）对"自指"和"转指"的论述，"卖花的"可以转指整个结构"卖花的那个小姑娘"，这样，无核"的"字结构"卖花的"和指量名结构"那个小姑娘"就形成了语义上的同指关系，同时，两者前后相继，没有停顿且又都同处于句子的主语位置，符合前面说的三个要点。但能说"卖花的"和"那个姑娘"之间是同位关系吗？

这里有个逻辑上的问题就是，无核"的"字结构意味着"的"字后面不能再出现指称性成分，如果出现指称性成分，就只能被视为有"核"，从而整体成为一个"的"字居中的定中偏正结构。这很容易理解，因为"的"是定语标记，"的"在中间位置出现意味着它前面部分是后面部分的定语。也就是说，如果要把"卖花的"和"那个姑娘"看成两个独立的短语项，它们俩就不能连用；只要连用，"卖花的那个姑娘"就只能被视为一个短语项，而同位关系至少需要两个独立的名词性成分项。

从对这个例子的分析中可知，同位同指组合不能有居中的联系项，无论是表偏正关系的"的"，还是表并列关系的"和"等，都不允许出现。这成为我们识别同位同指组合的第二个形式标准——看看有没有居中联系项"的"、"和"等，或者能否插入这些虚词。

这个形式鉴别标准能将如下两种颇有争议的情况排除在同位关系之外。

一种是指事件的所谓的"同位语从句"，也就是"的"字结构的中心语为"消息""新闻""事件"等名词，定语为表事件的从句。如以下的例子：

（12）我已经听说**他父亲去世的消息**了。

（13）看到**复旦林森浩被执行死刑的新闻**，我们不禁唏嘘感慨。

（14）Dyatlov事件是指 **1959 年 2 月 2 日晚发生在乌拉尔山脉北部**

的 9 位滑雪登山者离奇死亡的事件。

这些句子的黑体字部分，中心语的所指和从句所说的事件是同指的，比如（12）"消息"就是指"他父亲去世"，（13）"新闻"就是指"复旦林森浩被执行死刑"，（14）"事件"就是指"9 位滑雪登山者离奇死亡"。在英语中，这样的句子被称为同位语从句，从句的引导词多为"that"比如（12）句"他父亲去世的消息"在英语对应为：the news that his father passed away.

上述所说的两项虽然在具体语境中实现了语义同指，但是由于有"的"居中做联系项，我们就仍然将其视为定中关系从句，而不能把"他父亲去世"和"消息"视为有同位关系。"他父亲去世"仍然是为"消息"划定外延的。

因此我们所研究的同位同指组合，不包含同位语从句。

另一种是指行为的名词短语，即前项是表示动作行为的 VP 或表示事件的 SP[①]，后项是"指量名"短语或者本身就是名词"行为""动作"，两项之间没有联系词。如下：

（15）警察一旦遇到**打架斗殴**₁**这种行为**₂，肯定是要制止的。

（16）你听没听说**他要连任党委书记**₁**这个消息**₂？

（17）小册子详细讲解了如何完成**跳跃**₁**动作**₂。

第（15）句下标 1 的动词短语 VP"打架斗殴"，指称动作行为，与"这种行为"形成同指关系；第（16）句下标 1 的小句"他要连任党委书记"指称事件，与"这个消息"形成同指关系，这样的两项也被看作同位语从句，不过与（12）—（14）不同的是没有联系词"的"。其实（15）句这样的名名组合也可以看作不完整的同位语从句，因此（15）（16）可以归为同一种。（17）下标为 2 的"动作"就是指"跳跃"，两项可以看作同指。

虽然（15）—（17）几个句子中的黑体字中间没有"的"，但是都可以插入"的"：

（18）打架斗殴的这种行为、他要连任党委书记的这个消息、跳跃

---

① SP 即完整的小句，包含主语和谓语部分。

的动作。

(15) 和 (16) 的 "指量" 部分 "这个"、"这种" 也都能用 "的" 替换：

(19) 打架斗殴的行为；他要连任党委书记的消息。

一旦可以插入 "的"，两项之间的关系就变成了修饰关系，是定语和中心语的关系，不属于我们讨论的同位关系的范围。

从以上两种情况我们可以判定，汉语的同位同指组合一不能指动作行为，二不能指事件，换一个角度看，同位关系的前项既不能是动词短语 VP 也不能是完整陈述的小句 SP。看来汉语的同位同指组合只能指人、指物、指时间、指地点，例句分别如下：

(20) 我觉得**老刘**₁**这个人**₂心眼儿太小。
(21) 你见过**七彩玫瑰**₁**这种花**₂吗？
(22) **国庆节**₁**那天**₂天坛公园很热闹。
(23) **新疆**₁**那儿**₂温差很大。

根据前两个形式鉴别标准，我们可以先设立这样一条简单的形式鉴别标准：

(24) 当一个句子中出现 "NP₁＋NP₂" 这样的名名组合时，如果 NP₁ 和 NP₂ 之间没有停顿和标点符号，两者所处的句法位置相同，在句中的所指也相同，并且 NP₁ 和 NP₂ 之间没有也不能插入 "的""和" 等虚词时，NP₁ 和 NP₂ 就可能具有同位关系。

根据 (24) 这个标准，我们看到，在同位关系的三个要素中，核心语义要点在于入句后 "同指"，而 "同指" 有三个形式手段可以鉴别。

二　测试同指的形式手段

(一) 测试手段一：指示词 (demonstratives)

第一个手段是 "指示词"。也有两种情况：一种情况是 "NP₁＋NP₂" 组合中 NP₂ 本身就是指示或指量成分；另一种情况是 NP₁ 和 NP₂ 都不含有指示指量成分，但能插入指示指量成分且在句中的意义不改变。可以插入指示指量成分的也有正序插入和逆序插入两种情况。

一种情况是后项 NP₂ 以指示词起首，即 NP₂ 是"指＋量＋名"结构（如：这个人）及相应的变化形式"指＋名"（如：这人）结构和"地点直示词（place deixis）"（如：这儿）等。指示词在汉语中是表达同指的最直接的形式手段。它源于现场直指（deixis），后来发展出回指（anaphora）等功能。总之，当一个名名组合的后项是"指量名"等名词性成分时，"指量名"（包括指名、指量等）一般就是指前边的这个名词短语所指的人事物。如：

（25）**小王儿这人**可八卦了。

这句中的"这人"就是指"小王儿"。

但是在汉语中，居中的指示词"这、那"有时还有联系定中偏正结构的功能，而"的"在这种情况下往往可以不出现。如：

（26）**小王这老师**对小王要求十分严格。

这个句子中的"小王"和"这老师"不是同指关系，而是领属关系。凡领属关系，指示词"这、那"之前一般都可以补出"的"来，如上一句可以补为：

（27）**小王的这老师**对小王要求十分严格。

凡是"这"前可以插入"的"的"NP₁＋NP₂"不具有同位关系。

上面是 NP₂ 本来就是"指量名"（包括"指名"和指示代词）结构的情况。另一种情况是后项 NP₂ 不含"指量名"成分。如果两个名词性成分项之间可以插入"指量名"成分①，那么 NP₁ 和 NP₂ 是同位关系。

NP₂ 本身不是"指量名"但能正序插入"指量名"（即 NP₁ 和 NP₂ 不必颠倒顺序）而意思不变的同位同指组合有三种情况：① NP₂ 是"数量名"；

---

① 首先要遵循不能插入"的"的规则。

②NP₁和NP₂都是普通名词；③NP₂是表身份、属性和关系的普通名词。

第一种情况是当NP₂是"数量名"短语时，由于前面的NP₁有具体所指，"NP₁＋NP₂"进入句子后，NP₂就实现为有定成分。而单独的"数量名"短语往往是无定的。具体看下句：

(28) **王芳、李林俩人**一起到系里盖章去了。

　　＝王芳、李林这俩人一起到系里盖章去了。

(29) 王老师对**他们五个北大高才生**要求格外严。

　　＝王老师对他们这五个北大高才生要求格外严。

第二种情况是NP₁和NP₂都是普通名词。这时NP₁通常是列举成员，NP₂通常是成员所在的类别，所以可以插入指示词"这、那"来限定。如：

(30) 上学前要准备好**铅笔橡皮等文具**。

　　＝上学前要准备好铅笔橡皮（等）这些文具。

(31) **米面粮食**一到夏天就招虫子。

　　＝米面这些粮食一到夏天就招虫子。

第三种情况是NP₂是表身份、属性和关系意义的光杆普通名词。如：

(32) 孩子不爱学习，**我们父母**再怎么着急也没用。

　　＝孩子不爱学习，我们这些父母再怎么着急也没用。

(33) 他自己不想去，**你们朋友**再怎么劝都没用。

　　＝他自己不想去，你们这些朋友再怎么劝都没用。

(34) 连**李华一局之长**都不肯带头参加，别人就更不爱去了。

　　＝连李华这位一局之长都不肯带头参加，别人就更不爱去了。

凝固性较强的一些同位同指组合也适合用插入指示词的方式来鉴别。比如下面句子中的"你老兄、我老弟、您老人家，他小子"等，凝固性都较强，张旺熹（2010）甚至将"他小子"看作复合词。具体如下：

(35) 我了解**你老兄**，你也就属于那种一次性商品，咱们都属于，可人家女的想买的是耐用消费品，所以矛盾就产生了。

＝我了解<u>你这老兄</u>……

（36）哎，听你这话茬儿，**他小子**这回就没在你这儿露面儿？

＝哎，听你这话茬儿，<u>他这小子</u>这回就没在你这儿露面儿？

（37）可别，路那么远，**您老人家**万一由于旅途辛劳，折腾坏了身子，我可得急坏了。

＝<u>您这老人家</u>万一由于旅途辛劳，折腾坏了身子，我可得急坏了。

还有一种情况，NP$_2$本身不是"指量名"结构，NP$_1$和NP$_2$之间如果不改变顺序也不能插入指量成分，上面例句（9）中的"标点符号逗号"就是这样的情况。我们前面分析，"标点符号逗号"这个组合，两个名词性成分项虽然孤立看所指范围并不相同，但在具体句子中实现了同指，它的意思等同于"逗号这个标点符号"。因此要鉴别这类同位同指组合，如果NP$_1$和NP$_2$能逆序插入指量成分而不改变意思，即"NP$_1$＋NP$_2$＝NP$_2$这个NP$_1$"，那么NP$_1$和NP$_2$之间也是同位关系。如：

（38）**电影《少年派的奇幻漂流》**是根据杨·马特尔的同名小说改编而成的。

＝<u>《少年派的奇幻漂流》这个电影</u>是根据杨·马特尔的同名小说改编而成的。

（39）昨晚**两个小学生红红和明明**救了一车的乘客。

＝昨晚<u>红红和明明这两个小学生</u>救了一车的乘客。

根据这一形式鉴别手段改写标准（24），就变成了如下的描述：

（40）当一个句子中出现"NP$_1$＋NP$_2$"这样的名名组合时，如果NP$_1$和NP$_2$之间没有停顿和标点符号，两者所处的句法位置相同，在句中的所指也相同，并且NP$_1$和NP$_2$之间没有也不能插入"的""和"等虚词时，如果再具备下面任何一个条件，它们就有同位关系：

1. NP$_2$是"指量名"成分；
2. NP$_1$和NP$_2$之间可以插入指量成分变换为"NP$_1$这个NP$_2$"；

3. "NP₁＋NP₂" 可以变换为 "NP₂这个 NP₁"。

（二）测试手段二："也就是"

"同指"的第二个简洁的鉴别手段是利用判断词（copula）：如果 NP₁ 和 NP₂ 是同指的，那么我们可以说 "NP₁也就是 NP₂" ——"也就是（即）"就是同指的第二个形式鉴别标准，相当于英语中的 "that is"。

这条标准对于识别那些 NP₁ 和 NP₂ 本身的内涵就很明确一致的同位同指组合最为有效，尤其是 NP₁ 和 NP₂ 两项都是所指很明确的专有名词或普通名词，这样的两个名词项构成的组合无论是孤立看，还是进入具体的句子中，两者的同指关系不变。如：

（41）为什么唐太宗明知武氏夺权但却不杀**武则天武媚娘**？

＝为什么唐太宗明知武氏夺权但却不杀<u>武则天也就是武媚娘</u>？

（42）斯坦科维奇洲际篮球冠军杯比赛于 2005 年在**中国首都北京**首次举办。

＝斯坦科维奇洲际篮球冠军杯比赛于 2005 年在<u>中国首都也就是北京</u>首次举办。

还有一种 NP₁ 和 NP₂ 入句后才获得同指的情况，就是人称代词和专有名词（有时可以是有专指的普通名词）的组合。这种情况也可以用插入 "也就是"进行测试。如：

（43）我要使劲批评一下**他刘小虎**。

＝我要使劲批评一下<u>他也就是刘小虎</u>。

（44）这对**老马你**构不成任何威胁。

＝这对<u>老马也就是你</u>构不成任何威胁。

（45）对这件事负责的应该是**你姐我**！

＝对这件事负责的应该是<u>你姐也就是我</u>！

但用 "也就是"插入测试的时候，得到的句子常常不自然，有时候需要停顿或加逗号，如：

（46）**老毕我**还直纳闷他为何连张照片都选不出来！

老毕（，）也就是我一直纳闷他为何连张照片都选不出来！

（47）**你李白玲**还能没办法！

你（，）也就是李白玲还能没办法！

　　为什么会产生这种不自然的情况？张伯江、方梅（1996：179）认为，这种"人称代词＋专有名词"构成的同位关系中，人称代词的指代意义已经弱化，而指别意义增强。我们做进一步理解就是说，在这种同位关系中，人称代词作为实指的、代替某个指人名词的功能折损，而区别话语言谈所涉及的对象这种功能增强了。这种变化，是因为语言的经济性原则要求每一项成分都能提供足量有效的信息，而专有名词内涵外延都很明确，人称代词在跟这种指称意义明确的名词连用时，实指的需要降低，这样，人称代词在言谈中的其他话语功能就发挥出作用来，以便对专有名词的指称信息补充一些语用方面的信息。因此人称代词和专有名词组合的同位关系常常含有强烈的主观色彩，很多文献都有论及。正因为代词实指的功能弱了，而同位同指组合的整体常用来表达主观性，因而插入"也就是"时，有时会不自然（不在主语或话题位置上稍好些）。不过，人称代词的指代意义虽然已经弱化，但依然有指称性，因而能用"也就是"鉴别。

　　第三种能用"也就是"鉴别的情况是 NP₂ 是"一量名"短语，这个"一量名"NP₂ 一般不是表示数量，而是表示 NP₁ 的身份、属性，是通指（generic）性的。用"也就是"鉴别的时候，前面加逗号有时更自然：

（48）**他一个小木匠**能有什么钱买房子！

＝他（，）也就是一个小木匠能有什么钱买房子！

（49）也许，这对**他一个农民工**来说是个深奥的问题。

＝也许，这对他，也就是一个农民工来说是个深奥的问题。

　　这一类"NP₁＋NP₂"组合出现在句首话题或主语位置时，意思常常可以表示为"NP₁作为 NP₂"，但不在句首时不能这样表示，因此不用"作为"作为形式鉴别标准。上面两句话如果插入"作为"有的就不能成立。如：

（50）你可不能小瞧**他一个小铁匠**！每年挣的钱也不少呢。

*你可不能小瞧他作为一个小铁匠！每年挣的钱也不少呢。

(51) 你竟然还相信**他一个搞推销的**。

*你竟然还相信他作为一个搞推销的。

这样，我们对同位同指组合的形式鉴别标准可以进一步改写为：

(52) 当一个句子中出现"$NP_1 ＋ NP_2$"这样的名名组合时，如果 NP_1 和 NP_2 之间没有停顿和标点符号，两者所处的句法位置相同，在句中的所指也相同，并且 NP_1 和 NP_2 之间没有也不能插入"的""和"等虚词时，如果再具备下面任何一个条件，它们就有同位关系：

1. NP_2 是"指量名"成分；

2. NP_1 和 NP_2 之间可以插入指量成分变换为"NP_1 这个 NP_2"；

3. "$NP_1 ＋ NP_2$"可以变换为"NP_2 这个 NP_1"；

4. NP_1 和 NP_2 之间可以插入"也就是"。

(三) 测试手段三：照应词 (anaphor)

在生成语法的管辖与约束理论 (GB) 中，照应词是指"一类名词短语没有独立的指称，只能指称句子的某个其他构成成分（即它的先行语）"（戴维·克里斯特尔编，沈家煊译，2000：19）。这是对"同指关系"的最好说明。根据约束理论，照应语优先与它左邻的指人或指物名词产生照应同指，因此在"$NP_1 ＋ NP_2$"组合中，如果 NP_2 是照应词，那么它就跟 NP_1 形成同指关系。在汉语中照应词一般有两类：反身代词 (reflexives) 和相互代词 (reciprocals)。反身代词有：自己、自个儿、自己个儿、个人、本人、本身、自身。相互代词一般指"彼此"。但是汉语的反身代词和相互代词常常在状语位置上出现，因此当"$NP_1 ＋ NP_2$"出现在动词前的位置上时，要注意排除 NP_2 充当状语的情况，即要注意区分 NP_1 和 NP_2 是不是在同一位置上。如：

(53) **这件事本身**其实并没有他想象得那么严重。

(54) 提出这个建议的正是**老王自己**。

(55) 范军臣清楚地知道，高奕凯说的，对**他们彼此**而言，是最好的决定。

上面三句中由照应词充当的 NP_2 都跟其左边的 NP_1 同指。

还有一个特殊的光杆普通名词"双方",在《现代汉语词典》(第6版)中词性标为名词。但它更多地体现出照应词的特点,因为"双方"指的是谁、是哪双方,常常需要依赖句子中(或者前文已知的背景知识)具体的指人名词。如:

(56) **我们双方**已经达成了一致协议,准备立即签订合同。

(57) 他们认为结婚成功之道在于不断努力去争取**夫妻双方**关系的和谐。

这样,我们对同位同指组合的形式鉴别标准可以又进一步改写为:

(58) 当一个句子中出现" $NP_1 + NP_2$ "这样的名名组合时,如果 NP_1 和 NP_2 之间没有停顿和标点符号,两者所处的句法位置相同,在句中的所指也相同,并且 NP_1 和 NP_2 之间没有也不能插入"的""和"等虚词时,如果再具备下面任何一个条件,它们就有同位关系:

1. NP_2 是"指量名"成分;

2. NP_1 和 NP_2 之间可以插入指量成分变换为" NP_1 这个 NP_2 ";

3. " $NP_1 + NP_2$ "可以变换为" NP_2 这个 NP_1 ";

4. NP_1 和 NP_2 之间可以插入"也就是";

5. NP_2 是照应词。

(四)汉语同位同指组合的形式鉴别标准总结

从(24)(40)(52)到(58),同位同指组合的形式鉴别标准在逐步完整和细化。值得补充注意的两点:一是同位同指组合由于各项之间在语义上是同指的,因此去掉某一项,句子应该也是合法的,不影响理解的;二是尽管同位关系存在语序灵活的情况,如我们在第三章提到的那些临时组合,但同位同指组合最常见的还是语序固定的组合。我们将上一章的动静连续统复制如下:

图4-1显示,我们所关注的同位同指组合是不考虑部分语序过于灵活的临时组合的,因此语序相对固定也可以作为判断同位同指组合的一个形式标准。

图 4—1   汉语同位关系动静连续统

将这些因素综合考虑，结合上文（58）的描述，我们对同位同指组合的形式鉴别标准总结如下：

（59）当句子中出现"NP₁＋NP₂"的组合，在 NP₁ 和 NP₂ 同时满足下列五个条件的前提下：

1. 同属于所在句子的主语、宾语（包括介词宾语）、定语或兼语；

2. NP₁ 和 NP₂ 之间没有也不能插入"的""和"等虚词；

3. NP₁ 和 NP₂ 之间没有也不能插入顿号、冒号和破折号等标点符号；

4. NP₁ 和 NP₂ 去掉任何一个，句子依然合法；

5. NP₁ 和 NP₂ 不能随意调换次序，调换后意义改变。

如果 NP₁ 和 NP₂ 满足下面任何一个条件，它们就有同位关系：

1. NP₂ 是照应词；

2. NP₂ 是指量名成分；

3. NP₁ 和 NP₂ 之间可以插入指量成分；

4. "NP₁＋NP₂"可以变换为"NP₂ 这个 NP₁"意思不变；

5. NP₁ 和 NP₂ 之间可以插入"也就是"。

（59）描述的形式鉴别标准可以用"五个前提条件和五个测试条件"来简要地概括。根据（59）描述的鉴别标准，汉语中的同位关系都能用这种形式手段鉴别出来。

到现在为止，我们提到的同位关系多是由两个名词性成分构成的同位关系。

但汉语的同位关系组合显然并不都是这样简单，有时候句子中的某个句法位置上会出现多个有同指关系的名词项。下面句子的黑体字部分都是这样：

（60）**他₁李某₂一个高中都没毕业的人₃**居然好意思声称自己有硕士学历。

（61）你这种处理方式对**咱们₁你我₂双方₃**都不好吧？

（62）**他们₁首都₂北京₃那个地方₄**的文化氛围很浓。

（63）你可别小瞧**人家₁小张的徒弟₂小方、小林₃他们₄那两个小孩₅**。

（64）**五班长₁李大个儿₂李华₃他₄小子₅自己₆本身₇**，不爱学习，不守纪律，还怎么管别人啊。

（65）**人家₁五班长₂李大个儿₃李华₄他₅那人₆自己₇本身₈**，聪明好学，还特爱帮助别人，因此我们都喜欢他。

上面这些句子中黑体字的复杂名词短语，都包含三个以上的名词项（nominal items），项数我们已经用下标标明，我们可以看到，一个位置上甚至可以出现八项（如第 65 句）同指的名词性成分。几个名词项的组合在句子中占据了同一个位置：第（60）（64）和（65）句是话题或主语位置；第（63）句是宾语位置；第（61）句是介词宾语位置；第（62）句是定语位置。根据（59）的形式鉴别标准，我们可以发现上面这些句子中的那些相邻的名词性成分项，两两之间都符合同位关系的定义，都是同指的。

朱英贵（2005：74）对多个名词性成分项构成同位关系的情况，持"两分"的看法，认为"应该看作逐层二分的，而不宜看作一次性多分的"。但是两分观碰到的一个难题就是，由于所有名词性成分项的句法地位是同等的，就会造成有些句子第一层划在哪儿会有不同的看法。比如下面的句子：

（66）**人家₁局长书记₂他们₃两位老党员₄**一听说这事马上就赶到了现场。

这个句子黑体字部分的多项同位同指组合如果用直接成分分析法逐层两分，第一层是该在下标的 1、2 之间，2、3 之间，还是 3、4 之间？仿佛都能说得通。没有确切的证据表明从哪里切分才更合理，根据我们前面两章对同位同指组合的成因、性质和句法上实现方式的分析，视多个同位项为逐个补充累加而成，这种观点更自然。

值得注意的是，以下两句中黑体字标下标的三项也符合（59）的标准：

（67）**你₁这孩子₂你₃**太不像话了！

（68）（好）**你₁个王小明₂你₃**！

但这两句下标为"3"的人称代词"你"都是在句尾拷贝第一项的人称代词，读音轻而短促，虽说也都符合（59）的描述，但由于只是完全重复句首代词，就不能算作同位项了。因为同位关系的各个同位项是说话者为了从不同侧面丰富听话人对某个指称信息的认识而做的补充阐释。单纯重复显然起不到对前项的补充说明作用。

另一种情况虽说不是简单重复，但属于沿着同一个维度同一个侧面的信息进行扩展，这样的组合，我们也不看作具有同位关系，而是看作并列关系，如我们在第二章第三节分析比较过的第（9）例，现重复于下：

（69）父亲当兵与**他的父亲我的爷爷**有很大的关系。

"他的父亲我的爷爷"不符合（59）描述的"五个前提"中的第三条和第五条，因此不能归入同位同指组合。即使没有这些形式标准来测量，单从信息提供方式上看，"他的父亲"和"我的爷爷"就属于同一个维度同一个侧面上信息的扩展，这样建立在"亲属关系"上的扩展会无穷无尽：他的父亲我的爷爷你的叔叔他的姥爷……因此都是并列关系。

第二节　跨语言同位现象的差异

同位现象在各种语言中普遍存在，说话人为了顾及听话人理解，在说出一个信息后，想补充另一个侧面的信息加以阐释，是很常见的心理过程。人类在语言交流中以这种心理机制促发的表达需求是有共性的，因而各种语言的说话人都会采取某种语法、语义、语用手段来将它表现出来。但是不同的语言表现同位现象的方式并不相同，在语序、形态、句式等语法形式上各有差异，即便是同一语言，不同的专家学者对"同位"的定义和范围处理也不尽相同。

一　相同语用需求的不同句法表现

造成这些差异的因素有很多，一是"用语义同指来注释前面说过的某个信息"这种语用需求，本身就可能用不同的语法方式表达，同时语法学家对这些语法表现的认识和理解也各有不同，这样，各种语言纳入同位现象进行研究的，标准上有宽窄不同的情况就不足为奇了。比如，虽说英语中"NP＋NP"的同位性组合占同位关系各种类型的 95％（根据 María Dolores Gómez Penas，1994 统计，转引自郑友阶，2013：101），但很多语法学家却认为符合语义同指又有注释作用的情况决不限于 NP，如，Meyer（1992）就认为下面两句斜体字的两个 if 小句和两个形容词也符合同位的定义和范围：

（1）*If students study hard*，that is，*if they do all of their home-work and attend their classes regularly*，they will graduate from college with the credentials necessary to obtain a good job.

（2）The woman was *happy*（i. e. *ecstatic*）that she was appointed chief executive of the company.

Jespersen（1961：406）甚至把某些分词形式也算作主语的同位成分，如他认为下面句子的"he"和"smoking"具有同位关系：

（3）*He* sat *smoking*.

由上面语法学家对英语同位关系的不同观点，我们也可以窥见早期汉语语法，比如 1898 年《马氏文通》所归纳的 15 类"同次"情况，尤其是视形容词为同位语的情况（如"吾见**新鬼大，旧鬼小**"），大概是深受西方语法观影响的。

二　与各自语法体系的自洽

第二个因素是，各种语言将哪些情况归入同位现象，通常是要跟各自语言自身的语法系统达成自洽的。比如很多语言的语法体系都将有标点符号隔开的同指情况归为同位语的一种，英语称之为"松散同位"，俄语称之为"独立同位语"。以下各句画线部分，各自被看成同位语：

（4）Sterne，*the author of Tristram Shandy*，returned to London.（英语）

斯特恩,《项狄传》的作者，回到了伦敦。

（5）Er kommt am Sonntag, *dem 11. Oktober*，nach Beijing zurück.
（德语）

        他 去   在   星期日   11号   10月   向 北京   返回

他于星期日，10月11日，回北京。（例句取自安士桐，2000：21）

（6）Nous, *communistes*，nous voulons faire la révolution. （法语）

        我们   共产党人   我们   要   干 冠词 革命

我们共产党员要干革命。（例句取自吴绪，1979：248—249）

（7）Студент этот, *по имени Михалевич*，энтузиаст и стихотворец,

        学生 这   按名字   米哈伊洛维奇，热心人 和   诗人

искренно полюбил Лаврецкого. （俄语）

  诚挚地   喜欢   拉弗列茨基

这个名叫米哈伊洛维奇的学生，是个热心人也是个诗人，真诚地喜欢过拉弗列茨基。（例句取自丁丽芬，2012：33）

（8）Boku-wa uchi-no shochoo-no, *John-ni*，aisatsu shi-ta. （日语）

        I-TOP our-GEN boss-PTL，John-DAT，greet-PAST

我向我们老板，约翰，问好。（例句取自 Mark De Vries，2006：64）

长期以来，"松散同位"一直都是西方语言学家对同位关系的主要关注对象。不过近年来越来越多语法学家也提出，松散同位语"并不是一个句子的语法成分"（Burton-Roberts，N.，1975：410）。以 Eva Koktova（1985）为代表的很多学者将松散同位看作一种语用现象（a pragmatic phenomenon），"从心理学的视角看，同位语（或者更准确地说是同位成分）应被看作说话人的一种注释，一种追补成分，一种暗中蕴含的述谓，或者是看作句子的次要信息——仅是偏离交际主脉络的信息，应该与句子本身的断言（就是主要信息）区别开来"（Eva Koktova，1985：40—41）[①]。这个观点与 Chao（1968）将"江一，我的一个朋友，要来见你"看作"插入同位"的观点一致，即把有逗号隔开的同指成分看作插入补释的成分，是不属于句子的句法结构的。

---

① 感谢郑友阶先生提供的文献。

　　在我们汉语的语法体系中，至少目前通行的语法是不把这些"松散同位"看作"松散同位同指组合"的，我们在上文第四章第一节中对例句（2）有逗号插入的同指成分已经做了分析，例句重复如下：

（9）<u>老村长</u>，<u>阎恒元</u>，<u>乳名叫"小囤"</u>。
　　　 1　　　　2　　　　　3

　　我们的观点是，既不将"阎恒元"看作同位语，也不将其看作插入语，而是将画线的三部分统一看作流水句：2 对 1 进行阐释，继而 3 对 2 进行阐释。

　　其实对于英语中的"松散同位"，也有学者认为它们"仅仅是独词句，也就是篇章中的自主单位"（见 Hannay & Keizer, 2005）。McCawley（1998：467—478）举例说明下面（10）句中画线部分的"松散同位"：

（10）Midland，*once the greatest bank in the world*，has forfeited its independence.

　　其中的"once"说明画线的片段完全就是个述谓形式。Acuña-Fariña（2009：458）则从形式语法的视角指出（11）句中主句是疑问式，"松散同位"部分则是陈述式；而（12）句主句是否定式，"松散同位"部分则是陈述式：

（11）What will Mary，*John's wife*，say when she hears about this?
（12）Don't forget to invite Sue，*Peter's brother*，to the party.

　　两句的同位部分和主句的言外语力（illocutionary force）不同，疑问和否定都没达及同位关系。因此我们把汉语中有逗号隔开的部分，视为一个独立的零句，并不是没有道理和依据的。从对听话人的影响上看，Eva Koktova（1985：41）有个中肯的观点："同位成分的语用特点还在于，它会将听话人的注意力吸引到同位语这部分，从中得到的推断信息（会话含义）甚至会遮盖句子的主要信息。"这段话意味着构成"松散同位"的两个部分，在线性序列上能构成一个有完整含义的"说明－陈述",以至于听话人会首先关注这个"说明－陈述"所传达的信息。

Chaos (1968) 在列举"插入同位"时举过一个例子,通常不被传统语法的同位研究所引用:

(13) 他做了**一套新洋服,挺漂亮的一套洋服**。
　　　　　1　　　　　　　　　　2

不被引用的原因是,1、2 两个部分,其实更像两个句子,2 更像一个表确认的独立短语句 (holophrase)。由此我们受到启发,"松散同位"其实和传统汉语语法中的"插说"或"插入成分"有模糊地带。下面三个例句都取自叶南薰原著、张中行修订 (1985) 的《复指与插说》,画线部分就是"插说"的例子:

(14) 中国有许多妖魔鬼怪,专门喜欢杀害有出息的人,**尤其是孩子**;要下贱,他们才放手,安心。(鲁迅《我的师父》)

(15) 有点小玩意,**比如粘补旧书等等**,他就平安的消磨半日。(老舍《黑白李》)

(16) 在这里可以听到最荒唐的新闻,**如某处的大蜘蛛怎么成了精,受到雷击**。奇怪的意见在这里也可以听到,像把海边上都修上大墙,就足以挡住洋兵上岸。(老舍《茶馆》)

但我们加着重号的部分和加下画线的部分,很难有充分的证据能和"松散同位"(即赵先生说的"插入同位")完全区分出来,因为它们语义上是同指的,尤其是 (15) (16)。因此如果我们将所谓的"插入成分",包括"松散同位",都看成是一个零句,将对同位现象的关注点只集中于紧密相邻、没有停顿、整体具有论元性的同位同指组合,是很有利于汉语语法体系的整齐自洽的。

其实这样的同位同指组合,是个跨语言存在的普遍语法现象,以下是其他语言中的同位同指组合,英语中通常跟"松散同位"相对称为"限定性或紧密同位"(restrictive or close apposition)。例如:

（17）英语：

The poet Burns was born in 1759. 诗人伯恩出生于 1759 年。

My friend John was here last night. 我朋友约翰昨晚在这儿。

（18）俄语：（例子取自周巍，2012：82—84）

Новая инженер Петрова приехала

　　新　　工程师　　彼得罗娃　来了

　　新工程师彼得罗娃来了。

Я уже прочитал **роман《Война и мир》**

我　已 经 读 完　小说　 《战争与和平》

我已经读完小说《战争与和平》了。

в **газете《Известия》**

在　报纸　 《消息报》

在《消息报》上

（19）德语：（例子取自安士桐，2000：21）

Mein Onkel Fred

我的　叔叔　 Fred

我的叔叔弗莱德

（20）法语：（例子取自吴绪，1979：249）

Nous aimons le **président Mao.**

我们　热爱冠词　主席　 毛

我们热爱毛主席。

ledocteur Durand（陈辰尧，1983：328）

　杜朗　　医生

Le mot patrie est doux à entendre.

　冠词字 祖国是　亲切到　 听

"祖国"这个词听起来很亲切。

虽然各个语言都有上述"紧密同位"现象的存在，但两个部分之间的关系是什么？是修饰还是并立？这些问题始终还有争议。比如张会森（2000：548）认为俄语的同位语和定语纠缠不清："同位语是一种特殊的定语。"英语对"紧密同位"的研究争议也持续了整整一个多世纪，以"the poet Burn"为例，有主张前面一项"the poet"为中心语的（Poutsma，1904：

183）；有主张后一项"Burn"是中心语的（Haugen，1953：165）；也有结构主义时期非常有影响的主张"双核心"的（Hockett 1955：99）[①]；还有主张"紧密同位"是未充分发展的 NP·（inchoate NP）的（Acuña-Fariña，2009）。形态变化丰富的语言在同位的两个成分项之间还有个性、数、格是一致还是有差异的问题，比如德语和俄语，上面（18）例中同位的两项并不要求同格，德语则有比俄语更复杂的变格规律。

由上面几种语言可知，各种语言对同位关系的定义有同有异、范围有大有小，但从形式上看一般都有两类：一类是用标点符号逗号隔开的松散同位关系；另一类是没有标点符号的紧密同位。在汉语中出于我们语法系统的自洽，同位关系研究的范围就只限于没有标点符号和大的停顿、整体具有论元性的"同位同指组合"。

第三节　哪些成分能做同位项

上一节我们谈到了同位同指组合的形式鉴别标准，根据这些标准得到的同位同指组合整体是论元性的，可以指人、指事物、指时间和指地点，但不能指动作、行为和事件，指动作、行为的名词性组合（如"打人行为"）和指事件的所谓"同位语从句"（如"他去世的消息"），两项之间都能插入"的"或有"的"，因此实质上构成的关系都是修饰关系。本节我们就讨论能充任同位同指组合的各个成分项究竟有哪些名词性成分。

一　陈平（1987）的七类名词性成分

陈平（1987）根据名词性成分所指对象指称实际语境中存在的事物时有什么样的特点，将名词性成分按词汇形式分成了七类，它们对应的指称特点总结如表 4—1 所示：

表 4—1　　　　　　　　汉语七类名词性成分指称特点对应列表

		无指	有指	定指	不定指	实指	虚指	通指	单指
A 组	人称代词		+	+		+			+
B 组	专有名词		+	+		+			+

[①]　近年来 Lekakou & Szendröi（2007）等也持类似的观点。

续表

		无指	有指	定指	不定指	实指	虚指	通指	单指
C 组	"这/那" + （量词） + 名词		＋	＋		＋		＋	＋
D 组	光杆普通名词	＋	＋	(＋)	(＋)	＋	＋	＋	＋
E 组	数词 + （量词） + 名词	＋	＋	(＋)	(＋)	＋	＋	＋	＋
F 组	"一" + （量词） + 名词	＋	＋			＋	＋	＋	＋
G 组	量词 + 名词	＋	＋			＋	＋	＋	＋

表4－1中G组的"量词＋名词"是指"还有个小伙子挺招人"中的黑体字部分，而不是指汉语南方量词发达的方言系统中可以表示定指的独立量名结构。根据吕叔湘（1944/1990：160），脱落"一"的"量词＋名词"在汉语普通话中只能在宾语位置上出现。在其他位置上使用都不能做独立的句法成分，需要依赖数词或指示词才能独立，使用很受限制，因此我们把G组排除。A—F六组名词性成分都能进入同位同指组合。不过，能进入同位同指组合的代词不仅仅只有人称代词，反身代词、相互代词和指示代词都能作为独立的同位项进入组合，因此我们在此基础上会做一定的调整和补充。

二 能做同位关系成分项的八类名词性成分

经我们考察，能做同位项的成分有八类：人称代词、专有名词、普通名词、数量名、指量名、一量名、照应词、时间地点直示词。下面我们逐类进行说明。

（一）人称代词

人称代词从语用的角度又可以叫人称直示词（personal deixis）。这一类即陈平（1987）列表中的A组。根据朱德熙（1982），人称代词有12个：我、你（您）、他、咱、我们、你们、他们、咱们、人家、别人、大家、大伙儿。这12个代词虽然都是指人的代词，但其中不同也很明显，前八个属三身代词，后四个属泛指代词（人家、别人、大家、大伙儿）。不同的人称代词做同位项时出现的位置倾向也不同，"人家"倾向于出现在前项，而"大家"倾向于出现在后项：

（1）**人家小王**并不想去。

（2）**你们大家**都喜欢看哪一类的书？

三身代词中其实还有指动物或者无生命事物的"它"和"它们",但除了在童话等特殊文体之外,很少能充任同位项。单数形式"它"有时可以用在歌词或诗歌里,通常紧随在一个名词后出现在后项,多为拟人的写法,只能出现在主语位置上:

(3) **天空它**怎么哭了,像是雨季的眼泪(歌曲《天空它怎么哭了》歌词)。

(4) **太阳它**起得真早,一路上不停地奔跑,要在第一时间赶到,把全世界都照耀;**花儿它**起得真早,最美是它的舞蹈,要在第一时间盛开,让全世界都微笑(中央 2 台《第一时间》节目主题曲《新鲜阳光》歌词)。

复数形式"它们"不能用在这种同位关系中。

（二）专有名词

这一类即陈平(1987)列表中的 B 组。包括人名、地名、物名、品牌名等,几个专名并列的结构也包括在内。

人名:张华、李伟、张华和李伟……

地名:北京、大佛头、"天涯海角"……

物名:索尼、苹果、IBM、丁香小学……

指人的专有名词可以是全名,也可以是姓氏前加"老""小"(老王、小张)、姓氏后加称谓词(李局长)、职称职位(王会计)等,还可以是昵称绰号(李快嘴);专有名词可以是全名也可以是缩写。

专有名词指称明确,而姓名、称谓又是同位关系里常见的重要信息,因此常常充任同位项:

(5) 看到没?那个最高的就是**他老婆小林**。

（三）普通名词

我们所说的普通名词包括指人、事、物的名词。这一类与陈平(1987)列表中的 D 组相当。陈平(1987:129)对这一组名词性成分做了如下说明:D 组的光杆名词指不带数词、量词、指代词等附加成分的名词,包括用作名词的"的"字结构。按照这个说明,光杆普通名词还包括复合词和一些其他不带"附加成分"的名词短语，举例如下：

　　光杆名词：学生、局长、女人、老人家……

　　复合词：美国人、铁姑娘、他爷爷、我老婆、汽车修理工……

　　"的"字结构：卖菜的，最基本的物资……

　　其他名词短语：黄河和长江，木头房子……

　　普通名词也是同位项常见的成分，上面例句（5）就是由普通名词和专有名词构成同位关系。

　　（四）指量名、数量名、一量名

　　这三类分别对应着陈平（1987）的 C、E、F 组。差别只在于"量词＋名词"前面是指示词还是数词，还是"一"。由于"一量名"在同位关系的表现和性质与"数量名"有一定差异，所以我们将"一量名"单独列出一类。比较下面两句可以看出差异：

　　（6）**他一个学生**必须得好好学习。

　　（7）**他一个人**其实挺自在的，并不觉得孤单。

　　（6）句的黑体字部分不表数量，以通指来表示身份。

　　还有一个书面语体的"其人"，我们把它归入"指量名"，如：

　　（8）**曹操其人**及历史评价

　　上面六种是陈平（1987）提到的名词性指称成分。但能充任同位项的成分还有跟照应和指示相关的一些代词成分，我们下面进行补充说明。另外传统语法代词还有疑问代词一类，疑问代词能否充任同位项？下面我们先讨论这个问题。

　　（五）疑问代词不能充任同位项

　　疑问代词常常出现在人称代词、普通名词和专有名词之后，是对前面提到的那些指称范围进行询问以便于明确具体的个体，如下两例：

　　（9）昨天爬墙进来的有**你们谁**？

　　（10）你都跟**他们哪些人**透露这件事了？

上两句疑问代词"谁"和"哪些人"与不表疑问的代词"你们""他们"组合。根据上一节的同位同指组合形式鉴别标准，"你们谁"和"他们哪些人"不符合"NP₁和NP₂去掉任何一个，句子依然合法"的前提，两个名词项中的疑问词去掉后句子都不成立；同时，两个项之间虽然不能直接插入"的"，但却都能插入"中的"，也不能算符合"NP₁和NP₂之间没有也不能插入'的''和'等虚词"的前提，五个前提违反了两项，并且也不具备五个测试条件的任何一条：既没有照应词，又没有且不能插入指量成分，也不能插入"也就是"，因此，不符合同位同指关系的鉴别标准。如下：

(11) * 昨天爬墙进来的有**你们**？
      昨天爬墙进来的有**你们中的谁**？

(12) * 你都跟**他们**透露这件事了？
      你都跟**他们中的哪些人**透露这件事了？

从语义上讲，居前的复数人称代词为随后的疑问代词提供了搜寻范围，后者应该看作以前者为参照体的目标成分。根据语言认知理论，有"参照体－目标"关系的两项名词之间是修饰关系，在语法上多实现为定中结构。因此这样的组合不应该看作同位同指组合。

刘街生（2004：126）曾认为下面的例子是否是同位组合可以讨论，但根据我们上面的分析，(13)是不宜于看作同位同指组合的：

(13) 我招惹**你们谁**了？
     * 我招惹**你们**了？（句义改变）
     我招惹**你们中的谁**了？

因此表疑问的疑问代词不能充任同位项。

但还有很多情况下疑问代词不表疑问而表任指，这样的任指代词能做同位项吗？我们看下面一句：

(14) 我呢，也不会难为**你们谁**，不过你们都得坦诚相见，如实相告。

跟第（9）和（10）句不同的是，（14）符合"NP₁和NP₂去掉任何一个，句子依然合法"的形式鉴别前提，疑问代词和人称代词可以去掉任意一个，但句子的合法性和意义都不受影响：

（15）我呢，也不会难为**你们**。

我呢，也不会难为**谁**。

也有任指成分充任第二项的名名组合看似符合"去掉任何一项，句子依然合法"的前提的，但句子意义却有改变，如下句：

（16）我对**他们哪一个**都不感兴趣。

a 我对**他们**都不感兴趣。

b 我对**哪一个**都不感兴趣。

a、b是对原句组合分解的句子，都合法，但只有b句重音和意义都未变，a句却稍有不同。在a中，重音一般落在"都"上，和原句不同。a句的"都"可以替换为"全"，但b句和原句都不行，如下：

（17）我对他们全不感兴趣。

＊我对哪一个全不感兴趣。

＊我对他们哪一个全不感兴趣。

参考周韧（2011）对"全"所总括对象语义特征的论述，可知"他们"和"哪一个"并不等同，因此不会是同位同指组合。

更重要的是，无论（14）还是（16）这样的情况，代词项和任指项之间都能插入"中的"，这不能算符合"NP₁和NP₂之间没有也不能插入'的''和'等虚词"的前提——这一点决定NP₁和NP₂之间的关系是修饰关系：

（18）我对**他们中的哪一个**都不感兴趣。

（19）我呢，也不会难为**你们中的谁**。

而且，从语义上，两个项在"数"的意义上也是不一致的，因为表任指的疑问词是指任意一个，而居前的代词则是复数。因此即使疑问代词不表疑问，它和人称代词的组合也不能看作同位组合。疑问代词不能充任同位项。

（六）照应词

所谓照应词，是指指称依赖先行语的代词或名词。因为照应词没有独立指称，因此不涉及无指有指等概念，陈平（1987）未列出。但照应词是表达同指关系的重要词类，因此常常充任同位项。由于可以作为独立的同位项，我们将其单独列出。汉语的照应词除了反身代词和相互代词外，《现代汉语词典》（第6版）标为名词的"双方"也有照应词的特征：

反身代词：自己、自个儿、自身、本身、本人、一个人

相互代词：彼此

普通名词：双方

其中反身代词"自身、本身"不一定指人，也可以指事物：

（20）你要是光请**他自己**去，老头子肯定不答应。

（21）我就是觉得**他们双方**说得都挺有道理的。

（22）手机的信号好不好与**手机本身**有关吗？

（七）时间地点直示成分

地点直示成分（place deictics）① 和时间直示成分（time deictics）、人称直示成分（person deictics）都是表达语用功能的成分，是直示现象（deixis）最主要的语言表达形式。"直示"作为一个语用学的概念，就是人们以体态、表情和手势等示意某个语言形式跟言谈现场的关系，地点直示就是示意指称对象所在的位置或行为发生的位置离说话人距离的远近②，时间直示就是示意指称的时间跟说话时间的远近关系。人称直示成分在句法上属于人称代词，地点直示和时间直示以包含语素"这/那"的词汇为主，也有个别成分句法上属于"指量名"，如这个地方、那个时间。我们此处关注词汇形式的时间地点直示成分，句法上即指时间和处所指示代词。由于这两种指示代词在同位同指组合中可以单独作为成分项，如"北京这里"的"这里"，所以

---

① 也有称"空间直示成分"（space deictics）的。

② 这个距离主要指空间距离，有时也反映心理距离。也有研究如 Tao（1999）等认为一些超越空间距离的篇章因素（如篇章模式、上下文、说话人对听话人的推测等）会影响说话人对"这/那"的选择。但我们研究的地点直示成分较少受这些篇章因素的影响。

我们将这一类单独列出。这一类成分在陈平（1987）的表中并没有列出。

指时间和处所的指示代词能单独做句子成分且有替代作用，在朱德熙（1982：85）中列出六个，我们在此基础上补充如下：

指代时间：这/那会儿、这/那阵儿、这/那当儿、这/那时候；

指代处所：这/那儿[①]、这/那里、这/那边儿[②]；

时间直示成分一般要求它的同位项是时间词或者处所词，达成这样的一致才可以构成同指关系，如：

（23）**七点钟那会儿**我还没起床呢。

（24）我只能趁着**中午这阵儿**赶赶活儿。

但地点直示成分能否做同位项是相当复杂的，得视同位前项的名词是不是表处所的词而定。比如处所词"北京"做"那儿"的前项就能构成同位关系：

（25）我喜欢**北京那儿**。

但由于每个人或物都占据一个空间，因此表人或物的名词和地点直示词组合，有时也可以形成同位关系，如下这个例子是"那儿"和普通名词"舞台"也能形成同位关系，因为符合上一节的同位同指成分形式鉴别标准：

（26）大家顺着小王的手看向**舞台那儿**。
　　　＝大家顺着小王的手看向舞台。
　　　＝大家顺着小王的手看向那儿。

但下面例子的"那儿"却不能充任前面名词的同位项，因为不符合同位同指成分形式鉴别标准：

---

① "这儿""那儿"一般认为是"这里""那里"的口语形式，"儿"是"里"的变体，现在也有不同的看法。

② 除了这六个，汉语中还有"上""下""前""后""左""右"等方位词也可用于直示，但不能做独立同位项。

(27) **桌子那儿**有本书你递给我吧。

　　＊桌子有本书你递给我吧。

　　这其中的规律是什么？什么样的名词做地点直示成分的前项可以形成同位关系？我们下一节将详细分析。

第四节　地点直示成分充任同位项的规律

　　地点直示成分在每种语言中的范围和句法表现有所不同，英语中只有两个词汇形式：here 和 there，汉语中主要有六个，我们上面已经列举，以下把这些地点直示成分简称为 PD。从语法上看，英汉的 PD 用法并不相同，英语的 PD 主要是围绕在动词近旁的副词用法，若与名词性成分组合成论元性 NP 则很受限[1]。即使出现在表处所的介词短语前，与之构成同位关系，也是做状语，如例（1b）中的 "there" 和 "in the corner"：

　　(1) a. I've got a terrible pain just *here*.（Rodney Huddleston and Geoffrey K. Pullum，2002：1549）

　　　　b. Don't stay *there in the corner* all by yourself.（沈家煊，1999）

　　但汉语的 PD 本身是名词性的，例（1b）那样的同位关系在汉语中不是实现为状语，而是实现为宾语或主语、定语，如沈家煊（1999）将这句译为"别一个人独自待在那边角落里"，实现于"在"的宾语位置。汉语 PD 最常见的用法是出现在名词性成分之后，与之构成论元性名名组合 "NP＋PD"，如下：

　　(2) a. **墙根儿那儿**还有人家做菜剩下的半瓶料酒。（王朔《一点正

---

　　① 只有 here 能出现在名词后：My friend *here* saw it happen. 不过这里名词后的 here 表示强调，要重读，和英语中一般定语（My good friend）不同，和汉语中"我朋友**这儿**目睹了这件事"的意思也不同。

经没有》）

　　　　b. 只要阿牛把脸转向**她这边**，她就立刻把头缩到树丛里。（王小波《歌仙》）

　　　　c. 没准你们还从**我这里**买过药呢。（王朔《玩儿的就是心跳》）

　　　　d. 我看你在**我这儿**是不是能变聪明起来。（电视剧《北京人在纽约》）

　　这些地点直示成分在句法组合中是如何实现的，起什么作用，有两部早期重要文献提到过，一是 Chao（1968，吕叔湘节译 1979：280，丁邦新译 1980/2002：315），指出非处所词①的体词后面加上"那儿"之后就变成处所词了；如果本来就是处所词，后面则不能加"那儿"，比如"房子没树"不能说，加上"那儿"变成处所词后，"房子那儿没树"就可以说了；"我家里那儿没树"不能说，因为"家里"本身就是处所词。二是吕叔湘主编（1980/2002：399、660），对"这里"和"那里"的语法描述中也提到了同样的看法："直接放在人称代词或名词后，使非处所词成为处所词。"上面（2c、2d）中的代词"我"本来是非处所词，加上"这儿/里"之后变成了表处所的名词短语，做"从"和"在"的宾语。

　　这些观察非常细致，但我们观察到的事实远远不限于此，比如，有很多非处所词和 PD 组合后并未变成处所词，下面这句中的指人代词"他"，即使加上地点直示成分"这儿"，也没有变成处所词：

　　（3）**他那儿**自己不动手，你再逼他也没用。

　　"他"即使加上"那儿"在句中依然是施事角色，那么"那儿"在这儿起的作用是什么？

　　再者，我们发现很多处所词之后是可以加 PD 的，下面句子的黑体字部分都是这种组合：

　　（4）女友叫我给她买 5S，可我好纠结，不是舍不得，是**心里那儿**不

---

　　① 赵元任先生原文为"aplaceword"，吕叔湘先生（1979）译为"处所词"，丁邦新先生（2002）译为"地方词"。

舒服。

　　（5）快到哥哥**身边这儿**，哥哥保护你。

　　（6）**乌市这边**不像北京，没有那么多小油盐店。（王蒙《王蒙自传第一部·半生多事》）

　　那么，为什么有的处所词后面不能加 PD 成分，有的却能？

　　可见地点直示语用成分在句法结构中的作用和表现可以更进一步深入研究，我们可以通过这其中的复杂性来观察汉语语用与句法的关系。

　　为了更好地解释这些现象，我们下面全面地考察一下“这里”“那里”等六个地点直示成分在不同句法环境中的语义和句法限制。汉语的 PD 成分，除了单独做主宾语之外，最常见的用法就是和一个名词性成分组合成新成分。由于地点直示成分也是名词性的，因此这种名名组合的结构关系多半是定中关系和同位关系①，下面我们以分析 PD 在这两种关系中的不同用法为基础，进一步讨论它们由实到虚、由客观义到主观义的发展脉络。这样，上面所说的两个问题就会迎刃而解。首先我们看一下 PD 成分在定中关系的名名组合中的用法。

　　一　定中名名组合：地点直示成分不充任同位项

　　根据上一节的同位同指组合的形式鉴别标准，最有效的鉴别方法是删除和添加两种测试法：两项名词性成分如果删除一项就不合格或者语义发生改变，就一定不会是同位关系，这是删除法；同时，如果两项成分之间可以添加“的”等虚词，也一定不会是同位关系，这是添加法。经这两种测试排除得到的名名组合，就具有定中关系。

　　由于我们主要观察 PD 的句法作用，我们就以能否删除 PD 作为删除测试的基准。经删除测试得到的定中关系的“NP＋PD”有两种情况：一种 NP和 PD 之间能添加“的”；另一种不能，其中的 PD 在语音表现、句法表现以及与前项的松紧程度等方面也有不同，因此我们分为黏合性 PD 和组合性 PD

---

　　①　名名组合还有可能形成联合关系和主谓关系。联合关系要求 NP 也得是 PD 成分，只能形成“这里那里”、“这儿那儿”、“这边那边”三个形式，在句中多做状语和话题，由于量少且比较特殊，我们不予以专门关注；主谓关系的“NP＋PD”，要求 PD 成分做名词谓语，通常对举出现，如“三班这儿，四班那儿，抓紧站好”，这属于 PD 成分单独做句法成分，与 NP 不在一个句法层次中，我们不单独讨论。

两种。

（一）黏合性 PD：地点直示复合词

黏合性 PD 有以下特征：

一是 PD 必须紧紧黏附在前项 NP 上，中间不能插入"的"：

（7）a. 我明天到**你这里**来。

b. ＊我明天到**你的这里**来。

二是删除 PD 会造成句子不合法（包括语义发生改变的情况），如：

（8）a. 那磁带为什么要先放到**全义那儿**？（陈建功、赵大年《皇城根》）

b. ＊那磁带为什么要先放到**全义**？

在这个"NP＋PD"中，PD 作用至为关键，NP 必须依赖 PD 才能在句子中得到合法的解读。

三是 PD 必须是"NP＋PD"整体语义的重要贡献者。以第（8）句为例，NP"全义"单独并没有处所含义，但"全义那儿"整体已经有了处所的意义，做"到"的宾语，这显然是地点直示成分改变性质的作用。本来指实体的 NP 由于地点直示成分的黏附产生位置信息，变成了某个位置的实体记号。

这里 PD 的功用与英语中的介词"at"有相近的一面。Fillmore, Charles（1997）称"at"为"简单定位"（simple location）。与"on"和"in"不同，"at"只简单对其宾语名词所占据的空间位置加以锚定，"on"和"in"则在具体维度上参照其他事物进行描述。当然汉语 PD 和"at"也有本质的不同："at"只是一个简单锚定，并不显示参与角色和言谈现场的距离关系，而汉语 PD 的词汇构成形式决定了它们同时还能直示距离关系，即 PD 相当于"at"和"here/there"功能的总和。比如第（7）句"我明天到你这里来"，说话人位移的目的地用一个实体来做记号，就是"你"：你这里＝at 你＋here。

四是在这类"NP＋PD"中，PD 不是语音上的重读成分，重音通常落在居前的 NP 上：

（9）那磁带为什么要先放到'全义那儿？

　　PD 这四个特点使得"NP＋PD"像个结合紧密的复合词，PD 的黏合具有转指作用——使指实体的 NP 变成"NP＋PD"整体指位置，我们可以把它视为地点直示标记（deictic marker），不作分解，把这类结合关系紧密的"NP＋PD"称为"地点直示复合词"（deictic complex）。前文所述早期文献中提到的"NP＋PD"大多属于这种情况，这是 PD 成分出现在句法组合中最为常见的形式。

　　地点直示复合词中的 PD 与黏附性的方位成分"上""下"等性质类似，因此 Chao（1968）将儿化的"这/那儿"与"上/下"等方位词归到一类，称"place words"。根据袁毓林等（2009：73—74）的"方位词的隶属度量"测试标准，汉语六个 PD 隶属度为 90 分，只有"可以受'最'修饰"这一条标准不符合[①]：

　　　　（10）a. 最上到天花板
　　　　　　　b. ＊最这里到天花板

　　同类相斥，因此"我家里那儿没树"不能说。如果汉语中"桌子上"可以称作"方位复合词"，那么"桌子那儿"就是"地点直示复合词"，它们都是黏合性的，结合紧密，中间都不能插入"的"，因此都不宜视为短语。

　　（二）组合性 PD：地点直示短语

　　黏合式 PD 与非处所 NP 形成地点直示复合词，那么相应地，组合式 PD 与 NP 则形成"NP＋PD"地点直示短语（deictic phrase）。与黏合式复合词相比，地点直示短语有如下不一样的地方：

　　一是 PD 和 NP 之间可以插入"的"：

　　　　（11）他们用鞭子打**我这儿**，还拿走了我所有的钱。（《南方都市报》2001 年 4 月 18 日）

　　　　　　→他们用鞭子打**我的这儿**

---

　　① 另外"这/那儿"等 PD 成分独立性比方位词"上/下"等好，可以独立做主宾定语，这也是 PD 与方位词的主要差异。

　　（12）不过他在**马路那边**，我在**马路这边**。（梁晓声《冉之父》）

　　　→不过他在**马路的那边**，我在**马路的这边**。

　　（13）他看中了**孩子的腰**，他提起右脚朝**他那里**狠狠踢去。（余华《难逃劫数》）

　　（13）句"孩子的腰"和"他那里"语义和形式都是呼应的，"他那里"中间可以插入"的"。

　　二是"NP＋PD"的重音落在PD上。与黏合式复合词重音落在NP上不同，这一类"NP＋PD"准确指某个具体部位或方位，通常辅以手势示意，因此PD是焦点重音的落脚点。如（11）要说成"打我′这儿"；（12）要说成"马路′那边"；（13）要说成"他′那里"。既是重读，独立性必然强，这和黏合式PD的附着性不同。

　　三是NP可以略去不说。黏合式复合词里，NP和PD都是语义的重要贡献者，哪一个也不能略去不说，但是这一类组合式地点直示短语，PD就是NP的某个具体部位，NP只是说话人提供给听话人的参照物，不是语义中心。而"NP＋PD"又重在现场指，NP的参照作用在现场不是很必要，所以可以不说。还以上面三句为例，如下句子只出现PD也是成立的：

　　（14）a. 他们用鞭子打**这儿**。

　　　　　b. 他在**那边**，我在**这边**。

　　　　　c. 他提起右脚朝**那里**狠狠踢去。

　　这里的PD宜分析为指示（demonstrative）语素和方位（locative）语素的结合[①]，双方在句法组合中共同作用。

二　同位同指组合：地点直示成分充任同位项

　　同位关系的"NP＋PD"是文献中尚无关注的一种情况。它与上面定中关系的"NP＋PD"最大的区别是PD项可以删除而不影响句子合法性和语义，这是由同位关系的性质——同位项可删除——决定的。从语义上看，具

――――――――――

　　① PD在前的"PD＋NP"结构也属于同样的情况，只不过PD不是必然重读：她原来有个儿子在那边做工，年纪二十一岁，是从这边电厂调去的。（沈从文《新湘行记》）

有同位关系的两项应该是同指的，也就是说如果 PD 指方位处所，那么 NP 应该也是表方位处所的。只有 NP 指处所、PD 的独立性较强，两者才能形成同位同指关系。

但观察了大量语料后我们发现，很多不表处所的普通名词也可以与 PD 构成同位关系，最直接的形式表现就是 PD 项可以删除而不影响句子合法。那么，非处所 NP 是如何与 PD 构成同位关系的？下面分作两部分观察：一是前项 NP 为处所词；一是前项 NP 为非处所名词。

（一）NP 为处所词

NP 若为处所词，跟 PD 组合成同位关系最顺理成章，因为两项都表位置义，易于形成同指。Chao（1968，吕叔湘节译，1979：237—244）将处所词分为四类：①地名（包括地理单位、政治单位、机关学校等用作地名）；②位置词（如里头、右边儿、背后等）；③N-L 方位复合词做位置词（如心里、山上、身边等）；④指地的名词用作地名（如书房、车站、飞机场等）。符合这四类处所词条件的都能与 PD 形成同位关系。举例如下：

（15）人家警察……放我们走时就交待了："谁要不回家跟**楼门口这儿**晃，让我看见可没轻的。"（王朔《玩儿的就是心跳》）

（16）**拐弯那儿**不是叫山洪冲了个豁子吗？（汪曾祺《羊舍一夕》）

（17）玛丽镇军地双方的友好有传统……**玛丽镇这里**风气不错，不爱和教导营动气。比如有时我们个别战士不注意，踩了人家的花草，人家也只是半开玩笑地喊一声。（赵琪《告别花都》）

（18）**西单站那里**形成了淤塞。（刘心武《公共汽车咏叹调》）

（19）他……训话完毕，问我**临时大学那边**有多少熟人。（沈从文《一个传奇的故事》）

说话人在 NP 之后用 PD 表达同位关系，基本上是出于两个目的：一是说话者想表达 NP 所指的位置和说话现场的空间关系——这是表达空间距离的用法。如（15）"楼门口"就是警察发话时的位置，通常还会伴随手势，而（18）"西单站"这个地方一定离说话现场有一定的距离，说话人用同位语表达 NP 所在位置不在说话现场。二是说话人用同位语形式让听话人了解自己对 NP 所在位置心理上的远近看法[①]——这是表达心理距离的用法。如（17），如果说话人就在"玛丽镇"，那么 PD 用"这里"是表达空间距离——玛丽镇在说话现场；如果说话人不在"玛丽镇"，他只是给听话人介绍玛丽镇的情况，那么 PD 用"这里"则是表达心理距离——让听话人理解自己对玛丽镇的心理认同和亲近立场（stance）。表达心理距离往往是 NP 所指位置没在说话现场的时候，比如上面例子"玛丽镇"不在现场，PD 却用"这里"。表达空间距离往往是行域指，而表达心理距离往往是言域指，比如上面表心理距离的例子，"玛丽镇"是说话人的话题——我所说的玛丽镇这里。

表达空间距离的用法，体现了地点直示词的客观语用义（objective pragmatic meaning），而表达心理距离的用法，则体现了地点直示词的主观语用义（subjective pragmatic meaning）。

（二）NP 为非处所词

NP 为非处所词为什么还能和指地点的 PD 形成同位同指关系？NP 的处所义是谁赋予的？我们发现是句子或结构间接赋予的。以下三类都属于这种情况。

1. 说话人以 NP 为参照点判断某位置（或方向）的句子

这类"NP＋PD"结构所在的句子是说话人想找一个位置做参照，作为他对某位置、距离和方向进行判断的依据。句子的动词通常是表静态判断用的"是"、"离"、"在"等，或描述方向的"看向"、"V 至"等，介词常用"朝"、"向"等，如下：

（20）好在这里离**我那里**不远。（老舍《西望长安》）

（21）**我这儿**可是整个方队的中心点，前后左右的人都得看着我站齐。

（22）这本书我是在**第二排书架那儿**找到的。

（23）大家顺着小王的手看向**舞台那儿**。

（24）男子脸对着**王香火这边**，他的两条胳膊被日本兵攥住。（余华《一个地主的死》）

（25）他向**讲台那边**挪了两步，一脚登着台沿，微笑了一下。（老舍

---

① 吕叔湘著、江蓝生补（1985：188）：近指和远指的分别，基本上是空间的，但也往往只是心理的。

《大悲寺外》）

上面这些句子，都是表达说话人对某个确切位置的判断（20—22），或者是对某个方向的描述（23—25）。这类"NP＋PD"多做宾语。

虽然NP本身是指实体的名词，但因整个句子都是在描述某个位置或方向，NP实际上是说话人做某位置描述时选用的参照点，句子需要根据这个参照位置来判定另一个位置或方向，因此NP本身产生了处所义，不像定中关系的直示复合词，NP只有黏合上PD才表处所。在这样的结构里，NP若是指人名词，它的生命度和能动性会受到压制，和无生命的物体有等同的作用，如（24）把"王香火"用"柱子"代替也是一样的，"王香火"只是一个位置参照点。PD的作用是表达NP位置与说话现场的关系，这是直示的典型用法。

2．"有"字句和领属结构

这一类的NP一般是指人名词，跟句子里另外的名词之间有领属关系。例如：

（26）**我这儿**倒有几片安眠药，我们给她灌下去，多少有点作用。（王朔《过把瘾就死》）

（27）丁小鲁**你那儿**还有钱么？（王朔《你不是一个俗人》）

（28）**父亲那里**还有个缎子马褂。（老舍《二马》）

（29）小平同志跟我交代说："**我这里**没有多少事，不需要医生。"（张佐良《周恩来的最后十年》）

（30）听说你的老乡说话另有一个味，**你们那儿**方言很杂？（王朔《我是"狼"》）

（31）"嗬，**您这儿**书真多！"马青一进屋就扬着头看满墙满壁的书。（王朔《你不是一个俗人》）

（32）**我这儿**最精干的人都叫你搜罗去了。（王朔《千万别把我当人》）

（26）—（29）都是"有"字句，NP是"有"字宾语所指事物的领有者；而（30）—（32）中"NP＋PD"都是句子的主话题，其后的名词性成分"方言""书""最精干的人"是次话题，两者在语义上有领属关系（整体一部分、处所一属物）。

为什么表领有者的指人名词能和地点直示词构成同位关系？这是因为，汉语的领属关系也是一种存在关系，领有者天然具有"存在的处所"属性。沈家煊（2011：29）指出："汉语的'有'字 3000 年来同时表'拥有'和'存在'，在中国人心目中，'拥有'和'存在'有紧密的联系，可以互相转化，'X 拥有 Y'意味着'X 那儿存在着 Y'。"领有者在以上例句中获得处所隐喻，表示存在的位置，不需要通过添加地点直示成分"转换身份"，就能和地点直示成分形成同位关系。

不过反过来说，某物存在于某人那里，却并不意味着某物就一定被某人领有。"存在"和"拥有"是一种包含关系："存在"包含"拥有"。如果是不属于 NP 的东西存放在 NP 那儿，即只有存在义没有领属义，NP 和 PD 就不一定能构成同位同指组合，如下：

（33）**我这儿**没你的东西。（《编辑部的故事》）
　　　a. **这儿**没你的东西。（存在义）
　　　b. ＊**我**没你的东西。（拥有义）

领属类"NP＋PD"中 PD 的直示性有两种情况：一种情况 PD 的直示性很强，选用"这"还是"那"差别很大；另一种情况 PD 的直示性很弱，选用哪一个成分差别不大。

前一种情况如（31）只能用"这儿"，不可用"那儿"，直示性非常显著。还有一个很好的例子是张伯江、吴早生（2012）谈到的"类同定指现象"。比如我们在新华书店看到一本自己已拥有的书，可能会说"这本书我也有"。"拥有即存在"，这等于说某人处存在这个副本，因此"Y，X 也有"可以在"X"后增加一个同位性 PD 变换为"**Y，X 那儿**也有"。除非恰巧副本在身上带着，一般情况下都不在现场，因此"那儿"不能用"这儿"替换：

（34）这本书我也有
　　　＝这本书**我那儿**也有
　　　≠这本书**我这儿**也有

这就是一个强直示性的句法案例。"类同定指"现象本质就是言谈现场的某个工艺加工制品促使说话者指出自己或他人拥有同样的副本，也就是说，说话者以言谈现场的某个事物为话题，说明某处存在相同的事物。

PD直示性弱的情况是，"这儿/里/边"和"那儿/里/边"可以互换，如上面（27）"丁小鲁你那儿还有钱吗"，这句是说话人和听话人都在现场的对话，"那儿"完全可以用"这儿"替换而意思不变：你这儿还有钱吗？说话人若用"这"可能更着意表达听话者和现场的关系，若用"那"则更着意表达听话人与自己的距离对比关系，PD直示性相对较弱。Tao，Hongyin（1999）谈到篇章模式对直示词的制约时说，互动对话模式中听说双方只能用近指的"这"类词，不能用远指词。但第（27）句显然是对这一规则的违反。

3. 表达起讫点的序列义结构

表达某个空间范围或时间段落起讫点的序列义句子通常用"从……算/说起"、"到……"结构表达。"从"和"到"宾语中的NP虽然通常是由普通名词或人称代词充任，但由于整个结构表起讫点，NP所指的实体就成了一个位置——它本身就是句子所说的某个序列或发展链条上的一个节点。这个位置义是句子和结构赋予它的，也不需要像直示复合词中的NP，得依赖PD的转化才变成处所性成分。如下：

（35）杨妈指着镜框说："这事还得先从**太师爷那儿**说起……"（陈建功、赵大年《皇城根》）

（36）但人从来没飞过，往哪儿追溯也追溯不到**鸟那儿**。（王朔《痴人》）

（37）你们老刘家从你太爷爷到**你这儿**已经是四代单传了。

（38）传我闺女的闲话最后势必连到**我这儿**，那我这点苦心就全白费了。（王朔《我是你爸爸》）

例（35）—（38）句都是表达某个事件或现象处在时间发展脉络的某一节点上，这个节点就是NP所指对象的位置，"从""由"和"到"等介词通常是必须出现的。

在时间脉络上从一个点到另一个点的发展，实际上映射了空间位置上从一点到另一点运动的过程，是空间域在时间域里的投射。项开喜（1997）对这种序列义句式中"到"字的用法做过专题研究，他指出除了时间点、空间点以外，句式还可以表示多种语义角色在数量上的达及程度，如受事、主事、与事、量度等。我们认为，这些成分在"到"字句里都被投射了空间意义（回答到第六题那儿了/传达到县团级那儿了/体重下降到 40 公斤那儿你就别往下减了），因此这些 NP 实际上在句子里表达的也是位置含义，故而能与 PD 形成同位关系。

（三）同位关系中的直示是篇章直示

上面两节讲的 NP 涉及四类位置概念：处所词、参照位置、存在处和序列点，这四种位置可以构成一个表示空间概念的语义场。只有 NP 指处所、PD 的独立性较强，两者才能形成同位同指关系。

同位关系的"NP＋PD"，一般是前项 NP 先点明具体位置，后项 PD 回指这个处所成分，以阐释这个位置和现场的关系，或是提示下文要对这个"位置"进行评述。下面这两个例子中的 PD 分别展现了这两种功能：

（39）这里离**我那里**不远。

（40）**玛丽镇这里**风气不错。

例（39）"那里"回指"我"所在的位置，并且对这个位置和言谈现场的关系进行判断、阐释；例（40）"这里"回指"玛丽镇"，同时提示下文要以"玛丽镇"这个地方为话题进行评论。

由此我们可知，同位关系中的直示成分，功能之一是回指前项已经出现的成分，因此其构成成分必然应该包含篇章直示（discourse deictic）的成分。所谓篇章直示，就是以"这""那"指代前文出现的某个词或语（Levinson，S.，1983；Dissel，H，1999；etc.），这符合同位关系后项与前项同指的要求。吕叔湘（1985）指出，汉语的"这""那"既有区别的功能，又有代替的功能①。这里的"这/那"正是体现"代"的功能。从语用功能上说，PD 还需对 NP 这个位置离说话现场的距离进行说明和确认。因此，同位关系中的 PD 成分"这/那里/儿/边"，宜分析为篇章直示（discourse deictic）语素和方位（locative）语素的结合，双方在句法组合中共同作用，使"NP＋PD"兼具篇章直示性和地点直示性。

————————

① 前者大致相当于 demonstrative 的功能，后者大致相当于 pronoun 的功能。

三 临近影响效应——虚化的 PD

在定中关系和同位关系中，地点直示成分实现了两种作用——一种是黏合在 NP 后，把非处所词转化成定中关系的处所成分；另一种是本身包含篇章直示成分，促成了同位同指关系。这两种句法作用实现的同时，都典型地体现了语用上的直示意义。下面我们将讨论一种地点直示意义已经开始模糊虚化，受其相邻成分功能浸染、近似于语法标记的 PD。

（一）"方"——在话题后表参与方的 PD

这类地点直示成分通常出现在话题位置，但其功用却并不像地点直示复合词中的 PD 那样，能把非处所性 NP 转化成处所词。下面几例 PD 虽然出现在指人名词后，但并没有使指人名词变成含有处所意义的词，"NP＋PD"依然指人，PD 的地点意义模糊：

（41）**你那儿**都听说了还能有假！

（42）他表态说："行，我赞成。不过这里有两道关口。一个是老爷子是不是赞成，一个是徐姐……。"堂妹说："**爷爷那儿**没事儿。爷爷思想最新了，管伙食，他也早嫌烦了。麻烦的是徐姐……。"（王蒙《坚硬的稀粥》）

（43）余：你这点儿萝卜得糟践多少肉啊？

刘：就是嘛，**我这儿**听着都心疼。（《编辑部的故事》）

（41）—（43）中句首的指人名词、代词都是焦点重音所在，都不能删除，否则就会因语义不明或意思变了从而造成交流失败，如（42）若不说"爷爷"只说"那儿没事儿"，听话人就不会明白"没事儿"的是指谁。

"NP＋PD"常常以对举的方式出现以显示出对比焦点，因此 PD 像个对比焦点信息的标记成分：

（44）**你那儿**说得过去，**头儿那儿**可说不过去了。（王朔《我是你爸爸》）

这种句首指人 NP 之后的 PD 并不实指地点，也不转变 NP 的指人性质，它表达的意思是"（NP）这/那一方面"，是以地点转喻动作行为的参与方，

大致相当于书面语色彩较浓的"方":

（45）**你方**已获知岂能有假!

（46）**祖父方**不存在问题。

由于 PD 不实指，语义弱化，因此直示性也不强，比如（41）"你那儿"换成"你这儿"也行，（42）"爷爷那儿"也能换成"爷爷这儿"。

在六个地点直示成分中，"这/那边"由于词义本身倾向指方向，可以不依赖 NP 单独指参与方，如:

（47）李缅宁不知所措……又见她光脚穿着单褂披散着头发站在那儿哭怪可怜……上前解劝……这一劝，**那边**哭得更狠了。（王朔《无人喝彩》）

（48）媳妇要一套房或者一百万才肯离，**这边**不肯，就闹上法庭了。（浙江在线，2013）

（47）的"那边"＝她，（48）的"这边"＝男方。

当"这/那边"指人时，指人 NP 再和它组合就已经接近同位关系了，如:

（49）如果，没记档案，包在我身上不成问题，可惜，入了档，**我这边**就没办法了。（方方《一波三折》）

（二）"在"——在谓语 VP 前示意进行时

上面讨论在 NP 之后受 NP 的影响的 PD，下面我们关注在动词之前受 VP 影响的 PD，这种 PD 成分限于"这/那儿"[1]。如下:

（50）谁**那儿**提日本人呢? 谁提日本人我跟他急。（《编辑部的故事》）

---

[1] 朱德熙（1982：87）指出"'这儿'也说'这里'，'那儿'也说'那里'"。但示意进行时的 PD 不能用"这里"、"那里"。

　　（51）嗯，反正是那个名角儿全在北边儿。这半拉呢，全是什么，这唱的呢，全是没什么名的角儿**那儿**唱。（北京口语语料库）

　　这两句中的 PD 成分，准确说应该看作名词性状语，"那儿"前面实际上是省去了"在"，即：

　　（52）谁**那儿**提日本人＝谁**在那儿**提日本人
　　（53）没什么名的角儿**那儿**唱＝没什么名的角儿**在那儿**唱

　　这两句的 VP 都表进行时，说话人重点表达"谁在提日本人"和"没什么名儿的角儿在唱"，不强调这个事件或进行这个动作所发生的具体地点。对比下面两个句子中的"那儿"，便于我们理解（52）（53）中的"那儿"：

　　（54）我们急于赶路，不能**在那儿**耽搁过久。（张佐良《周恩来的最后十年》）
　　（55）季洁的耳朵听着郑萍，手指却**在那儿**拗火柴梗。（穆时英《夜总会里的五个人》）

　　这两个"那儿"有两大区别：语音上，（54）的"那儿"虽然不是必须但通常重读，而（55）的"那儿"一定不能重读；意义上，（54）里的"那儿"地点意义实在，具有区别意义，（55）的"那儿"已经失去了指向某个点的区别性，相对于 VP 来说，它在句中的地位是不被凸显的背景成分。
　　朱德熙先生已经注意到这种用法的"这儿""那儿"，认为是"表示动作或行为的持续，不实指处所"，"可以略去不说"（朱德熙，1982：87、184—185）。
　　就（52）（53）而言，略去"在"也行，略去"那儿"也行，说明"那儿"相当于"在"的意思，而"在"已经是表进行、持续的时间副词：

　　（56）谁**在**提日本人呢＝谁**那儿**提日本人呢＝谁**在那儿**提日本人呢
　　（57）没什么名的角儿**在**唱＝没什么名的角儿**那儿**唱＝没什么名的角儿在**那儿**唱

　　张伯江、方梅（1996：182—183）也因这样的"这/那儿"有"正在进行"的含义，进一步认为它们已经语法化为表示时态意义的成分。

　　我们不认为这种"这/那儿"等同于"在"或"正"。首先，从意义上说，地点直示义并未完全消失，"那儿"虽不强调，但依然透露出"被叙述者不在说话人身旁"这种远距离信息，"这儿"则显示出近距离信息。下面一组例句有没有"这/那儿"都表示正在进行，用"这儿"还是"那儿"依然有差别：

> （58）a. 他一个人**那儿**反省呢
> 　　　b. 他一个人**这儿**反省呢
> 　　　c. 他一个人反省呢

　　下面这个例子说话人用"那儿"是配合故事叙述场景的时间距离感：

> （59）曾国藩断断续续戒烟戒了 10 年。**有一天晚上他那儿写东西，**写到一半，站起身来到卧室拿起烟壶儿把玩儿半天，玩儿着玩儿着突然把所有的烟具都砸了，然后坐回身写了一篇有名的文章，叫《日课十二条》。（郦波评《曾国藩教子十法》电视节目转写）

　　这个句子的"那儿"不宜用"这儿"替换，正因为说话人讲过去的故事，时间久远拉开了距离，这是直示用法。

　　其次，很多包含"在"和"正（在）"、表进行时的句子，不能用"那儿"替换它们：

> （60）a. 卖酸梅汤的老头儿手里**正在**数钱，一把小鸡毛帚夹在腋下。
> 　　　　*卖酸梅汤的老头儿手里**那儿**数钱，一把小鸡毛帚夹在腋下。
> 　　　b. 整座山像一场**在**燃烧的大火。
> 　　　　*整座山像一场**那儿**燃烧的大火。

　　最后，当"这/那儿"和"正"连用时，有很多情况下略去"正"句子就不通顺了：

（61）伊太太说："吃芝麻酱拌面吧。"**正这儿**说着话儿呢，二爷善全起外头回来啦。（松友梅《小额》）

　　　　a. **正**说着话儿呢，二爷善全起外头回来啦。

　　　　b. ＊**这儿**说着话儿呢，二爷善全起外头回来啦。

"正"是汉语专门表达进行时的成分，它在句首出现时通常预示动作正在持续，如果下文再出现一个动作，首句就很容易成为表达伴随状态的时间分句；而单独的"这儿"因为没有时间预示性，因此一般不会促成要求有后续句的时间条件分句。

"这/那儿"的持续时间义往往是受其后表持续状态的 VP 的影响。此外，如果认为"这/那儿"是时态成分，当它和"正"连续共现时，还需要解释为什么在同一个位置上会出现两个表达进行时态的功能成分：

　　　　（62）他**正那儿**发愁呢。

从上面这些证据看，成为时态成分这一语法化阶段其实并未实现，"这/那儿"基本语义仍然未被完全漂白。

"进行"是人们观察动作进程的一种特殊的视点。如果说"完成""起始"等更关注于动作的"动态"，"进行"则更像是一种偏于"静态"的观察。换句话说，这种对动作"存在"的观察压过了对动作发展是起始还是结束的注意。"存在"本质上是一种空间属性，于是我们看到，直示词指明位置的作用虽已淡化，但指明存在的作用还是清晰可见的，"存在"正是空间直示与时间直示相通的关键。

上面讨论的这两种虚化的 PD，正处在基本空间义趋于重新解释的发展中。我们在前面分析同位关系时提到，地点直示成分的客观语用义是直示空间距离，而这部分讨论的两种虚化用法的 PD 成分，是在客观语用义的基础上，说话人进一步主观地用来表示参与方和示意进行时，它们所在的句子几乎都带有说话人强烈的主观情绪，因此这两种用法也可视为地点直示成分的主观语用义。体会一下"那儿"的主观语用义：

　　　　（63）你**那儿**都听说了还能有假！

　　　　（64）谁**那儿**提日本人呢？谁提日本人我跟他急。

例（63）的主观语用义表现在，说话人用"那儿"标记出对方作为相对一方的特点，意在与对方拉大距离；例（64）用"那儿"凸显自己不认同的行为正在发生，也是在态度上拉大距离。

四　名词性成分后做状语的 PD

前面我们讨论的 PD 成分，基本上是处于 NP 后，与之构成论元性的名名组合，但虚化用法的 PD 成分有时会发生结构上属前和属后分析两可的情况：既有可能属前——和 NP 组成"NP＋PD"结构；又有可能属后——修饰动词做状语。如例：

（65）老人哆嗦着下了台阶，心急而身体慢慢的跪下去："历代的祖宗有德呀！老祖宗们，我**这儿**磕头了！"他向西磕了三个头。（老舍《四世同堂》）

（66）等小王出了正厅，她走到金一趟案前，说："爸，您**这儿**忙着，我们到前边坐去。"（陈建功、赵大年《皇城根》）

（65）"这儿"既可以大致相当于"方"，即"这儿"结构上属前构成"NP＋PD"，又可以分析做"在这儿"，修饰动词"磕头"表处所，即"这儿"结构上属后做状语。这两种可能的分析有语音上的差别，前者"这儿"不重读，而后者"这儿"多为重读。与此类似，（66）的"这儿"也可以有两种分析，只不过属后做状语的意义，是示意进行时。

为了离析这种两可分析的模糊，我们需要排除一下哪些情况下 PD 成分是明确做状语的。以下 VP 表示位移的句子，PD 是状语，根据句法特征可分作两类。

一类是 PD 后的动词为"来""去"。

这一类是通过动词"来""去"表达位移方向。"来"和"去"一般被视为直示动词（deictic verb），因为它们是以说话人为视点的有方向性的位移。直示动词前出现 PD 成分，PD 成分的功能通常是做状语。如例：

（67）虎妞仰着点身儿正往下走，嘴张着点儿："我说祥子，你**这儿**来；给你！"（老舍《骆驼祥子》）

（68）贾明又说道："老美你这儿看看，太远，我看不真切，你**这里**

来。"(《三侠传》)

(69) 咱们**那边去**。

"来"一般搭配"这儿/里/边","去"一般搭配"那儿/里/边",远近关系要与直示动词一致。涉及位移的 PD 成分以"这/那边"居多。

第二类是 PD 为"这/那边",表达动词表到达位移终点后的动作。如：

(70) 他母亲道："姑娘，你**这边儿坐下**歇歇腿儿罢。"(《儿女英雄传》)

(71) 对了，指导员，这一次我找你还真的是有事情，而且还是让你很乐意的事情，走，咱们**那边谈**。(冬日的抗日《浴血抗日》)

两句中的动词"坐下"和"谈"都是经过位移到达终点"这边儿""那边"后发生的动作。

两类 PD 都能用插入"到"进行测试：你这儿来＝你到这儿来；咱们那边去＝咱们到那边去；这边儿坐下＝到这边儿坐下；那边谈＝到那边谈。PD 的直示性非常强①，体现的是地点直示成分表空间关系的客观语用义。

我们认为，所有单独充任句法成分的地点直示成分，它们的结构形式都是由指示语素和方位语素构成并共同起作用的。

五 小结

我们把上面讨论的汉语地点直示成分在句法中的实现情况大致列表如下：

表 4—2   汉语地点直示成分在句法中的实现

句法关系	PD 句法实现	PD 性质及构成	语用义
独立的状语性成分	地点状语（adverbial）	指示成分＋方位成分（demonstrative＋ locative）	客观语用义

---

① 还有一类做状语的情况是 PD 对举连用，即"PD＋PD"，组合意义重新分析为"到处"，地点直示性全无。如：母亲**这儿那儿**要给她寻找出双手套戴（梁晓声《表弟》）；队伍又散了，我们**这边那边**随意地走。（华严《智慧的灯》）

句法关系	PD 句法实现	PD 性质及构成	语用义
定中关系	地点直示复合词 （place deictic complex）	转指性黏合成分	客观/ 主观语用义
	地点直示短语 （place deictic phrase）	指示成分＋方位成分 （demonstrative＋locative）	
同位关系	同指同位语 （co-referential appositive）	篇章直示成分＋方位成分 （discourse deictic＋locative）	
虚化	NP "方" ——表示参与方	基本空间义趋于重新 解释的发展中	主观 语用义
	"在" VP ——表示进行时		

由表 4—2 中，我们看出，直示成分参与汉语句法关系时，参与程度的深浅与其语用意义的客观性和主观性密切相关。

当直示成分独立地做状语时，体现的是直示词最原型的功能和意义，它的表现跟英语里 here/there 大致相同，句法上是状语，意义上表示客观的空间直示义。

当直示成分参与到定中组合关系中时，它主要的语法作用一是在黏合性结构里起转指作用；二是在组合性结构里强调具体地点，也基本上都是表示客观的空间直示义。

当直示成分参与到同位组合关系中时，它虽有一定的句法独立性，却强烈依存于相邻的同位成分，这时它更侧重于篇章性的直示表达，一定程度上离开了空间直示的原始意义，带上说话人的主观选择。

最后，两类虚化的直示成分，都已远离直示词原始的客观空间直示义，语法上独立性更弱，语用上更强烈地表示说话人心理距离的远近。

可见汉语的直示成分实现在什么样的句法位置上，和其他成分形成什么样的句法关系，以及由什么样的语素构成的，会有不同的表现和功能。

直示现象是语用学的一个重要研究课题，但却一直未得到充分的研究。Levinson，Stephen（2004）曾经说"对于那些将语言看作客观描述世界的生成系统的语言学家来讲，直示现象是个最美中不足的缺憾"。汉语的语法结构都是直接用于表示语用关系的，比如汉语地点直示成分独立性的强弱（包括读音的轻重）、与其他成分组合的松紧，都是用来表示原始语用义的强弱和说话人主观语用义的强弱的，其间的共变关系十分清楚。我们关于直示成分的研究很好地证明了沈家煊（2014）所说的"汉语离开了语用法就没有办法讲句法"，更显示了不同强度、不同立场的语用意义才是有关句法结构独立与否和关系松紧的根本解释。

本章小结

　　本章主要讨论了两个问题：一是同位同指组合可以用哪些形式上的特征和标准来加以识别；二是都有哪些成分可以充任同位项。根据前文同位同指组合的性质和特点，我们归纳出"五个前提五个测试条件"的形式鉴别标准。不符合这"五前提五条件"，不能算同位同指组合。同位现象是个跨语言现象，但不同语言出于不同语法系统的自洽，对同位现象的归纳范围有所差异，汉语不把所谓"松散同位"看作同位语法现象，而将其视为零句的组合。汉语中能充任同位项的有八种名词性成分：人称代词、普通名词、专有名词、"指量名"成分、"一量名"成分、"数量名"成分、照应词和时间地点直示成分。但能充任同位项的地点直示成分是需要符合一定的语用句法条件的。这八类名词性成分任意两两组合，就构成了汉语的两项和多项同位同指语法系统。我们从下一章开始根据上述识别标准，进入汉语的同位同指体系进行全面考察。

第五章

双项同位同指组合

　　第三章第二节我们指出了十种在线临时组合的同位同指现象，包括："动物马"类、"马动物"类、"你大人"类、"爸爸大博士"类、"两个小学生婷婷和倩倩"类、"老马我"类、"这个孩子李月"类、"这个人他"类、"这个人人家"类、"北京大学母校"类。这些不合常规语序、不能在短语（词组）层面形成的组合，我们说它们是在线包装形成的临时组合。在同位关系连续统中，这十类中很多都是属于最左端临时组合的部分，第三章第一节的同位关系连续统图我们重复如下，虚线圆部分就是动态的临时组合：

图 5—1　汉语同位关系动静连续统

　　图 5—1 虚线的圆和矩形的交叉情况，代表临时组合和固定组合的连续状态。我们看到，由于没有一个明确的分界，归入动态临时组合的十类组合类型，由于有几种比较常见，我们还是将它们算入"同位同指固定组合"，如"爸爸大博士"类、"两个小学生婷婷和倩倩"类和"老马我"类，而违反常规语序的"这个孩子李月"类、"这个人他"类、"这个人人家"类、"北京大学母校"类等这几类，由于用例少、频率低，因此不看作"同位同指组合"。本章和下一章，我们以第四章的同位同指形式标准做依据，全面考察同位同指组合，包括固定组合和同位短语，我们不做区分，统一视为"同位同指组合"。

第一节　双项同位同指组合的类型

我们在上一章提到，能做同位同指组合成分项的名词性成分有八类：人称代词、普通名词、专有名词、指量名、数量名、一量名、照应词、时地直示词。如果这八类成分两两组合，理论上可以出现 64 种组合序列类型，但并不是每一类都是合法合格的组合，我们将所有的 64 种序列类型，用第四章第一节确定的同位同指组合的"五前提五条件"形式鉴别标准来识别，发现合法的双项同位同指组合序列类型有如下的 42 类。

一　普通名词居首的组合序列类型

1. 普通名词＋普通名词

普通名词和普通名词的组合有两种：一种是前项列举一两种后加"等"，如例（1）（2）；另一种是前项列举的项目内容大致等于后项名词所指称的事物，也就是说第二项普通名词通常是词义上居于上位的通指名词，而前项普通名词往往是几个词义上居于下位的名词并列构成的，如例（3）（4）：

（1）考试前一定要准备好**铅笔、橡皮等文具**。
（2）**各所所长、书记等局级干部**参加了这次会议。
（3）**米面粮食**为什么在夏天会生虫子？
（4）海边人都喜欢吃**鱼虾蟹贝海鲜**。

2. 普通名词＋专有名词

前项是普通名词，后项是专有名词的组合根据前后语义关系可以分为两种，一种是前后两项语义所指等同，如下面例句（5）（6）；另一种是孤立看前一项指称外延大于后一项［刘街生（2004）称"上位居前式"］，如例句（7）（8）。（7）和（8）中居前的"普名"虽然在词义上是表示上位的类名，但进入具体句子中，整个"普名＋专名"的组合表示的是定指事物，"数字三"的意思是"三"这个数字。如：

（5）**我老婆张楚格**就要当妈妈了。

（6）梵蒂冈，天主之国，位于**意大利首都罗马**城西北角的梵蒂冈高地上，四面都与意大利接壤，是一个"国中国"。

（7）在《圣经》中"三"表示上帝的旨意，你可以发现在耶稣钉十字架前后至少有十七个"三"出现，在启示录中也常常出现**数字"三"**或者同时用三个近义的词。

（8）瑞典学院刚刚宣布，2012 年诺贝尔文学奖授予**中国作家莫言**。莫言成为有史以来首位获得诺贝尔文学奖的中国籍作家。

3. 普通名词＋时地直示

这种组合序列，居于前项的名词一般表示地点或者时间，后项的时地直示词第四章第三节已经列出，有"这/那会儿、这/那阵儿、这/那当儿、这/那时候；这/那儿、这/那里、这/那边儿"等。如：

（9）**首都那里**的文明古迹还真不少，而有人说到了首都不到长城"等于"浪费一次好机会。快到长城瞧瞧吧！

（10）我的身份证快过期了，不过户口已迁出还未落户，现在我还能否在**老家这儿**办身份证？

（11）**国庆节那天**，天安门广场上人山人海的。

（12）**中午那会儿**我手机没电了，所以没接到你的电话。

4. 普通名词＋人称代词

这个序列前项名词多指人，有两种：一种是表通指的，这种情况后项人称代词一般是复数人称代词，如下例（13）；还有一种普通名词是称谓类的，这种普通名词其实是指特定的跟说话人有关系的某个人，用法很像专有名词，只不过用普通名词的形式表达，这样后项的人称代词可以是单数的，如下例（14）；如果前项普通名词指事物，那么后项的人称代词一般是"它"，一般歌词中用得多，我们在上一章已经提到过，如下例（15）：

（13）沈阳市教育专家张福建认为，教师的职责就是教书育人，对**学生他们**应该进行规范和引导。

（14）人算不如天算，她怎么也没想到自己的体力经不起她的透支，她会突然离开这个人世！我不知道提前完成自己的使命，对**母亲她**来说是幸福还是不幸。

(15) 嘀嗒嘀啊嘀嗒嘀,**时针它**不停地转。

5. 普通名词＋照应词

普通名词既可以指事,又可以指人,照应词可以是反身代词、相互代词和"双方"。前项普通名词若指事,后项一般只能是反身代词:

(16) 金枝知道的,也还仅仅是**这件事本身**。

(17) 对付高考焦虑症从**家长自身**做起。

(18) **夫妻双方**要相互体谅相互帮助。

6. 普通名词＋数量名

在这类组合序列中,前项的普通名词常常是关系名词,如(19)(20)。这类名词是封闭的,主要有:兄弟、夫妻、夫妇、姐妹、父子、父女、母女、母子、父母、祖孙、师徒、师生、姐儿、哥儿、爷儿、娘儿等。

(19) 你的事**兄弟几个**都知道了。

(20) 父母电话一直无人接听,王女士立即赶往其家中,透过窗户看到**夫妇两人**躺在屋内,疑是煤气中毒。

(21) **乒乓球和羽毛球两项目**的比赛,将分别在玉溪分会场的市体育馆、红塔文体中心体育馆进行。

(22) 经过初赛,**数控车床和数控铣床两个工种**分别选定10名学生参加决赛。

7. 普通名词＋指量名

这类序列前项普通名词既可以是专有名词性质的如下例(23),又可以是通指名词,相应地,如果是通指名词,后项指量名成分中的量词也会用种属量词:

(23) 我一直觉得只有走到胡同中才能感受到**首都这座城市**古老的风貌。

(24) 现在会用**缝纫机这种工具**的女人已经不多了。

（25）现在几乎人人都"谈癌色变"，须知癌症虽是老虎，却也能被关进笼子，这笼子由免疫细胞铸成，保管好这把"免疫钥匙"，让**癌症这头猛虎**无路可逃！

（26）**好感这东西**很容易变成喜欢，也很容易消失不见。

8. 普通名词＋一量名

普通名词和不具数量意义的"一量名"很难形成一个有整体性的同位同指组合，但如果前项的普通名词像上面第（14）句一样，是专有名词用法的称谓词，指某个特定的人，则勉强可以组合，后项"一量名"是对前项名词所指的人的性质说明。这种组合用例很少。如例：

（27）今年家中的新房装修已经基本上完工，有点期待，那是**我父亲一个老农民**一辈子的心血。

二　专有名词居首的组合序列类型

9. 专名＋专名

专名和专名的组合通常是指对同一个人或物的不同命名和称谓，如绰号、尊称、别号、昵称等。如例：

（28）**李快嘴李伯祥**与老伙伴杜国芝将为观众奉献新作《谦虚论》。

（29）为什么唐太宗明知武氏夺权而又不杀**武则天武媚娘**？

（30）清末，中国彩塑艺术家有天津的**泥人张张明山**。

从逻辑上讲，两个称谓的前后次序一般可以互换而不影响句子的真值语义，不过前后次序还是有一定的语用倾向。一是在前面的专有名词通常或者跟前文的提示信息相关，如下例：

（31）山东评书《武松打虎》把**武松武二郎**的英雄气概和绝妙武功描述得淋漓尽致。

由于前文有"武松打虎"的提示，后面做"把"字宾语的同位同指组合前项就最好是"武松"，这样听话人就接受得顺理成章，可如果把"武二郎"

放到前面，就会引起听话人理解上的卡顿。

二是居前的专有名词通常属于显著度比较高的。艺人的艺名或昵称常常是放在前面的，就是因为叫得响、显著度高，真名就像是注释，一般放在后面。比较下面两个例句：

(32) a. 网友们力挺**大衣哥朱之文**。
　　 b. ?? 网友们力挺**朱之文大衣哥**。

"大衣哥"这个称号更为广大网友所熟悉，显著度比他的真名更高。因此如果 b 句将真姓名放在前面，就不太容易接受。

三是当人的姓名和职称职位作为同位关系放在一起时，尊称如"老师、先生、博士"等，常常放在后项，以示尊重：

(33) a. **吴汉雄吴老师**冷冷的目光像针一样从细密的网眼中透出。
　　 b. ?? **吴老师吴汉雄**冷冷的目光像针一样从细密的网眼中透出。

这三个倾向综合起来，以显著度高的居前这种倾向为首。

10. 专有名词＋普通名词

如果前项专有名词指人，那么后项的普通名词一般为关系名词；如果前项不指人，则前项一般有"等"出现，是具体名的列举，后项是词义比前项更上位的通指名词。如：

(34) 今天来参加聚会的人我只认识**李华王明两口子**和**老王小李师徒**。
(35) **胡锦涛、习近平等领导同志**会见了十八大代表。
(36) **烟台威海等沿海城市**被评为最适宜居住的城市。

11. 专有名词＋人称代词

这类组合很常见，尤其是在对话语体中。我们在前面第三章第二节已经提到这一类，当人称代词为"我""你"时，常常表达说话人的主观情感，这是说话人从听话人的视角出发，先拉近距离，引起共鸣，然后让其关注说话人及其评价。人称代词若是第三人称，则是说话人从言语现场拉远主角以便听话人完整看清楚谈论对象的行为，从而传达说话人的评价。如例：

（37）如果不是因为那混蛋，**马明你**何至于走到今天这种惨痛地步！

（38）这事对**李华我**的影响实在是太大了。

（39）**金枝她**，学医也罢，学戏也罢，结识了现代派的经理徐伯贤也罢，让倒爷王喜骑摩托车带她兜风也罢，无论如何她还是金府大宅院里蹦出来的"文化妞儿"，那大家闺秀的气质再过九十九年也难以彻底改变，正像倒爷脱俗需要三代人一样。

根据第三章第二节分析，尽管"专有名词/称谓词/普通名词"和人称代词形成的组合不能成为有独立意义的词组，但由于是非常常见的组合模式，因此我们也将其归入考察。

12. 专有名词＋照应词

专有名词既可以指人名又可以是物名，三类照应词都可以出现在后项，只不过需要在"数"上达成一致，相互代词和"双方"需要居前的专有名词为两个名称的并列结构。如例：

（40）**小鲁自己**，其实并不想把范围扩大到父亲那个圈子。

（41）拥有渠道资源的经销商们从团购渠道切入，逐步做大从而进军张裕原本的传统渠道。这使得团购酒商们掌握了消费者，而不是**张裕本身**。

（42）**小李和小红双方**都愿意继续交往下去。

13. 专有名词＋地点直示

这一类组合序列，整个同位同指组合都表示处所位置。前项可以是地名，也可以是人名。我们在第四章的第四节中具体分析过使用规律，前项即使是人名，也只是表这个人所标志的位置。如：

（43）直到后来，郑王府的老家人还有住在**北京这儿**的，一直跟着惹善、侍候惹善的，都在这儿。

（44）领导在台上这么一说，大家都偷偷朝**李国明那儿**看。

14. 专有名词＋指量名

这种组合序列很常见，是被人视为典型的同位关系的组合，如：

(45) **明明这个孩子**真是懂事，从不让大人操心。

(46) 我就喜欢**大连这个地方**。

(47) 那时候，他甚至不知道**"尚小云"这个名字**。

还有一类双项同位我们称为"元语同位"。所谓元语（metalanguage）是指"用来指称或描述语言的语言"（Lyons，1977：10）。因其唯一性，我们认为它有专有名词的性质，因此下面的双项同位我们归到这一类中：

(48) 我第一个会写的汉字是**"人"这个字**。

(49) 你懂不懂**"岂有此理"这个话**？（摘自 Chao，1968，吕叔湘节译，1979：141）

(50) 金枝觉得**"相好"这词**特好玩，咯咯笑起来。

(51) 他觉得**"活到老，学到老"这话**真是一点也不错。

这些例子中带引号的部分多为引述的元语，"指量名"的指示词多用近指的"这"。

15. 专有名词＋数量名

这种序列组合，前项和后项要保持"数"的一致，因此前项的专有名词通常是几个姓名的并列：

(52) **小红和小明两个人**高高兴兴地搭伴去了。

(53) **北京上海两个大城市**都不适合人居住。

16. 专有名词＋一量名

专有名词可以指人，也可以指物，指处所，"一量名"通常是对它的某个性质的补充说明。这种同位同指组合常常用来表达说话人对某人或物的"一量名"性质的心理预期。

(54) 这对**牛大妈一个老党员**来说，不是什么难事，三下五除二就干完了。

　　（55）**柳台村一个巴掌大的地方**去年一年就出了五个大学生。

　　（56）你可别小看**小红一个小娃娃**，能量可大呢！

　　专有名词所指的人、物或处所，有的具备"一量名"应有的情况，达到说话人的心理预期，如上面第（54）句：说话人认为，一个老党员不会觉得难，很快就能做完，而"牛大妈"与这种预期值吻合。这种同位同指组合更常见的情况是用来表达预期值的偏离，无论它出现在话题位置上还是宾语位置上，句子的其他部分表达的是跟"一量名"这个性质形成鲜明对比的情况，因此出乎说话人的预料。如上文第（55）句和（56）句，说话人觉得"一个巴掌大的地方"出不了人才，但"柳台村"不同，人才出得多；说话人觉得"一个小娃娃"没啥了不起，但"小红"相反，能量大。这样的句子，说话人心理预期的内容通常不说出来，只说出偏离预期的内容。

三　人称代词居首的组合序列类型

17. 人称代词＋人称代词

　　形成同位同指组合的两个人称代词，一般不是同一类型，比如前项是三身代词，后项往往就是泛指代词（后项的泛指代词不能是"人家"）；而前项如果是泛指代词"人家"，后项就是三身代词（后项若为三身代词，前项泛指代词只能是"人家"）。如下例：

　　（57）警察问他为什么又砸车又抢车，**人家他**回答说是要去英雄救美！

　　（58）在**他们别人**眼里，你就是个不务正业的小混混。

　　（59）**我们大家**要齐心协力共同把这个任务完成好。

　　同类型的人称代词也可以组合，一般是两个泛指代词，比如"人家"和"别人、大家"等，两个三身代词不能组合在一起。两个泛指代词组合时，先后次序不能颠倒："人家"在前，其他代词在后。如例：

　　（60）**人家别人**才不管你这些破事呢！

18. 人称代词＋照应词

这种组合序列也非常常见，因为照应词必须依赖先行语，出现在后项，而人称代词是很常见的先行语，做前项。人称代词可以是三身代词也可以是泛指代词：

(61) **我个人**吧，其实并不太想掺和这些事。

(62) 听他这么说，**大家彼此**其实都心照不宣。

(63) 不想再说什么了，再说就过头了，提起这个事情对**他们双方**都是伤害。

19. 人称代词＋普通名词

这类组合中，前项人称代词有：你、我、他、你们、我们、他们、咱、咱们、人家，别的人称代词一般不出现在前项。后项的普通名词通常是性质和身份信息的补充和说明。如例：

(64) **你们城里人**为什么瞧不起我们乡下人?!

(65) 仗总得要打嘛，不然**人家美国人**为啥那么大方地给你运装备来？

20. 人称代词＋专有名词

这种组合序列也很常见，尤其是当人称代词是单数三身代词时，常常表达说话者的强烈主观情感。次序相反的"人称代词＋专有名词"和"专有名词＋人称代词"组合，在文献中常常被相比较讨论，其话语功能很多文献都曾专门论述过（如崔希亮，2000；张旺熹，2010；陈艳艳，2015；等）。"单数人称代词＋专名"中，说话人在"你""我""他"之后用这个专名的目的，常常并不在于指称，而是通过提供姓名信息来提示和激活有这个名字的人所具备的某些特征，说话人通过这样的同位同指组合和其他陈述结合来表达对这些特征的确认和评价，因此主观性很强。如例：

(66) 加班工资夜餐费照报，这香烟嘛——没关系，**我马而立**三五包香烟还是请得起的。

(67) **你李白玲**还能没办法？

（68）**他金一趟**这一辈子，行得端，站得正，忠厚传家，慈善为本，又何必老是想不开，苦了自己？

除了三身代词外，前项人称代词还可以是"人家"。后项专有名词可以指人、物或处所，如例：

（69）虽说时代在变，道德还是古代那道德，再说**李缅宁你**也应该对人家小韩负责。

人称代词也可以是复数，后项专名可以是机构名、地名、团体名等，如例：

（70）他说："**我们烟台一中**培养出来的学生，不仅要有高的学业分数，更要有高的文化素养，高的视野境界。"

21. 人称代词＋地点直示

这类组合序列的后项不能指时间，因为人称代词不能指时间，但可以指人物所在的位置或处所，根据上一章第四节分析的规律，要求人称代词的所指比较明确具体，"你""我""他""你们""我们""他们""咱""咱们"等三身代词都符合这个条件，而泛指代词则不太容易出现，但"人家"可以指具体的人，因此"人家"可以出现在前项。这个组合类型中的人称代词都不指人，而是指位置。如例：

（71）老师不点名批评没完成作业的同学时，大家都朝**他那儿**挤眉弄眼。

（72）说你呢，你看**人家那儿**做什么？！

（73）他大步流星地向**我们这里**走来。

22. 人称代词＋一量名

与"一量名"数的特征相配，前项人称代词一般是单数人称代词"你""我""他""咱"，泛指人称代词"人家"也可以出现。如例：

　　（74）也许，这对**他一个农民工**来说是个深奥的问题。

　　（75）**我一个堂堂本科大学生**，工资居然只有售货员的三分之一。

　　（76）他们特坏，**人家一个女顾客**就是想跟他们探讨一下人生，也没什么不对，他们就把人家骗到游乐场，故意用碰碰车撞人家，把人家撞岔了气儿。

口语中"一"可以省去不说，此时量词只能用"个"。人称代词多为第二、三人称单数，常用于对话语体，说话人用于评判：

　　（77）正翻着，这老头儿推着筐过来了，指着我说："**你个大小伙子**，怎么抢我的买卖？"

23. 人称代词＋数量名

这一类组合序列中，人称代词一般是指复数人称代词"你们""我们""他们""咱""咱们"，以及泛指人称代词"人家"，这也符合"数"的一致要求。如：

　　（78）**他们几个人**合伙开了一家装修公司，几年就发起来了。

　　（79）我估摸好了，老三、老六、老七，**你们三个**合伙包这一桩最合适！

表数量的"一量名"也可以出现在后项，人称代词为单数：

　　（80）我想帮他，他却笑笑说这是**他一个人**的事。

24. 人称代词＋指量名

这一类组合序列也是常见的同位同指组合形式，前项人称代词可以是三身人称代词和泛指代词"人家"。两项在"数"上要一致。前项为复数，后项的量词就是"些"或种属量词。这种组合形式多用在主语或话题位置上，如例：

　　（81）**你们这些铁姑娘**啊，没点温柔劲儿，成天跟装满火药的炮筒子似的，随时准备轰谁一下。

（82）**我这人**直肠子，有什么说什么，不会说好听的。

在口语对话语体中，当说话人对受话人表达一些主观评判，如詈骂、嗔溺等语气时，指示词往往可以省去不说，此时量词只能用"个"，人称代词则多为第二、三人称单数，尤以第二人称单数最常见。"指量名"中的"名"可以是表詈骂的普通名词，也可以是专有名词。

（83）**你个兔崽子**！

（84）大家说，你呀你呀，**你个赵镢头**呀，你不憨不傻，为啥跟自己过不去？

（85）一定是**他个浑小子**，被人钻了圈套。

（86）**你个小兔崽子**敢骂我，看我不揍死你个小王八蛋！

四　照应词居首的组合序列类型

照应词的指称由于总是依赖先行语，因此居前项的情况非常少，即使能够组合，每类句例也非常少。居前的照应词一般只能是"自己"，照应词和照应词之间的组合也可以是"彼此""双方"。

25. 照应词＋照应词

同是反身人称代词的"自己"可以和"本身"组合，"自己"在前。"彼此"和"双方"不能独立出现，但如果附近上下文中有先行词，或者有明显提示线索也可以，两者都可前可后。"自己"有不依赖先行语的用法（logophor）。如例：

（87）一切改变都应该从**自己本身**做起。

（88）罗家英直到60岁才与汪明荃喜结连理，而最为感人的是**双方彼此**都患癌，却都不离不弃，最后两人情感动天而痊愈。

（89）这些事也不只是她一个人的不对，**彼此双方**都有错，所以你也得反醒一下。

（90）你觉得周围的学习环境重要还是**个人自身**重要？

26. 照应词＋地点直示

"自己"不指人,指处所。"自己"的先行语在前文已经出现。地点直示限于"这里""这边""这儿",用例极其有限。如例:

(91) 他搞不明白,为什么村长说要严惩小偷的时候,大家都看**自己这儿**。

27. 照应词＋指量名

一般前面会有先行语出现,比如下句中句首的"他"就是先行语。这类序列类型只找到"自己"和"这个人"的组合,只此一种。如例:

(92) 他心里清楚得很,**自己这个人**决不会轻易做出什么不理智的事情的。

28. 照应词＋数量名

照应词一般只能是"自己",由于"数"的一致,数量成分也一般是"一个",用例只此一种,如例:

(93) 等我跑完早操回来时,发现屋里就剩**自己一个人**了。

29. 照应词＋一量名

"一量名"表示"自己"的身份性质,"名"通常前面有修饰语用于归类。"自己"先行语在前文已经出现。用例极少,如例:

(94) 我很自卑,我感觉**自己一个农村人**跟城市人有很大的差别。

(95) 他担心瑞云见识过那么多的达官贵人,不会把**自己一个穷书生**放在心上。

30. 照应词＋普通名词

这个组合序列类型我们在第三章的临时组合类型中提到过,普通名词是表示通指的,给照应词"自己"归类,说明性质。用例非常有限。如例:

（96）你啊，**自己说话人**都没讲清楚，怎么能责怪别人不懂呢！

（97）仔细想了想这事，王大翔突然有点脸红，因为**自己当书记的**都还没完成哪，凭什么批评别人不交啊。

五　"数量名"居首的组合序列类型

31. 数量名＋普通名词

这一类组合序列和下边第 32 类组合序列构成模式相同，都是后项名词性成分是前项数量名的具体例举，因此是多项名词的并列结构。如：

（98）Hubby 博士在 1978 年领导 40 多位行为科学博士们研究开发 PDP，将人的特质分为五类，分别用**五种动物老虎、孔雀、考拉、猫头鹰、变色龙**来表示。

32. 数量名＋专有名词

"数量名"通常都是居于后位的，列举成分一般都在前项，因此像第 31、32 类这样的不多。如：

（99）这款软件有自动给出加数的功能，比如你根据提示输入**两个数字 31 和 16**，按回车键，屏幕上就自动弹出得数 496。

（100）昨晚**两个小学生红红和明明**救了一车的乘客。

（101）**三大上榜品牌索尼、东芝和松下**各有各的旗舰产品。

33. 数量名＋照应词

这一组合序列，各类照应词都能出现，数量名可以指人也可以指事，可以是定指的，也可以是特指的，跟照应词组合的"数量名"一般不是不定指成分。

（102）小王两口子做任何事总是**两个人双方**商量着来。

（103）**几个孩子自身**都有因成长环境不同所决定的不同脾性，所以一开始相处起来摩擦很大。

（104）虽然**两件事本身**没有直接关系，但性质是一样的。

34. 数量名＋时地直示

这种组合序列中的前项"数量名"都不指人，所指都是特指（specific），指说话人知道的某个时间和某个处所，后项的直示词对时间和地点给予明确指示：

（105）**12 点钟那会儿**我正吃饭呢。

（106）讨论了半天都没有结果，我们只好求助地看向**几个领导那儿**。

（107）我问他老王家怎么走，他往前方**两棵枣树那儿**指了指。

六　"一量名"居首的组合序列类型

35. 一量名＋普通名词

这类组合序列前项的"一量名"通常表种属，而后项普通名词补充说明具体的类名，一般是光杆类指名词。这种组合序列类型是受限制的，为数不多。一般只能做宾语，如：

（108）和坤的姓氏"钮祜禄氏"，满语原来的意思是**一种凶猛的动物"狼"**。

36. 一量名＋专有名词

这类组合序列和上面的第 35 类一样，前项的"一量名"的"名"一般含有复杂的修饰语，不会是简单的光杆名词，后项的专名为前项的"一量名"提供名字信息。如：

（109）给你送信的是**一个十来岁的女孩乐乐**。

（110）热水壶我买了**一个不太出名的品牌"半球"**。

37. 一量名＋时地指代词

这类组合序列一般是表示处所。前项"一量名"是特指。如：

（111）这次我们剧组是到**一个小学校那里**拍外景。

38. 一量名＋照应词

这个组合序列的"一量名"可以指人也可以指物，后项的照应词一般要重读，这个组合强调的是"一量名"所指人事物的反身性质：

（112）**一个单身女人自个儿**是绝不可能惹这种麻烦事的。

（113）**一种产品本身**，会包含许多元素，比如特性、成分、用法等。

七　"指量名"居首的组合序列类型

39. 指量名＋照应词

"指量名"可以指人也可以指事物。如：

（114）金枝知道的，也还仅仅是**这件事本身**。

（115）他在奖励人的时候考虑得很周到，周到得连**那个人自己**都想不到。

40. 指量名＋时地直示词

这类组合一般是表示地点，前项的"指量名"可以指处所也可以指人所在的地方。如：

（116）舒池啊，你漂在**这个城市这里**多久了？

（117）他总是以由衷的、灿烂的笑脸面对客人，即便客人并不是特别想买东西，他也会笑着走向**那个人那儿**，打个招呼问问人家的需求。

八　"时地直示词"居首的组合序列类型

41. 时地直示词＋一量名

这种组合序列类型例句很少，"一量名"用来说明前项代词所指时间地点的特点和性质，因此有复杂的修饰语：

（118）**这里一个弹丸之地**，方圆不过十几平方公里的地方，由于聚集世界 400 多家金融机构，雇用数十万人，居然创造了英国 GDP 的 3％！

（119）你用**这会儿一个该努力工作的时间**打游戏，多可惜！

42. 时地直示词＋照应词

这类组合序列照应词一般只有"本身"。如：

（120）**那里本身**就是一片荒地。

第二节　双项同位同指组合搭配规律

上节列出的 42 种类型的双项同位同指组合序列可以用表 5-1 来简要地展示：

表 5-1　　　　　　　　　双项同位同指组合搭配列表

前项 \ 后项		A 普名	B 专名	C 时地直示	D 人称代词	E 照应词	F 指量名	G 数量名	H 一量名
1	普通名词	＋	＋	＋	＋	＋	＋	＋	＋
2	专有名词	＋	＋	＋	＋	＋	＋	＋	＋
3	人称代词	＋	＋	＋	＋	＋	＋	＋	＋
4	照应词	（＋）	－	（＋）	－	＋	（＋）	（＋）	（＋）
5	数量名	＋	＋	＋	＋	＋	－	－	－
6	一量名	（＋）	＋	（＋）	－	＋	－	－	－
7	指量名	－	－	＋	－	＋	－	－	－
8	时地直示	－	－	－	－	（＋）	－	－	（＋）

表 5-1 左边一列的文字代表双项同位同指组合中前项的类别，我们在其左边一列用数字标识，横向的首行代表后项的类别，我们用英文字母标识。根据上一节列出的 42 种组合序列类型，如果前后两项可以搭配组成同位关系，则横竖两个方向交叉点的那一格则标为"＋"号；如果不能搭配，交叉点的那一格则标为"－"号。必须注意的是，只要某一类其中有可以搭配的成员，我们都标为"＋"号，但这并不是说，整个这一类的每个成员都能这样搭配，因为每一类的成员还有不同的小类别。换句话说，"＋"号代表例（token）的情况，不代表型（type）或类的情况。加括号的项表示这种

组合序列类型数例很少，几乎可以忽略。

从表5—1，我们可以分析一下不同类别名词性成分在双项同位同指组合中搭配上的特点。

一　不同名词性成分充任同位同指组合前项的能力级差（hierarchy）

我们首先从句法位置上居前的同位项的角度，看它们的活动能力。

表5—1的第1、2、3行，往右整行都是"＋"号。这说明，当前项是普通名词、专有名词和人称代词三类名词性成分的时候，后项可以是八类名词性成分（包含它自身）中的任何一类，它们任意两个相搭配就能构成合格的同位同指组合。也就是说，这三类名词性成分可以自如地出现在双项同位同指组合的前项，不受任何其他成分的限制。

第4行是前项为照应词的情况。表5—1显示，照应词一行有六个"＋"号，但是有五个带括号的，表示能充任前项的用例非常少，可以忽略。当照应词做同位前项时，只有专有名词和人称代词绝对不能做后项（如＊自己我、＊自己马明）。这很好理解，因为人称代词和专有名词通常指明确的个体，是最常见的做照应词先行语的成分，这两类跟照应词搭配一般要放在前面才能说。而普通光杆名词，由于常用于指一类事物，因此可以对前项起归类说明的作用，正如上文第30类（96）句中"自己说话人"显示的那样，"说话人"是对"自己"的身份说明。在这种情况下，普通名词可以出现在照应词的后项。但是有些指个体、用如专有名词的普通名词，和照应词组合的时候，不起身份说明的作用，则必须得出现在前面，比如"做这个决定的是**母亲自己**""**老师本身**并不想为难学生"等。同样地，"指量名""数量名""一量名"和"时地直示词"都可以用来作为对"自己"的补释说明，所以可以出现在"自己"的后项。由于能做前项的照应词大多只能是"自己"，因此后项跟它搭配的时候就会受限。从这一行看，照应词做同位前项的组合序列类型虽多，但综合能力很低。

表5—1第5、6、7三行，我们发现居于前项的"数量名""一量名"和"指量名"三类名词性成分，排斥任何一类有量词出现的名词性成分在它后面，也就是说双项同位同指组合不允许前后两项都有量词。在这三类中，"数量名"和"一量名"居前项的能力比"指量名"强，因为前两者都可以有普通名词和专有名词做它的同指后项，但"指量名"不能。它们三类居前项的能力大致是：数量名＞一量名＞指量名。韩蕾（2007：124）考察语料

库后认为，"数量名"是唯后位名词，除了"一个人自己"这样偶见的组合外，不能居于前位。这和我们观察到的语言事实有差异。这种差异显示了由语料库检索语料总结规律的局限性。

表5—1第8行显示，"时地直示词"是充当双项同位同指组合前项能力最弱的一类名词性成分。除了照应词"本身"可以出现在它的后面、同指的"一量名"零星个例可以出现在它的后邻位置之外，其他名词性成分与它共现表同位关系时，都出现在它前面。

第7、8行显示，凡包含有指示意义的名词性成分（包括"指量名"中的指示词和"这儿/那儿"等指示代词），在同位同指组合中一般都倾向于出现在后项。

从上面几个搭配特点我们可以得到不同名词性成分在同位同指组合中充任前项能力的级差序列，分作五等：

(1) 普名/专名/人称代词＞数量名/一量名＞照应词＞指量名＞时地直示成分
　　　　1　　　　　　　　　2　　　　　3　　　　4　　　　5

普通名词、专有名词和人称代词最强，时地直示成分最弱。

二　不同名词性成分充任同位同指组合后项的能力级差

下面我们再从句法位置上居后的同位成分项的角度，看不同类名词性成分的活动能力。后项要看竖列。

首先，表5—1显示，E那一列的照应词可以和所有类的（包括自身在内）名词性成分组合，做它们的后项，对照上一节中观察的组合类型的具体情况，发现照应词的各个小类（反身代词、相互代词和"双方"）都可以在后项自由地做相邻先行语的同指成分，除了前项是时地直示词时搭配极为受限以外。而根据上一节中照应词（主要是"自己"）在前项成分级差序列的位置居中的情况，我们可以看出，照应词中的"自己"在同位关系中其实是一种位置相对灵活的名词性成分，可前可后，但"本身""自身"等照应词在同位关系中只能在后项的位置出现。

和照应词在同一层级上、居后能力最强的还有C列的"时地直示词"。除了自身词类搭配的特点造成两个时地直示词不能连续共现外，这类名词性成分可以充当任意七类名词性成分的同位同指后项。根据上一节中观察的具

以便进行评判或者提示整句话的评判性，具有属性意义，跟（2）和

体例句和类型，"时地直示词"不同于照应词，是同位关系中几乎不能出现在前项、只能出现在后项的名词性成分。

纵向比较得到的第二个级别的名词性成分是 H 列的"一量名"和 A 列的"普通名词"。这两类成分居后项的能力仅次于照应词和时地直示词，能在六类名词性成分后面构成同位同指组合。这两类名词性成分其实有共性：光杆普通名词和一量名是用来表通指（generic）的主要形式，如：

（2）**朋友**就应该互相帮助。
（3）**一个学生**不好好学习能有什么前途！

如果出现在同位关系的后项，常常表达对前项名词所指的人进行身份归类，以便进行评判或者提示整句话的评判性，具有属性意义，跟（2）和（3）光杆名词单独出现不一样：

（4）**我们朋友**就应该互相帮助。
（5）**他一个学生**不好好学习能有什么前途！
（6）老师这种做法这不摆明了不喜欢**我们女生**吗？

继续观察，B 列的"专有名词"、F 列的"指量名"和 G 列的"数量名"是一个层级，大约都能在四类名词性成分后面构成双项同位关系。这其中"专有名词"居后项的能力要稍强于"指量名"和"数量名"；有五类名词性成分都可以充任它的同位前项，包括"数量名"和"一量名"。比较（1）所列的级差序列，"普通名词"和"专有名词"做前项的能力居首，做后项的能力居中，属于位置较灵活的名词性成分。

做后项能力最差的是 D 列的人称代词。除了自身内部的相互搭配外，只能做普通名词和专有名词的同位后项。人称代词内部各成员也不一致，其中泛指代词"人家"就根本不能做任何名词性成分的同位后项。对照表 5—1 和（1），人称代词居首的能力是在各类名词性成分中是最强的。这正好和它做后项的能力是最弱的情况相匹配。

从上面几个搭配特点我们又得出八类名词性成分在同位同指组合中充任后项的能力级差序列，也分作五等：

(7) 时地直示词/照应词＞普名/专名＞一量名＞数量名/指量名＞人称代词
　　　　1　　　　　　　　2　　　　　3　　　　4　　　　　5

照应词和时地直示词最强，人称代词最弱。

我们将（1）和（7）前项和后项两个级差序列对照，将每一类名词性成分充任前项和后项的能力对比列表如下：

表5-2　　　　双项同位同指组合名词性成分任前项和后项能力对比表

	普名	专名	人称代词	照应词	时地指代	指量名	数量名	一量名
前项	1	1	1	3	5	4	2	2
后项	2	2	5	1	1	4	4	3

表5-2的数字代表各类名词性成分在级差序列中的等级。从表5-2的各种比较，我们可以得出双项同位同指组合搭配上的如下几条规律：

1. 时地直示词和人称代词，这两类成分充任前项和后项的能力正好相反：人称代词充任前项能力最强，充任后项能力最弱；时地直示词充任前项能力最弱，充任后项能力最强。这两类成分居前和居后的倾向性最明显。

2. 普通名词、专有名词和照应词这三类成分做前项和做后项的能力都比较强，说明它们在同位同组组合中的位置相对比较灵活。可前可后，宽容度高。

我们注意到，包含量词的三类成分"指量名""数量名"和"一量名"，和本章上一节中的实际情况并不太符合。这三类成分在表5-2中显示，做前项的能力和做后项的能力都差不多，"指量名"和"数量名"都较低，"一量名"居中。但对比本章上一节中的具体类型和实例，我们可以看出，"指量名"居后项的能力很强，用例很多也很自由，但居前项的能力很弱，只允许照应词和时地直示词自由出现在其后，勉强可以让某些"一量名"在其后与之组合，合格例句极少。这可能是因为本身包含量词的两类名词性成分不能相互组合，即"数量名""一量名"和"指量名"之间不能两两组合，也就是说同位同指组合中只允许出现一个量词。这是它们词汇搭配本身的需求，这种需求也影响了它们在表格统计中的表现力，因此统计能力时还要参考它们的数量数据。

第三节　双项同位同指组合的句法能力和句法类别

在得出上面的同位同指组合的类型和搭配规律之后，我们本节主要讨论双项同位同指组合在句子中的位置、句法表现和句法类别。

一　双项同位同指组合的句法分布倾向

汉语中的名词性成分，在句子中最常见的句法位置是主语（包括话题）、宾语（包括介词宾语）、定语和兼语。同位同指组合作为一种名词性组合，这几种名词性成分占据的位置，它都能出现。如例：

（1）**大衣哥朱之文**拒绝了一家电动车厂的 30 万的代言广告。（主语/话题）

（2）**他这人**吧，连他家人都嫌他太窝囊了。（话题）

（3）我**中午这会儿**来不会打扰你休息吧？（次主语/次话题）

（4）你哭什么啊，明明挨骂的是**你姐我**。（宾语）

（5）以后我到**北京那里**出差一定会给你打电话的。（介词宾语）

（6）你看**他们男生**的宿舍总是乱七八糟。（定语）

（7）我派**五班长李健**给你当助手吧。（兼语）

但是不同类型的同位同指组合在上述几种句法位置上的句法能力和倾向都不相同。下面我们举出几种句法倾向。

（一）有的同位同指组合在句子中倾向做主语或话题

在上面所说的主语（话题）、宾语、定语等几个名词性成分常充任的句法成分中，话题和主语是同位同指组合最常充任的句法成分。有几类同位同指组合，做主语和话题的倾向特别明显，主要有如下这么几类：

1. NP$_2$ 是"指量名"，如下例：

（8）**小王这个人**脾气太大了。

2. NP₂是"一量名",如下例:

（9）**你一个学生**,哪来这么多钱?

3. NP₂是表通指的普通光杆名词,如下例:

（10）**我们朋友**就该互相帮助。

4. NP₂是单数第三人称代词,如下两例:

（11）金秀叹口气,"唉……这事儿不早就跟你说过了嘛,**爸爸他**没发脾气,默认了你和大立的这门子亲事,已经很不容易了!甭再勉强他参加婚礼了吧。我看,就由全义哥来当主婚人也行。"

（12）**老严他**算什么东西,不过是街头一个小混混。

5. NP₁是普通名词,NP₂是人称代词,这一类一般只能做主语。如例:

（13）**天空它**明白彩虹的由来;**地球它**明白自己的节拍（歌曲《存在》歌词）

上面五类同位同指组合有个共同的特点,就是都是说话者表达主观情感和评价所常用的方式,主观性都较强。

1. "指量名"、"一量名"和通指光杆名词的话题提示作用

第1、2、3类中话题部分的"指量名"、"一量名"和表通指的普通光杆名词（NP₂）其实都有提示话题的作用。

第一,NP₂是"指量名"。

我们先看NP₂是"指量名"的情况。如上面第（8）句中黑体字的同位同指组合"小王这个人",NP₂就是"指量名"。说话人完全可以不用同位同指组合直接说"小王脾气太大了"。说话人想对某个人或事进行评判时,在指明这个人或事之后（即第（8）句的"小王"),下面就要说自己的看法和观点了,而"指量名"（即这句话中的"这个人"）正是说话人给听话人的一种提示:我要把这个话题拉进言谈现场。这有点儿类似话题标记的作用,而

且事实上，指量名 NP_2 之后往往会有停顿或者加停顿词，如"他这个人啊，脾气太大了"。不过，"指量名"意义实在，虽有提示话题的作用但不是标记。我们再看几个第一节列举过的例子，都是"话题－评判"的情况：

（14）**你们这些铁姑娘**啊，没点温柔劲儿，成天跟装满火药的炮筒子似的，随时准备轰谁一下。

（15）**我这人**直肠子，有什么说什么，不会说好听的。

（16）**明明这个孩子**真是懂事，从不让大人操心。

第二，NP_2 是"一量名"。

再看 NP_2 是"一量名"的情况。第（9）句的"你一个学生"中的"一量名"也起类似的话题提示作用。我们在本章第一节描述第 16 类"专有名词＋一量名"中说，这种同位同指组合常常用来表达说话人对某人或物作为具有某个身份的人的心理预期。NP_2"一量名"作为一种表达通指的名词性短语，通常用来说明 NP_1 的身份。说话人的心理预期只有两种可能：相符或者不相符。说话人说完这个同位同指组合后下文就会对 NP_1 的所指和自己对"一量名"的心理预期加以比较，进而作出评判。比较的结果如果与预期不相符，下文就常用反问句式反诘语气表达惊讶或感慨——这是 NP_2 为"一量名"的同位同指组合最常用的句式，比如第（9）句，就是说话人由于心理预期"一个学生"不该有那么多钱，而对方听话人"你"与其预期相反，因此说话人发出惊讶的反问"哪来那么多钱"。在这样的句式中，与预期相反的内容通常隐而不说。我们用下面的 A、B、C 三段表达，B 通常不说，因为 C 暗含 B 的意思：

（17）NP_1 作为一个 NP_2，本来应该X，竟然非X／怎么会非X
　　　　A　　　　　　　　B　　　　　　C

下面这个句子也属于这样的情况：

（18）**柳台村一个巴掌大的地方**去年一年就出了五个大学生！
　　　　A　　　　　　　　　　　C

　　如果比较的结果与说话人的心理预期相符，下文就常常会陈述 NP$_1$ 与之相符的证据；或者说话人不是想比较，而只是根据自己对 NP$_2$ "一量名"身份的预期，对 NP$_1$ 提出要求或建议。从第（17）句的表达式角度看，就是只有 A、B 没有 C。下面的两个句子分别表现这两种情况：

　　　　（19）**牛大妈一个老党员**，不觉得这是什么难事，三下五除二就干完了。
　　　　　　　　　A　　　　　　　　B
　　（20）**你一个学生** 就该认认真真好好学习。
　　　　　　A　　　　　　　B

　　这些都显示了"一量名"的话题提示性。有时候这种同位同指组合还会加话题标记"对……来说"，如下例：

　　　　（21）对**小明一个 9 岁的娃娃**来说，能理解到这一步已经不容易了。

　　即便是这种同位同指组合做宾语，下文通常也还会有进一步的评判性陈述，不然听话人会有种话未说尽的感觉：

　　　　（22）你可别小看**小红一个小娃娃**，什么都会，本事大着呢！

　　当说话人只说前半句"你可别小看小红一个小娃娃"时，听话人心里期待的是进一步的评述，陈述"别小看"的理由。
　　"一量名"的话题提示作用是，说话人把话题所指拉入自己对某种属性或身份的评判中。
　　第三，能单独成句的同指组合。
　　"指量名"和"一量名"充任 NP$_2$ 构成的同指组合，还有一个最大的特点就是能独立成感叹句。由于这样的句子只有这么一个独立成分，没有搭配其他句法成分，所以不能称为严格意义上的"同位"。很多情况下 NP$_2$ 只是"量名"结构，量词一般为"个"，指示词或"一"不出现。如下面几例：

　　　　（23）**你这个傻小子**！/**老马这个骗子**！/**大哥这个人**！

（24）你个叛徒！／他个王八蛋！

（25）哼！他一个小混混！

独词句的同指组合多用于詈语，常表达愤怒、无奈等情绪，有时也可以用作对对方的亲昵，因此 NP₁ 多半不能用于说话人自指的第一人称，除非是自谑，如：

（26）你这个小调皮！

（27）我个大笨蛋！

NP₁ 除了人称代词还可以是专有名词或者用如专有名词的普通名词，如（23）句。如果 NP₂ 是"指量名"，指示词多用"这"，因为这样的独词句表达说话者强烈的主观评判，对话题人物出现在对话现场的要求高，因此多用近指。而最后一项名词性成分，除了上面列的这样的普通名词及短语外，还可以是人名或绰号：

（28）你个王大胆！／你个赵镢头呀！

（29）陆武桥捂着肩大叫："你个婊子养的刘板眼！"

这种同指组合还可以出现在"好"之后，构成"好你个 X"句式，凝固度较高。如下例：

（30）好你个杨妈！／好你个反革命！

这个句式可能是"好啊，你个 X"长期连用的整合。

独词句的同指组合，其实是说话人把一个话题－陈述完整的句子，隐去评述部分不说，只留下话题部分形成的。这就要求充任话题的这个同位同指组合中"指量名"或"一量名"的"名"饱含评判信息，因此，上面（23）—（27）中的"名"多为贬义词。

第四，通指普通名词。

"一量名"的这种提示话题的作用也适用于解释表通指的普通光杆名词。因为当"人称代词＋普通名词"出现在话题位置时，通指的 NP₂ 和"一量名"都是对 NP₁ 身份的说明，整个句子表达说话人的预期。如上面第（10）句"我们朋友"就暗含了说话人对"朋友"这种身份的心理预期。这句是第（17）中只说 A，B 的形式，即与心理预期相符。

不过，通指普通光杆名词做 NP₂ 的同位同指组合，比"一量名"做 NP₂ 的组合句法分布更广，并不是一定都要出现在动词前的话题或主语位置上，它做主语或话题的倾向性没有前两类那么明显。如：

（31）你不要老欺负**我们女生**。

2. 非重读的"他"和"它"做 NP₂

第 4、5 两类是非重读的"他"和"它"做 NP₂，如第（11）句"**爸爸他**没发脾气"、第（12）句"**老严他**算什么东西"、第（13）句"**天空它**明白彩虹的由来"。当 NP₂ 是非重读的"他"和"它"时，整个同位同指组合通常只能出现在话题或主语位置。偶尔也能出现在介词宾语位置上，后面也必须得有继续评述说明的内容：

（32）之前我们这儿一个老师他老婆，我对**这个人她**印象比较深刻，她人非常好，就是那种很好打交道的人。

（33）如果你的妹妹把**这个人他**平时的表现都告诉了你，那么你对这个人是没有多少好感的。

居后的这种"他"和"它"，意义比单用时虚，因此具有提示话题的作用：指人的"他"主要用来表现说话人将 NP₁ 的镜头从对话现场拉远，以便于听话人更完整地观察 NP₁ 的行为，从而达到体现主观性的效果。"它"则是说话人将主观情感移情给无生命的 NP₁ 普通名词所指对象。下面主要说说"它"用在同位关系中的条件。

三身代词是构成同位同指组合非常常见的组成项，但指事物的"它（它们）"很少用在同位关系的后项。比较下面两组四个例句：

（34）a. 广州前市委书记回应自杀传闻：**我张广宁**还在。

　　　b. ?? **它老虎**再凶猛，也不敢群狼啊。

（35）a. **老张他**根本就不愿理你。

b. ??　**隐形眼镜它**对角膜的伤害很大，不要老戴。

这两组句子中，代词指人的 a 句用"你""我""他"构成同位关系就很自然，而代词指物的 b 句用"它"构成同位关系就很别扭，（34b）如果不是在童话故事中，一般不能这么用，而（35b）中的"它"像是冗余成分，不提供有用的信息，因此去掉它，句子更通顺。

指物的代词"它"为何不易于构成同位关系呢？人和其他事物的重要差别是人有主观性思想情感，而其他事物则没有。因此含有指人的三身代词的同位同指组合通常表达说话者的主观性。比如上面两组句子的 a 句，都表达了说话者的主观情绪：（34a）表达了说话者一种克制、冷静的态度。第一人称代词"我"是言谈现场的参与角色，而非面称的人名一定不是言谈现场的参与角色，这种现场内外的两个名词性成分错配（mismatch）同指形成的同位关系，势必有其语用目的：人名"张广宁"作为一种身份标志具有某种性质特点，而说话人因为有这个标志、具备这个特点因此会有某种行为。（35a）用人称代词"他"来拉远"老张"和对话双方的心理距离以便更清楚地观察。而客观事物一般没有思想感情，因此当客观陈述或断言一个事件、描述一个事物的时候，一般不用同位同指组合。因此"它"做同位同指组合构成项的机会就少了很多。但在如下几种特殊的语体中，"它"可以作为同位组合的成分项。

第一是童话故事语体中，小动物都用拟人化的写作手法，像人一样：

（36）**小兔子它**不想再输给小乌龟了。

第二是诗歌和歌词中用得比较多。如：

（37）嘀嗒嘀嗒嘀嗒嘀嗒，**时针它**不停在转动；滴答滴答滴答滴答，**小雨它**拍打着水花。（歌曲《滴答》歌词）

（38）**天空它**怎么哭了，像是雨季的眼泪。（歌曲《天空它怎么哭了》歌词）

（39）**流水它**带走光阴的故事，改变了一个人。（歌曲《光阴的故事》歌词）

（40）**岁月它**是最好的忘情药，它用着不动声色的力量，以摧枯拉

朽之势消灭眼泪和记忆。（文学作品）

童话故事和诗歌等文学作品中，小动物、植物以及各种无生命的事物都被作者赋予了人的思想行为，因而都可以用"它"和指事物的普通名词 NP₁ 并立，一起构成同位关系。上面童话故事的例子是拟人的修辞手法，动物等同于人，有人的语言和思想。而歌词、诗歌里无生命的客观事物，由于歌者的移情，似乎都有了生命，临时产生和歌者当时的情绪相一致的共鸣。比如第（37）句，本来客观的"小雨"不可能是自主拍打水花动作的施事者，但它在这首歌里被移情成为善解人意的有生命的人，随着时针的转动有节奏地做一些动作，使整个场景能配合歌唱者淡淡的惆怅和愁绪。

这些同位同指组合的前项一般是普通名词，后项是"它"，次序不能颠倒，尤其是在歌词、诗歌中，这一特点尤其明显。如：

（41）＊**它时针**不停在转动。

＊**它小雨**拍打着水花。

＊**它天空**怎么哭了。

＊**它流水**带走光阴的故事。

还有一些指物的普通名词，因为移情作用，像人一样有了生命，有发言权或有其他一些只有人类才有的行为。如一些指机构和单位的名词等：

（42）谁知道**飞信它**收费吗？

（43）之所以出现这种情况，一个原因是**学校它**打着"我是在为学生成长"的旗号。

（二）有的同位同指组合在句子中倾向做宾语

尽管同位同指组合倾向于做话题或主语的多，但也有两类同位同指组合在句子中倾向做宾语。两类如下：

1. NP₂ 由时地直示成分来充任，但 NP₁ 不是处所和时间词。下面几个例子的同位同指组合都做"朝""向""往"的宾语：

（44）领导在台上这么一说，大家都偷偷朝**李国明那儿**看。

（45）讨论了半天都没有结果，我们只好求助地看向**几个领导那儿**。

（46）我问他老王家怎么走，他往前方**两棵枣树那儿**指了指。

（47）他搞不明白，为什么村长说要严惩小偷的时候，大家的视线都投向**自己这里**。

我们在第四章第四节中提到，当 NP$_1$ 不是处所词和时间词时，也就是当 NP$_1$ 是指人指物的普通名词时，如果 NP$_2$ 是时地直示成分，那么这个同位同指组合最倾向于出现在宾语位置，其次是介词宾语位置，因为这两个位置能将指人名词的意愿性和生命度降到最低。而作为时地直示成分同位前项的指人名词，其实和物体没什么两样，只是一个处所的位置标记。

2. NP$_1$ 是"一量名"、NP$_2$ 是普通名词或专有名词。下面的例子前文都有，重复如下：

（48）和珅的姓氏"钮祜禄氏"，满语原来的意思是**一种凶猛的动物"狼"**。

（49）给你送信的是**一个十来岁的女孩乐乐**。

（50）热水壶我买了**一个不太出名的品牌"半球"**。

在汉语中，除了新闻报道语体，"一量名"一般都出现在宾语位置，因为"一量名"在语篇中常常表示不定指（unidentifiable），当它做同位同指组合前项的时候一般也倾向于出现在宾语位置。

（三）做定语的同位同指组合存在套叠层次的问题

同位同指组合作为名词性成分，当然可以出现在定语位置。但是在汉语中如果定语有多重，就存在一个层次的问题，如：

（51）（**老华侨的**（**那个**（**18 岁的女儿**）））终于在旧金山见到了自己的亲人。

（52）（**说不出的**（**痛苦的味道**））（摘自袁毓林，1999：190）

第（51）句子黑体字的画线部分都是"女儿"的定语，有三项定语：老华侨、那个、18 岁。可是这三个定语是有层次的："18 岁"先跟中心词"女儿"结合，"那个"又修饰"18 岁的女儿"这个定中整体，最后"老华侨"

再修饰新的定中整体结构"那个 18 岁的女儿",如图中的括号所示。第（52）句也是一样，"说不出的"不是修饰"痛苦"，而是修饰"痛苦的味道"。定语的这种层次性就像依次剥皮，每一层皮都裹着核。这是多重定语的突出特点。

但双项同位同指组合做定语一般情况下不体现这种"依次剥皮"的效果，NP$_1$ 和 NP$_2$ 常常是作为一个整体，绑定在一起做"核"的厚"皮"，我们可以看如下的句子（有的取自第一节的例句）：

（53）我们来到 **（（大衣哥朱之文）的家）**，一个地地道道的农民的家。

（54）说实在的，我不喜欢 **（（你们女生）** 那些门道）。

（55）在 **（（他们别人）** 眼里），你就是个不务正业的小混混。

（56）**（（首都那里）** 的文明古迹）还真不少，而有人说到了首都不到长城"等于"浪费一次好机会。

上面四个句子的黑体字部分的两项不是像多重定语那样具有套叠性，比如第（53）句"大衣哥"不是修饰"朱之文的家"，而是"大衣哥朱之文"修饰"家"，第（55）句更明显，"他们"指人，不可能修饰"别人眼里"，只能是"他们别人"修饰"眼里"。这种差异正巧也显示出同位同指组合和定中偏正结构的差异。

不过，多重定语有时会出现歧义，如下句：

（57）我最喜欢吃**那两个四川厨师做的菜**。

这句话有两个意思："那两个"可以修饰"菜"，这是常规的"依次剥皮"的套叠层次；"那两个"也可以修饰"厨师"，这就不是多重定语，而是复杂单层定语从句。与之类似，同位同指组合有时也有这种歧义，最明显的例子是当 NP$_1$ 是"人家"时，如下例：

（58）**人家小王的女儿**今年考上了北大。

（59）**人家他女儿**今年考上了北大。

（58）句究竟是"人家"和"小王"同位同指呢，还是"人家"和"小王的女儿"同位同指呢？两种可能性都有。而第（59）句，"人家他女儿"一般没有歧义，"人家"和"他女儿"同位同指。这是因为"的"不出现的领属结构，人称代词领者与属者黏合度较高，甚至可以看作领属性复合词，"人家"出现在前项时，会形成自然的分界。

这是 NP_1 为"人家"的同位同指组合容易产生的定语问题。

还有一个容易出定语问题的名词性成分是照应词。照应词无论是反身词还是相互词，很多时候具有副词性，蔡维天（2002，2012）等多有论述。它的这种特点也表现在做定语时和中心语关系非常紧密上，就是说，照应词天然地跟后边的部分关系亲密，具有黏附性。这样，当其前面出现同指成分时，由于黏后不黏前，往往就不与前项构成"同位"，反而与后项形成了典型的定中结构。如例：

（60）**这个人自身条件**非常好。

这句话本来"这个人"和"自身"具有同指关系，但由于"自身"做"条件"的定语，"这个人"就跟"自身"不在同一位置上，而是作为领有者，做"自身条件"的定语，可以插入"的"变成（61）但意思不变：

（61）**这个人的自身条件**非常好。

（四）同位同指组合能否做状语和谓语

上面都是名词性成分的一些常规句法位置，名词性成分还有一些不太普遍但也常见的用法就是：做名词状语和名词性谓语（又称"体词谓语"），如：

（62）名词状语：**电话**联系；**微信**聊天；**逗号**隔开……
（63）名词谓语句：终点站**北京**；十月一日**国庆节**（摘自陈满华，2008：174）

那么在状语位置和谓语位置上，同为名词性的同位同指组合能否出现？如果能，能否像光杆名词那样自如？

1. 双项同位同指组合与状语

我们先看同位同指组合能否做状语，有三种情况。

第一种情况是光杆名词做状语可以，但是同位同指组合做状语不行。下例是名词性方式状语的用例：

（64）这句话你要是在这儿**逗号**隔开就通顺了。

（65）＊这句话你要是在这儿**标点符号逗号**隔开就通顺了。

第（64）句黑体字部分是名词方式状语，用起来很自然。但第（65）句，状语位置变成相应的同位同指组合时，句子就不能接受。

第二种情况是光杆名词做状语可以，但是同位同指组合做状语时句子的可接受度低。比较下面两个句子：

（66）近些年，就日常交际而言，只有老头儿、老太太们才**电话**联系呢，稍微年轻点儿的都是**微信微博**交流。

（67）？近些年，就日常交际而言，只有老头儿、老太太们才**电话这种通信工具**联系呢，稍微年轻点的都是**微信、微博这种方式交流**。

第（66）句黑体字部分是名词状语，用起来很自然。但第（67）句，状语位置变成相应的同位同指组合时，接受度就大打折扣，需要用显性的介词"用"，将工具或者方式状语标明才顺溜，如下：

（68）近些年，就日常交际而言，只有老头儿、老太太们才<u>用</u>**电话这种通信工具**联系呢，稍微年轻点儿的都是<u>用</u>**微信、微博这种方式**交流。

第三种情况，表示时间和处所的光杆名词做状语很常见，这样的名词加上表时间、处所的时地直示成分变成相应的同位同指组合时，丝毫不影响句子的合法度。下面两句话的 a 和 b 都能说，意思一样：

（69）a. 他们常常**中午**见面。

　　　b. 他们常常**中午那会儿**见面。

（70）a. 我们约好**北京**会合。

　　　b. 我们约好**北京那里**会合。

　　但即使是指时间地点的同位同指组合，做状语也会和光杆时间词和处所词稍有差异，光杆名词倾向于理解为状语，而同位同指组合在有的情况下名词性更强，比较下面的句子：

（71）a. 他一般**六点**做饭。

　　　b. 他一般**六点这个时间**做饭。

　　a 和 b 都能说，但 b 由于有"这个时间"做后项，更倾向于名词性，因此 b 句黑体字的"六点这个时间"更像是时间成分做主语。

　　2. 双项同位同指组合与谓语

　　上面是同位同指组合做状语的情况。下面我们看它能否做名词性谓语。一般认为，下面的句子是名词谓语句：

（72）a. 明天国庆节

　　　b. 十月一国庆节

　　a、b 两句的两项名词性成分语义上同指：明天就是国庆节；十月一就是国庆节。这两项单独构成句子是主谓关系。如果我们将这三个同指的名词性成分排在一起，如下：

（73）明天**十月一国庆节**。

　　这个句子可以看成名词性谓语句的套叠结构——黑体字的"十月一日国庆节"是名词性的主谓结构做谓语，"国庆节"是内层的名词谓语。也可以将"十月一国庆节"看成同位同指组合，做整句的谓语。两种分析法都有道理，我们倾向于后一种，因为"十月一国庆节"如果看成是名词谓语构成的主谓结构，应该能次序颠倒说成"国庆节十月一"而意义不变，但作为一个句法组成部分还原到（73）句中时，却很别扭，除非有逗号隔开：

（74）？明天国庆节十月一。

明天国庆节，十月一。

由于"十月一一国庆节"做主谓谓语句的构成部分时不适合颠倒次序，因此我们倾向于将其看作一个同位同指组合，实际上"六一儿童节""五一劳动节""三八妇女节"都是日期在前、节名在后，我们在第三章提到过这个规律。

由上面的分析我们得知，同位同指组合充任名词谓语和名词状语都很受限。这跟这两种成分要求编码长度短有一定关系。

二　双项同位同指组合的句法关系类

在第一节中我们给双项同位同指组合根据不同的搭配找到了 42 类合法的组合序列。但是这 42 类组合序列无论从语义上还是句法构造上都有更同一的内在关系。我们根据这些同一性，将这 42 类双项组合分成照应类、指示类、等同类和属性类四大类。

1. 照应类

照应类同位同指组合特点比较突出，就是 NP_2 由照应词充任。无论 NP_1 由哪一类成分充任，整个同位同指组合主要强调 NP_1 的所指的内在性质或内部关系。照应类包含 8 种序列组合，我们只简单地将"NP_1＋NP_2"组合列举一个，不再举例句：

普通名词＋照应词（夫妻双方）、专有名词＋照应词（小李和小红双方）、

人称代词＋照应词（我个人）、照应词＋照应词（双方彼此、自己本身）、

数量名＋照应词（两件事本身）、指量名＋照应词（这件事本身）、

一量名＋照应词（一种产品本身）、时地直示词＋照应词（那里本身）。

2. 指示类

指示类是同位同指组合中最常见、数量最多的一类，也是内部比较复杂的一类。我们知道，指示词是同指关系的显性标记，而我们在前几章中已经论证过，同位同指组合的两项名词性成分是在句子中实现为同指的，因此很多没有指示词出现的同位同指组合中其实也存在隐性的指示标记。我们首先根据这个形式特征将这一类分作两个子类：显性指示和隐性指示。具体

如下：

显性指示类，即 NP_2 内有显性的指示词标记，包括时地直示词和"指量名"两种。一共有 11 个序列组合。如下：

普通名词＋时地直示词（首都那里）、专有名词＋地点直示词（北京那儿）、人称代词＋地点直示词（人家那儿）、照应词＋地点直示词（自己这里）、数量名＋时地直示词（12 点钟那会儿）、指量名＋地点直示词（那个人那儿）、一量名＋地点直示词（一个小学校那里）、普通名词＋指量名（首都那个城市）、专有名词＋指量名（小明那个孩子）、人称代词＋指量名（我这人）、照应词＋指量名（自己这个人）。

隐性指示类，有三种句法形式，第一种是**"顺补指示类"**。句法形式表现为 NP_2 由数量名短语充当，指示义可以通过在数词前面补出指示词来实现，即：NP_1＋（指）数量名。有 4 个组合序列：

普通名词＋数量名（夫妻两人）、专有名词＋数量名（小明小红两个孩子）、人称代词＋数量名（我们两个）、照应词＋数量名（自己一个）。

第二种是**"倒补指示类"**。这一类的特点是 NP_1 和 NP_2 分别孤立看，NP_1 所指范围大于 NP_2 的所指范围，指示的含义可以通过将 NP_1 和 NP_2 倒置、在 NP_1 之前补出指示成分来实现，这类同位组合在句子中的意思是：NP_2＋（指量）NP_1。这类比较杂，有 6 个组合序列：

普通名词＋普通名词（标点符号逗号）、普通名词＋专有名词（中国作家莫言）、数量名＋普通名词（两种动物牛和羊）、数量名＋专有名词（两个小学生红红和明明）、一量名＋普通名词（一种凶猛的动物"狼"）、一量名＋专有名词（一个十来岁的女孩乐乐）。

第三种是**"替换指示类"**。这类的形式特征是 NP_1 末尾有"等"，从语义上看 NP_1 是列举具体的成员，NP_2 表示成员所在的类。指示的含义可以通过将"等"替换为指示成分来实现。这类也较杂，有 2 个组合序列：

普通名词＋普通名词（米面等粮食）、专有名词＋普通名词（烟台威海等沿海城市）。

3. 属性类

属性类，即 NP_2 表示 NP_1 的身份或者性质，有两种句法形式：一种是 NP_2 是普通光杆名词、一种是 NP_2 是"一量名"。一共有 9 个组合序列：

普通名词＋一量名（我父亲一个老农民）、专有名词＋一量名（柳台村一个巴掌大的地方）、人称代词＋一量名（人家一个堂堂本科大学生）、照应词＋一量名（自己一个农民工）、时地直示词＋一量名（这会儿一个该努力工作的时间）、普通名词＋普通名词（父亲老党员自然知道如何妥善处理这件事）、专有名词＋普通名词（李明小组员还都捐了 50 元钱呢，你组长怎么才 20 元）、人称代词＋普通名词（你们城里人就是怪傲的）、照应词＋普通名词（自己说话人都表达不清，别人还怎么听得懂）。

4. 等同类

剩下的类别比较杂，但两项语义上等同，我们都归到"等同类"里面。这类形式特点是大部分都有人称代词或专有名词，语义所指明确。具体如下，有 6 类组合序列：

普通名词＋专有名词（我老婆张楚格）、专有名词＋专有名词（大衣哥朱之文）、普通名词＋人称代词（母亲她）、专有名词＋人称代词（马明我）、人称代词＋专有名词（我马明）、人称代词＋人称代词（我们大家）。

上面这四个句法类别恰好对应着我们第四章第一节的同位同指组合的形式鉴别标准。我们在此再重复一下：

(75) 当句子中出现"NP_1＋NP_2"的组合，在 NP_1 和 NP_2 同时满足下列五个条件的前提下：

1. 同属于所在句子的主语、宾语（包括介词宾语）、定语或兼语；

2. NP_1 和 NP_2 之间没有也不能插入"的"、"和"等虚词；

3. NP_1 和 NP_2 之间没有也不能插入顿号、冒号或破折号等标点符号；

4. NP_1 和 NP_2 去掉任何一个，句子依然合法；

5. NP_1 和 NP_2 不能随意调换次序，调换后意义改变。

如果 NP_1 和 NP_2 满足下面任何一个条件，它们就有同位关系：

A. NP_2 是照应词；

B. NP_2 是指量名成分；

C. NP_1 和 NP_2 之间可以插入指量成分；

D. "NP_1＋NP_2"可以变换为"NP_2 这个 NP_1"意思不变。

E. NP_1 和 NP_2 之间可以插入"也就是"。

照应类可以用条件 A 鉴别，显性指示类可以用条件 B 鉴别，隐性指示类可以用条件 C 和 D 鉴别，属性类和等同类都可以用条件 E 鉴别。

第四节　五类句法关系难断定的双项"名名组合"

在双项"名名组合"中，有几类组合的句法关系很难判定，有的文献看成同位关系，有的文献不认为有同位关系。本节我们主要分析和讨论五种这样的名名组合。

一　"专有名词（包括'类专有名词'）＋称谓词"组合

传统上归作同位关系的结构类型中都包含有"专有名词＋称谓词"构成的一类。前项专有名词还包括地名、物名，因此，后项"称谓词"也可以扩大为行政区划或单位名词等其他称谓类名词。如 Chao（1968，吕叔湘节译，1979：141）的"紧凑同位"里有这一类：

（1）王家、李大夫、天字、科学杂志、吴县

朱德熙（1982：144）在"同位性偏正结构"中列举的第一类就是这种组合：

（2）"人"字、广东省、老王同志

而专书研究同位关系的刘街生（2004）则将这样的组合归为"凝结式同位组构"：

（3）黄兴发师长、方英达主席、万修云叔叔、金龙云教授、丁卫中博士、李修平小姐、朱光亚先生、阿不旦渔村、永宁县城、李一鸣局长

由于这种类型的组合多半跟称呼有关，而且多半指人，因此韩蕾（2007：110—112）专门研究了指人的"专有名词＋称谓词"的类型，还细致区分了"称谓词"的类别，分为"敬称""泛称"和"假亲属称谓"，例子分别如下：

　　（4）专有名词＋敬称：林则徐大人

　　　　　专有名词＋泛称：鲁迅先生、成武同志、周同学、萍云女士

　　　　　专有名词＋假亲属称谓：赵胜老大爷、邓颖超妈妈、高峰叔叔、荷花阿姨、王晓英大嫂、唐国强老弟、王姬姐姐、小吴哥哥

　　还有几种情况跟这一类组合相似度很高，刘街生（2004）和韩蕾（2007）也都提到过，就是前面的名词项虽然不是专有名词，但是用法很像专有名词，包括亲属称谓词、职业、职称、头衔等表示身份意义的普通名词，当它们在具体句子中用作称谓成分时都实现为特指某个人（或者与其后名词一起整体上称谓某类人），这样的普通名词我们认为它们也具有专有名词的性质。具体如下面几个例句的黑体字：

　　（5）**母亲大人**请息怒。

　　（6）请问**总统先生**对此有何高见？

　　（7）拜见**女王陛下**！

　　（8）我想找**博士哥哥**给我讲讲这究竟是怎么回事。

　　（9）谢谢**警察叔叔**！

　　（10）**农民伯伯**真辛苦！

　　（11）我说**保安兄弟**，你就放我一马吧！

　　（12）**邮递员同志**这不是我的信，您搞错了。

　　（13）你赶紧给**快递师傅**打电话吧！

　　上面几个例句，"母亲""总统""女王""博士"在句中都有具体所指，相当于有具体所指的专有名词，而"警察""农民"等都和后面的称谓词合起来指一类人。我们把这样的具有专有名词性的普通名词称为"类专有名词"，上面几句可以看成"类专有名词＋称谓词"的组合方式。

　　因此"专有名词＋称谓词"组合根据前项的不同可以分作两类。这个主要用来做称呼，以称呼人为主，也能称呼地名、物名。我们把这些类别总结为表5—3：

表 5—3 "专名＋称谓"组合的各组成项

	专有名词			称谓词	
1	姓	丁师傅	1	敬称	总统阁下
2	名	云平兄	2	泛称	小王同学
3	全名	鲁迅先生	3	亲近称	老赵大爷
4	地名	广东省	4	职称	王工程师
5	元语	"人"字	5	学历	李磊博士
6	亲属	母亲大人	6	职衔	李一鸣局长
7	职业	警察叔叔	7	地名（区划）	张家豁子村
8	头衔	冠军姐姐	8	物名	《科学》杂志
9	职称	教授伯伯	9	单位名	叶企孙实验班

韩蕾（2007）将上述组合统一看成同位结构，而刘街生（2004）虽未明确说明，但我们依然可以看出他的处理方法是将前项为多音节（如全名）的那些组合看成同位结构（如"赵大年同志"），但前项是姓氏或单音节名字的（如"云叔"），他并未说明性质是词还是短语，只是称为"由姓和直接称谓名词构成的结构体"，并对此作注解说："如果前面的名字是双音节的，整个结构可以归入我们讨论的'专名＋通名'式同位结构。"（2004：48）这句注解显示出，前项是单音节姓氏的组合如"丁师傅"他并不看成同位结构。持同样观点的还有范晓（1990，1991），他将"丁师傅"这样的组合看成称谓词，而将姓名完整的"丁华博士"看成同指短语。

但是这种单纯根据音节数目所做的区分法会遇到很大困难，比如下面两句取自《红楼梦》：

（14）湘云笑道："我只当是**林姐姐**给你的，原来是**宝钗姐姐**给了你。"

（15）赵姨娘见他这般，因问："是那里垫了踹窝来了？"一问不答，再问时，贾环便说："同**宝姐姐**玩的，莺儿欺负我，赖我的钱，**宝玉哥哥**撺我来了。"

上面两句中单音节的"宝姐姐"和双音节的"宝钗姐姐"，多一字少一字，都是对同一人的称谓，都指"宝钗"，如果认为前者不是同位结构，而后者就是同位结构，这种划分过于生硬。"林姐姐"和"宝玉哥哥"也是这样的情况。

　　与刘街生（2004）等根据音节分开处理的方式有所不同，我们认为还是应对其做统一处理。不过跟韩蕾（2007）将这种组合类型统一看作同位结构相反，我们认为这类组合不宜归入同位同指组合。因为从形式上看，它们不符合第四章第一节所列的同位同指组合形式鉴别标准的第四个"前提"（NP$_1$和NP$_2$去掉任何一个，句子依然合法），更不符合"五个条件"；从意义上看，这类组合有很强整体性，即不可分离、相互依赖的一体性；从句法关系上看，前项对后项都有限定的作用，因为前项都可以用"哪一个（位）"来提问：哪一位先生——鲁迅先生；哪一位同志——赵大年同志。鉴于以上三个侧面，我们将"专有名词（包括"类专有名词"）＋称谓词"组合统一认定为**偏正式主从复合词**。下面我们具体阐述一下它们的句法特点和表现。

　　（一）前项和后项相互依赖

　　正如刘街生（2004：48）所言，"这种整体性体现为生成的整个结构具有直接称谓功能"。这意味着"专有名词＋称谓词"组合在句中表示称谓时，前后两项是一个整体，缺一不可。首先，这类组合的后项不能离开前项单说（刘丹青，1985：78）。比如下面这两个句子：

　　　　（16）a 请**凌辉同志**上台领奖。
　　　　　　　b＊**请同志**上台领奖。

　　b 句不成立是因为缺少了有明确指称的前项专有名词"凌辉"。后项缺少前项造成的不合格是句法语义上的不合格。

　　同样地，前项也不能离开后项，尤其是前项是单音节姓氏时，后项的称谓词不能缺失，否则就会造成句法上的不合格，如：

　　　　（17）a. **陈老师**来过吗？
　　　　　　　b.＊**陈**来过吗？

　　如果前项是双音节以上的专名，那么后项如果缺失，不会造成句法上的不合格，不会影响句子的真值语义，但却因语用不合格、不符合使用汉语人的心理习惯而造成句子不能说。比如青歌赛后的采访，主持人问评委余秋雨：

　　（18）主持人：**余秋雨老师**您是从哪届开始担任评委的？

　　这句现场问话中，主持人在称呼余秋雨时，后项"老师"一般不能不出现，也就是说不能只称他名字，如（19）句：

　　（19）＊主持人：**余秋雨**您是从哪届开始担任评委的？

　　如果这样说会显得主持人十分傲慢无礼，因此事实上（19）句是不能说的。

　　即使不在对话双方现场，也存在这样的问题。如下一句：

　　（20）a. 春节后数日，我到**沈从文老师**家去拜年，他留我吃饭，师母张兆和炒了一盘慈菇肉片。
　　　　　b. ＊春节后数日，我到**沈从文**家去拜年……

　　如果"老师"不出现，则叙述者的无礼就跃然纸上。

　　因此"多音节专有名词＋称谓词"的组合，前项一样需要依赖后项，虽然后项在真值语义上不对整个句子的合法度造成影响，但却不符合汉语的语用习惯，因为就大多数情况而言，后项"称谓词"的作用是体现说话者对叙述对象的尊重、礼貌和客气（少数情况也有戏谑）等语用意义。缺少后项造成的句子不合格，是语用上的不合格，会造成交际不顺利。

　　根据第四章第一节的同位同指组合形式鉴别标准的"五前提五条件"，这种称谓组合违反了第四个前提"NP₁和NP₂去掉任何一个，句子依然合法"。

　　（二）前项专有名词提供区别性焦点信息

　　典型的双项同位同指组合，两个成分项各提供各的信息，前项并没有给后项划定范围。而"专有名词＋称谓词"组合，是作为一个整体来指称具体某个或某类人的，前项提供区别性焦点信息。句法上最突出的特点是前项都可以用"哪一位""哪的""什么"来提问，如下：

（21）请**王玉平博士**上台领奖。

　　——"哪一位博士？

　　——王玉平博士"。

（22）A：我们要去什么村？

　　B：张家豁子村。

（23）A：哪个字只有两笔？

　　B："人"字。

（24）下乡简记地点：密云县城关公社的檀营大队。檀营位于**密云县城**外东北，约五里。

　　——"哪的县城？

　　——密云县城"。

上面的这些例子显示出前、后两项存在一种修饰关系。以（24）句为例，"密云"的地域所指范围包括并大于"县城"，除了县城外，还应包括郊区、村镇等。"檀营"属于密云，却不在县城内。这样的组合不能看作同位同指组合，因为它的两项即使在句子里也实现不了同指关系。

但是同位同指组合形式鉴别标准的"五前提五条件"中条件三是：NP$_1$和NP$_2$之间可以插入指量成分，"专有名词＋称谓词"两项之间也可以插入指量成分，但我们观察到，"专有名词＋称谓词"最常见于"呼"而不是"指"，如果插入指量成分，"呼"就变成了"指"，意义发生改变。如：

（25）"下一位，**赵大年同志**"。

　*"下一位，**赵大年这个同志**"。

有的"专有名词＋称谓词"组合能次序颠倒变成"头衔＋专有名词"组合，有的不能。我们从能颠倒次序的组合与原组合的对比上来看两者指称上的差异。

以后项"称谓词"为视点，"师傅""同志""阁下""陛下""老师"等不能颠倒过来放在前项，但是"哥哥""姐姐""局长""博士""教授"可以颠倒过来放在前项。如：

（26）a.＊师傅老丁　＊阁下总统　＊同志老王　＊叔叔警察　＊兄弟民工

　　b. 局长李一鸣　姐姐宝钗　博士丁华

　　b 组能成立，但已经不再表达称谓。称谓项本身作为一种称呼，只是一种分类的标识，这个分类是对专有名词所指称的人或事物，出于交际要求，按语用习惯实现的。正如刘丹青（1985：79）指出的那样，这类组合中的称谓项不是句子所要传达的主要信息，因为称谓项的信息多半是已知的。也就是说，当"专有名词＋称谓词"组合单独做答语的时候，焦点信息在专有名词上，而不在称谓词上。如：

　　（27）A：台上那个做讲座的人是谁？
　　　　　B：——**丁华博士**。
　　　　　　——＊**博士丁华**。

　　答语只能用"丁华博士"这样的组合序列，而不宜于颠倒过来用"博士丁华"。

　　因为问话者期待的答案是一个有明确所指的人，而这个人的人名信息"丁华"是答语的指称焦点，"博士"只是答话者对这个人附加的礼貌称呼，两者不是同指的关系。而"博士丁华"这样的组合中，"博士"不再是称谓，而是指"丁华"的身份，是要强调的信息，"丁华"又使这个信息得以明确，所以"博士"和"丁华"合在一起在句中实现了同指。也就是说，两个名词项都有指称，两个指称信息都很重要，组合到一起共同使话题的信息完整明确。比较下面两句话的不同：

　　（28）a. 今天上午，**丁华博士**给我们做了一个精彩的报告。
　　　　　b. 今天上午，**博士丁华**给我们做了一个精彩的报告。

　　a 句的"丁华博士"中"博士"是轻读弱化的，但 b 句中的"博士"则不轻读。

（三）修饰语只能修饰整个组合
　　"专有名词＋称谓词"组合的整体性还体现在修饰语不能单独加在前项或者后项上，只能修饰整个组合。如：

（29）尊敬的**鲁迅先生**，您好！

（30）我们那里有个著名的**张家豁子村**。

　　"尊敬的"修饰的是整个"鲁迅先生"组合，而不是修饰前一项"鲁迅"，即结构不是"尊敬的鲁迅"和"先生"组合。"著名的"也不是修饰"张家豁子"，而是修饰整个"张家豁子村"组合。

　　典型的同位同指组合，如果前项之前出现修饰语，那么很可能修饰语就只修饰前项而与后项无关，比较下面两组例子：

（31）a. 在台上演讲的是<u>我最喜欢的</u>**教授丹尼尔**。

　　　 b. 在台上演讲的是<u>我最喜欢的</u>**丹尼尔教授**。

　　修饰语"我最喜欢的"在 a 句只属于同位同指组合"教授丹尼尔"的前项"教授"；而在 b 句则修饰整个名名组合"丹尼尔教授"。

　　同样地，修饰语也不能单独地加在后项称谓词上，比如：

（32）＊**鲁迅**尊敬的**先生**您好！

（33）＊我们那里有个**张家豁子**著名的**村**。

（34）＊向**警察**可爱的**叔叔**致敬！

　　不可分离性（inseparability）是判断复合词或者短语词的一个很重要的判别标准（Lieber et al，2009：11）。鉴于"专有名词＋称谓词"组合体现出的上述几条整体性特点，我们把这样的组合统一都看成偏正或主从复合词。Chao（1968，吕叔湘节译，1979）把"王家""李大夫""天字""科学杂志""吴县"等"紧凑同位"看作"复合词或主从短语"，也支持了我们的观点。

　　我们认为，"专有名词＋称谓词"组合中的两项，只存在结合紧密度的差异，不存在性质的差异，这样就避免了把"宝哥哥"看成复合词，把"宝玉哥哥"看成是同位结构的尴尬。根据完权（2014），复合词介于词和短语之间，是一个连续统。"专有名词＋称谓词"组合也是一个一端更像词一端更像短语的连续统。

　　更像词的一端首先是范晓（1990，1991）指出的像"丁博士"这样的称谓词。当前项专有名词是姓氏或单音节的名或姓时，前项对后项的黏合程度比较高，如：

　　（35）**杜大叔**，别生气啦。

　　（36）到五点左右，爷爷奶奶与**徐姐**研究当晚的饭。

　　（37）**聂师傅**奉命到府里见他，他正有事要出去，要下人们安顿**聂师傅**先住下，说回来再谈。

　　（38）40年代香港文坛出现了一位儿童文学先驱者，即名噪一时的**"云姐姐"**。

当后项称谓词是单音节词（多为亲属称谓）时，无论前项是单音节姓氏还是双音节名字，后项对前项的黏合性都比较高，如：

　　（39）**才叔**是她父亲老朋友的儿子。

　　（40）他看鸿渐一眼，关切地说："**鸿渐兄**，你瘦得多了。"

　　（41）咱们说不定真有心灵感应啊，不信你问**玉英姐**，刚刚我还跟她说起来，后悔没给孩子照张照片。

　　（42）您好，请问您一下**祁家豁子站**在北京的哪个区？

当前后两项都是双音节或多音节词时，两项的黏附度就减弱了。有两种情况，一种是，有些组合已经凝固指某一类人，这种组合在复合词中是靠近词的那一端，比如"警察叔叔""农民伯伯"和"民工兄弟"等称谓词，在社会上已经普遍接受，是对警察、农民和农民工的亲切称谓。如：

　　（43）其他诸如并道、过路口时曾有过的窘相我就不一一描述了。总的来说，虽然也颇有过几次后怕的经历，但开车至今还算平安顺利，至少还没感受过**警察叔叔**的谆谆教导、好言相劝。

　　（44）曾经，**"农民伯伯"**这个称呼是出现频率非常高的一个词语。我认为：出现频率高是事情的一个方面，最重要的一个方面是："农民伯伯"这个词语很容易让人想到这样的一幅画面：一个50多岁、满脸皱纹、头戴斗笠、身披蓑衣的老农在田间地头辛勤劳作的伟大形象，这样的形象当时已经深入了亿万中国人的心中，甚至浸透进一些人的骨髓里。

（45）大家都为**民工兄弟**捏着一把汗，也为云梯上的民警悬着一颗心。

另一种，两项都是多音节的情况，是整体上并未凝固化的较松散的形式。

（46）宣武医院神经内科**王玉平博士**带领的课题组发现了大脑中一种叫"N270"的新信号。

（47）昨晚**密云县城**彩灯高挂、焰火飞舞，把全城百姓和游客带进一个流光溢彩的美妙世界。

（48）下面进行大会第二项议程，请**市委领导同志**讲话。

（49）在全球，《**科学**》**杂志**的主要对手为英国伦敦的《自然》杂志，该杂志创办于 1869 年，曾发表了大量的达尔文、赫胥黎等大师的文章。

上面四个例句中的黑体字部分前后两项的形式相对自由，是复合词中靠近短语的一端，但由于其整体性，我们依然将它们考虑为复杂的偏正式复合词。

二 "王念孙父子""他爷仨""小张几个医生""小李他们"组合

我们常会看到单数指人的专有名词和"父子""母女"等关系类名词组合在一起，或者是单数指人的专有名词和表示复数的"数量（名）"以及复数人称代词组合在一起。这些组合的特点是前项名词只是后项名词的成员之一，是后项所指集合的代表。这样的两项名词算不算同位关系？我们看下文三个例子的比较分析：

（50）我们县的有名人物最古的是秦王子婴。现在还有一条河，叫子婴河。以后隔了很多年，出了一个秦少游。再以后，出了**王念孙、王引之父子**。

（51）**王念孙父子**都是语言学家，人称"高邮二王"，又与戴震、段玉裁称为"段戴二王之学"。

（52）"**王氏父子**"，即王念孙、王引之。**王氏父子**是中国训诂学领域的一面旗帜。因为**王家父子**，王氏家族在高邮成为名门望族，他们家的许多故事在百姓中广为传诵。

上面三个例子，（50）句前项的专有名词是并列的两项，在数量上与后项的"父子"相匹配，是"父子"的穷尽性举例，"父子"是对两个专有名词所指对象关系的说明。根据同位同指组合形式鉴别标准的"五前提五条件"，"王念孙、王引之父子"具有同位关系。

（52）中的"王氏父子"和"王家父子"也好判断，因为"王家父子"两项之间可以加"的"，如：

（53）因为**王家父子**，王氏家族在高邮成为名门望族……
＝因为**王家的父子**，王氏家族在高邮成为名门望族……

（54）其实大陆上的很多人，包括**蒋家的父子**早就对中国人的这场悲剧有了认识。＝其实大陆上的很多人，包括**蒋家父子**早就对中国人的……

可以插入"的"而意思不变的两项存在修饰关系，不符合同位同指组合的形式鉴别标准的第二个前提。"的"是定语标记，因此"王家父子"是定中偏正结构。

还有一个基本的判定依据是看前、后两个名词项所指的外延和内涵，比如如果一个名词项是指人的，而另一个名词项是指物的，两个名词项存在同指关系的可能性就会降低，存在偏正修饰关系的可能性就会加强。"王氏父子"中，虽然"王氏"和"父子"之间不能再插入"的"，比如一般不说"王氏的父子"，但前项"王氏"所指是姓氏，非指人，而后项是指人名词，两者外延内涵都不相同。前项为后项划定外延，可以用"哪"来提问：

（55）**王氏父子**是中国训诂学领域的一面旗帜。
——哪对父子是中国训诂学领域的一面旗帜？
——王氏父子王念孙、王引之。

因此前项"王氏"就是后项"父子"的定语，两个名词项有修饰关系。

（一）"单数专有名词＋复数名词性成分"组合不具同位关系

问题是第（51）个例子中的"王念孙父子"在句子中是不是同位关系呢？这个组合的特点是，前项名词所指对象是后项名词所指集合中的一个成员，也就是说，"王念孙"只是"父子"之一，可以是"父"也可以是"子"。前后两项的所指看似不是完全等同的。这样的组合算不算同位关系？

这种组合有两种情况，第一种是"专有名词或单数人称代词＋关系名词"的组合，例句如下：

（56）如果**小齐两口子**肯搬，人家可以替房东补给他们一千两千的，买个三方乐和。

（57）在老丁的紧急干预下，**文洁森母女**很快调到了"南化"。

（58）李嫂说早上炒的，等**他爷仁**回来吃饭，可吃两餐却没一个人回来，再不吃了，就变馊了。

（59）**八哥儿娘俩**已经烙好了一筐玉米面饼。

（60）昨天，在旭日升新品发布会上放映了这样一则广告：烈日炎炎的无边沙漠，**唐僧师徒**顶着大太阳论战，最后三人各自奔向心目中的饮料，令人爆笑不止。

表示关系的指人名词不多，可以穷尽列举，主要是亲属关系，包括：姐妹、兄弟、父子、母子、夫妻、祖孙、爷仁、娘俩、母女、父女、两口子、师徒等。前项是后项所指的亲属关系组成成员之一。

第二种是"专有名词＋数量成分（≥2）或复数第三人称代词"。前项举出这些数目中的具体代表。具体例句如下：

（61）奥巴马将在白宫设国宴宴请**胡锦涛一行**。

（62）抗战军兴，他随着所在部队调到江北，在**里下河几个县**轮流转。（汪曾祺《八千岁》）

（63）**文强五人**二审集体翻供。

（64）在**光头李一伙人**的眼中，"武神"文飞现在就是他们的精神领袖。

（65）叶飞这句话刚出口，**小张几个医生**的脸都变了。

（66）不，我承认我有错，在对待**小芳她们**逃学的问题上我犯了知情不举的错误。

（67）当马哲传讯许亮时，**小李他们**仔细搜查了他的屋子，没发现任何足以说明问题的证据。

（68）千代子还没走远，又赶紧跑回来，钻进洞去，在里边喊**老宋他们俩**快进洞。

这两类组合由于两项所指对象在数上不一致，如果用同位同指组合形式鉴别标准的"五前提五条件"来测试，（56）—（68）都不符合第四个前提，即：NP₁和NP₂去掉任何一个，句子依然合语法。如下面几个例子：

（69）**文强五人**二审集体翻供。

＊文强二审**集体**翻供。

（70）如果**小齐两口子**肯搬，人家可以替房东补给他们一千两千的……

＊如果**小齐**肯搬，人家可以替房东补给<u>他们</u>一千两千的……

（71）奥巴马将在白宫设国宴宴请**胡锦涛一行**。

＊奥巴马将在白宫设国宴宴请<u>一行</u>。

（69）、（70）是因为后文出现复数照应成分造成的不合格，（71）去掉前项，句子不合语法。

这两类组合中具体的专有名词或者单数人称代词，都是在后项所指的集合或集体里挑出一个具体人物做代表，这个代表人通常是那个集体的领袖或者言谈双方共知的集体中的某个突出人物，代表人和他所在的集合两项之间由于数不一致不可能同指。"他爷仨"的意思是"以他为代表的爷仨"；"文强五人"实际上是说"以文强为头目的五人"，"胡锦涛一行"实际上等于说"以胡锦涛为领导的一行人"；"小芳她们"的意思是"以小芳为例的她们"。前项都具有区别性，两项之间虽然不能加"的"但语义中暗含修饰性，因此有的例子可以用"哪一"、"什么样（人）"等提问：

（72）**文强五人**二审集体翻供。

——<u>哪五人</u>二审集体翻供？

——<u>文强五人</u>。

(73) 如果**小齐两口子**肯搬，人家可以替房东补给他们一千两千的……

———哪两口子肯搬？
———小齐两口子。

那么在汉语中，单数专有名词所指对象可以表示复数吗？可以作为一个集团或集体的代表表示这个集团或集体吗？这是可以的。如下面两个例子中的：

(74) 不久，**蒋介石**向解放区发动了全面进攻，轰轰烈烈的解放战争开始了。

(75) 1925—1927 年大革命，这个时期的后期有陈独秀右倾机会主义，那个错误导致中国大革命的失败。我们党被打入地下，被迫同**蒋介石**进行了长期的战争。

两句中"蒋介石"不是指这个人本身，而是以蒋介石为领袖的国民党军队。(75) 句中的"蒋介石"跟上句中的"我们党"相对举，更明显指蒋介石领导的国民党。

张伯江 (2013：135) 在讲汉语的话题结构时，引用一句京剧戏文：

(76) 这位将军，在当阳桥前大吼一声，**吓得曹操收去青龙伞，惊死夏侯杰**。这位将军好威风啊，好煞气呀！(《龙凤呈祥》第一折《甘露寺》)

他指出京剧演员在实际演唱时，都会在"曹操"之后停顿，而"收去青龙伞惊死夏侯杰"十个字无停顿一体连说（"用的是清楚的上下句的语调说出的"），即：

(77) 吓得曹操，收去青龙伞惊死夏侯杰。

这体现了韵律结构和话题结构的吻合，也就是说，"吓得曹操"是话题部分，之后的"收去青龙伞惊死夏侯杰"是两个并列的说明部分。这里就会有人费解，因为说明部分的两个短语"收去青龙伞"和"惊死夏侯杰"句法关系一致，都是述宾关系，但施受关系却不一致："吓得曹操，收去青龙伞"中"曹操"还可以理解为动作的施事，而"吓得曹操……惊死夏侯杰"则莫名其妙了，"曹操"不可能惊死"夏侯杰"。于是这就提示我们，该句中的"曹操"只能是复数意义，指曹操带领的曹军，这和上文的"蒋介石"是一个道理。该句是说曹军被吓的结果有二：收去伞，还惊死个部将。

这句京剧戏文引发的思考，就在于单数专有名词"曹操"并不指具体的这个人，而是指"曹操这方"或"曹军"的集合。

用单数指复数是一种以部分指整体的"隐喻"认知机制。不过，我们注意到，上述两个以单数指复数的专有名词都是单独使用的，并没有和其他指人代名词连用。他的复数意义是依靠语境激活的，比如（75）"蒋介石"是在和"我们党"对举的语境中产生复数意义。

单数专有名词一旦和复数名词性成分连用，单数专有名词就不再能表复数概念，只单指这一个个体，数量概念由其后的复数名词性成分表示，单数专名就只表复数集合里的一个有领导性和代表性的个体。"王念孙父子""他爷仨""小李他们""小张几个医生"同属这一类。由于中间不能加"的"，并且前项相对重读，具有区别性特点，我们把它们都视为主从复合词。

（二）"你/我/他＋集合名词"组合是同位同指组合

与前面说的这种主从复合词类型相关但有所不同的是"单数人称代词＋集合名词"组合，如下面的例句：

（78）**你们七十四军**跟**我八十九师**学着点。（摘自张旺熹，2012：135）

（79）**我奥运军团**金牌数今日已达 45 枚。

（80）**他六班**只有五面红旗，凭什么跟**我们九班**并列啊！

与（56）—（68）情况不同的是，这三句前项虽为人称代词，但并不指人。根据《现代汉语八百词》，"我"可以"指'我方'，常用于敌我相持的场合。限于书面语"（吕叔湘主编 2002：558）。实际上，三个单数人称代词都有这种用法，指"方"——我方、你方、他方，如上面三个例子中，第（78）句"我八十九师"和"你们七十四军"相对举，其中的"我"就是"八百词"所说在敌我相持的场合指"我方"，可以换作复数形式"我们"，只不过用"我"还是用"我们",说话者的语气上稍有变化,用单数"我"更显豪气,尤其是说话方为该集团领导时,用"我"更能体现霸主豪迈的气概和身份上的优越感。而当说话方只是后项名词所指集团的普通成员时,多用"我们",复数代词使这种豪情万丈的优越感降低下来。比如(80)句中的"我们九班"就不宜于用"我九班"来代替,"我们"更能体现集体成员之一的归属感。(78)句中的"你们"也可以换作单数人称代词"你"而意思不变,同样地,"你们"比"你"更体现委婉的语气。第(80)句中"他六班"和"我们九班"也是一样的情况,两者相对举,"他"以单数形式表示复数,表达说话者对对方集体的不服气。第(79)句中"我"虽然可以换做"我们",但用"我"展现说话者将"奥运军团"移情为"我"的豪情和壮志。

"集合名词"还可以是表机构、单位、品牌的名词。例如:

(81)为什么每次 iPhone 的自燃、爆炸问题都会被推到风口浪尖?其他手机就不会自燃?别再黑**我大苹果**了!

(82)李根是北京队的第三得分点,不夸张地说是**他北京队**最重要的国内球员,在战术上是不可或缺的,李根的离开对北京队来说是个大损失。

上两句中"大苹果"是手机品牌、"北京队"是机构单位。

"你/我/他+集合名词"这个组合是说话者先摆明言谈者的主观视角,然后补充这个视角具体所指的集合或品牌名。"方"既可以是单数,但更多的是复数,因此两项组合可以形成同位关系,符合同位同指组合形式鉴别标准。

这个组合常常出现在对比句中,使"人称代词+集合名词"的组合成为对比焦点。如:

(83)**我泱泱大国**,岂能让**他几个小国**像耍猴戏一样折腾?

以表"方"的"你/我/他"为前项的同位同指组合,前项通常是主观性情绪态度的承载者,后项所指的具体集合、机构和品牌才提供真正实用的焦点信息,因此表"方"的单数人称代词往往要依赖后项,借助同位同指组合这样的结构，才能完成说话意图。

因此"王念孙父子""他爷仨""小张几个医生""小李他们"组合属于偏正复合词，而"我奥运军团""我大苹果""我泱泱大国"属于同位同指组合。

三　"博士乡长""邻居夫妻"类不是同位同指组合

"博士乡长""农民画家"和"邻居两口子""房东夫妻"两类组合，刘街生（2004）看作同指短语。

先看前一类"博士乡长、农民画家"，类似的组合还有：大学生村官、学者公务员、作家妻子等，下面几句黑体字部分都属于这一类：

（84）高运海和妻子可能是会场里唯一的"**夫妻博士**"。高运海学的专业是高分子化学与物理，他的妻子郭慧娟是经济学博士，**夫妻博士**找工作已经很稀罕了，俩人同时瞄上了河南大学。

（85）77 岁的老朱是来自北京的一位功底深厚的太极拳师，美国女子是他儿子晓生的**作家妻子**。

将上面黑体字这样的组合看作有同位关系的理由是前、后两个名词项在具体的句子中处于同一句法位置并且所指相同。但我们用同位同指组合的形式鉴别标准测试，它们违反第四个前提：NP_1 和 NP_2 去掉任何一个，句子依然合语法。如上面两例如果去掉一项后，句子就不合格了：

（86）＊高运海和妻子可能是会场里唯一的"**博士**"。（数不匹配）

（87）＊美国女子是他儿子晓生的**作家**。

虽然上面句子中的"名名组合"这两个短语两项之间都不能插入"的"，但我们可以用"什么样的"取代前项名词来提问：

（88）什么样的乡长？——博士乡长

什么样的画家？——农民画家

其中"博士"和"农民"都读重音，前项重读，这是这类"名名组合"

的重要特征，符合修饰语的特点。因此这一类是定中偏正结构。

再看"邻居两口子"和"房东夫妻"类。这两个短语前、后两项之间虽然不容易插入"的"，但并不是绝对不能插入"的"，下面都是插入了定语标记"的"的例句：

(89) 因**房东夫妻**抢着要租金，小刘遭遇了房东换锁、掐电一系列麻烦，苦不堪言。

(90) 我在承德做买卖的时候是租的房子，一个月四百五，但是实际上我给的也就二百多，因为我和**房东的两口子**关系处得特别好。

(91) 小廖说，一般来说，**房东的夫妻**都在家的话，保姆是很少被男主人欺辱的。

(92) **邻居的两口子**是退休的小学老师，现在两人一个月能拿到8000多元的退休金。

(93) 在《阴差阳错》里，他们自然流露，生活化得像在看**邻居的夫妻**吵嘴。

能插入"的"，违反了同位同指组合形式鉴别标准的第二个前提，通不过同位同指组合测试。因此也是定中偏正结构。

四　贫嘴张大民和快嘴李翠莲：发展中的同位和偏正

《贫嘴张大民的幸福生活》和《快嘴李翠莲》都是影视剧的剧目名。韩蕾（2007）将"贫嘴张大民"看作指人的同指短语。

《现代汉语词典》（第6版）对"快嘴"的释义为"指不加考虑、有话就说或好传闲话的人"。词性标为名词。因此"快嘴"是指人名词，两项指人名词的"快嘴李翠莲"可以看作同位同指组合。

但《现代汉语词典》（第6版）对"贫嘴"的释义为：爱多说废话或开玩笑的话。词性标为形容词。也就是说"贫嘴"作为前项，和后项指人名词组合的时候，往往是修饰关系，而大量的例句也显示出这一点：

(94) 冷却，沉默，实在是对付**贫嘴老婆**的好办法之一。

(95) 可恶！你这**贫嘴小妞**，找打！

(96) 他们一个是又穷又横的**单身女人**，一个是内心千疮百孔的**贫**

嘴男人。

（96）句"贫嘴男人"和"单身女人"对举，"贫嘴"显示出修饰性。（94）—（96）黑体字部分前、后两项都可以插入"的"。黑体字的组合都是偏正关系。

但"贫嘴"由于老用来修饰指人名词，人们越来越接受它和"快嘴"一样可以有指人的用法，如：

（97）当年冯小刚导演的电影版《手机》里，严守一是个**贫嘴**，费墨也不时有金句爆出。

（98）没想到王佳一到国外就成了小**贫嘴**。

所以"贫嘴张大民"是偏正结构"贫嘴的张大民"还是同位同指组合"贫嘴人张大民"成了两可的选择。下面的例句也是一样的情况。

（99）颁奖嘉宾**贫嘴李咏**在后台对记者说："挺好，这个活动挺好。"

和"贫嘴"有同样发展趋向的还有"碎嘴"：

（100）NBA2002版十大"**碎嘴**"问世，佩顿、乔丹"光荣"入选。

（101）**贫嘴老公碎嘴儿子**。

（102）那个初中令爱琴讨厌的**碎嘴李大个儿**，停在174cm再也没长。

（103）正当此时，闲来无事的**碎嘴张春花**又开腔了："哎，我说，咱家放杂物的那张木板哪儿去了？"

当"贫嘴"、"碎嘴"跟专有名词组合，一般可以认为是同位同指组合了。

五　"我们出版社"类：可以是同位关系

这一类与第五章第四节谈的"单数人称代词＋集合名词"（我奥运军团）一类有相近之处。"我们"有"方"的含义。名名组合的前、后两项的外延内涵完全不同时，比如一项是指人的名词项，另一项是指物的名词项，那么两个名词项就容易存在不平等即主从的关系，而非等同的同位同指关系。洪爽、石定栩（2012：16）列出的判断表格中，就把"人称代词＋集合名词"这样的组合看成"通常组合成领属结构，而非同位结构"。后项名词包括：学校、公司、班级、出版社等，他们举的例子如：

（104）在**我们公司**里，我们尽量把本部门的人提升为主管，而不用"空降部队"的方式。

（105）原本**他们出版社**内是有专人实地采访报道这些事情的。

其实，后项的集合名词在句子使用中往往产生移情作用，可以直接拟人化，如下面的例子：

（106）**他们出版社**表示，这种行为不仅侵犯了作者的著作权，对出版社也是一种侵权。

（107）**我们公司**当然会为每一位员工的利益着想。

第（106）句中的"出版社"和第（107）句中的"公司"本来都是无生命的，但却在上面两个句子中发生移情作用，变成有生命的客体，因此像人一样可以"表示"，可以"为……着想"，因此也就能和人称代词形成同指关系：他们＝出版社；我们＝公司。

列表中，洪爽、石定栩（2012：15—16）还提到"朋友""同学""亲戚"等关系名词和人称代词组合不能构成同位关系，只能构成领属关系，如下面例句中的"他们朋友"：

（108）可是在大的社会里，人们彼此相邻而互不了解，所以他们可以对他的家庭置之不理，独自生活而不必顾及**他们朋友**对此有何看法。

他们认为这类关系名词无法在特定的语境中成为特定的集合而投射为DP，它们在"代词＋关系名词"里只能投射为NP。但实际上，正是因为这一类的关系名词可以进入表示关系性质的"我们是朋友（关系）"句式中，因此在和人称代词组合的时候可以构成同位关系，后项是对前项代词的身份和性质的说明。如下例：

(109) **你们朋友**就应该互相帮助。

(110) 亲爹亲妈的劝他都不听，怎么可能听**你们亲戚**的。

(111) **咱们妈妈**用什么化妆品合适。

(112) 孩子非要去，**咱父母**也不好强拦着吧。

　　因此无论"我们出版社"还是"你们亲戚"，两种组合都可以构成同位同指关系。

本章小结

　　本章有四部分内容。我们首先详细分析了双项同位同指组合的类型：八类名词性成分两两组合，一共有 42 种组合序列类型。根据它们的搭配规律，分别得出八类名词性成分居前项和后项的能力级差序列。这个级差序列显示如下几条规律：1. 人称代词居前项能力最强，时地直示词居后项能力最强、指量词其次；2. 普名、专名和照应词位置灵活；3. 含量词的成分只能出现一个。接下来我们主要讨论同位同指组合的句法分布和句法表现：有的组合倾向做主语或话题，有话题提示作用；有的组合倾向做宾语；而同位组合做定语时不像多重定语一样"依次剥皮"；在其非常规位置，如状语和谓语，同位组合虽能出现但句法表现力受限。根据这些句法表现，本章将这 42 种序列类型分为照应类、指示类、属性类和等同类，这正好与同位同指组合形式标准的测试结果吻合。最后我们讨论了五种句法关系难以断定的双项"名名组合"。

第 六 章

三项以上的多项同位同指组合

前面几章我们一直在讨论双项的同位同指组合的种种句法语义性质、特点和类别。这一章我们开始将视野放到更多项名词的组合类型上，以期对同位同指组合进行全方位的考察。经考察，我们发现，可充任同位项的八类名词性成分最多可以构成八项同位同指组合。下面我们以项数为单位分别进行考察。

第一节　三项同位同指组合

前一章我们列出 42 种同位同指双项组合序列类型，在此基础上，继续和能充任同位项的八类名词性成分组合成三项同位同指组合，理论上可以得到 336 种组合序列类型。但我们根据实际使用情况排列，发现只有如下 85 类序列类型是合法的。

一　三项同位同指组合的类型
1. 普通名词＋普通名词＋人称代词

根据上一章，"普通名词＋普通名词"的双项组合多指某一类的人、事、物，因此这类组合中的第三项"代词"一般只能是复数第三人称代词"他们"，语音上一般轻而短促。如例：

（1）这次的党课是院里给**书记所长等局级干部他们**特别开设的。

2. 普通名词＋普通名词＋地点直示词

"普通名词＋普通名词"的双项组合用法比较受限，以此为基础的三项组合更为受限。由于"普通名词＋普通名词"组合不可能指时间，因此时地直示成分只能是地点直示词，"普通名词＋普通名词"指处所才能与之构成同位同指组合，因此这类组合整体一般只能指处所。如例：

（2）你如果想到**省会首都等大城市那儿**找工作，没点儿真本事可不行。

3. 普通名词＋普通名词＋照应词

（3）**蛙等两栖动物自身**还有许多不完全适应陆地的，比如皮肤不能有效地防止水分蒸发，还需借助皮肤辅助呼吸，骨骼等方面不适应快速的陆地运动，各种感官还不足够灵敏等，这些都是不完全适应陆生生活的表现。

4. 普通名词＋普通名词＋指量名

由于这类组合第二项普通名词已经是词义居于上位的通指名词，因此再和第三项指称事物的名词性成分"指量名"组合时，居于末项的是指比第二项普通名词所指事物更上位的事物。如：

（4）如果**米面粮食这种生存最基本的物资**都不能保障，更不要说御寒衣物和弹药了。

5. 普通名词＋专有名词＋专有名词

上一章的双项同位同指组合"普通名词＋专有名词"，使用较为自由，用例也多，在此基础上形成的三项同位同指组合的类型相对也很自由。可以和八类成分中的六类（除了人称代词和普通名词）形成三项组合序列。和专有名词的组合例句如下：

（5）**《水浒》好汉武松武二郎**见恩主受人逼迫，心中怒火万丈，便身藏利刃，隐匿在蔡府之前。

6. 普通名词＋专有名词＋地点直示词

由于"普通名词＋专有名词"一般不表示时间，而时地直示词只能指时间或者处所，因此这类三项组合的几项都只能都表示处所，地点直示词用"这儿""那儿"等：

（6）去年这个时候我去了趟欧洲，在**意大利首都罗马那儿**，钱包、证件被人给偷了，差点回不来。

7. 普通名词＋专有名词＋照应词

（7）今年诺贝尔文学奖宣布的消息传来时，**作家莫言自己**还有点吃惊。

8. 普通名词＋专有名词＋指量名

（8）**沿海城市烟台威海这一带**，冬暖夏凉，空气清新，很适合人居住。

（9）**老班长震匀这个人**心眼儿特好，总是一心想着大家伙儿，从不自私自利。

9. 普通名词＋专有名词＋数量名

这类组合序列的第三项"数量名"和前项"专有名词"在"数"上是一致的，也就是说，"数量名"的"数"是几，中间专有名词就有几个并列项。如例：

（10）**奥运冠军伏明霞、郭晶晶两个**都嫁给了香港人。

10. 普通名词＋专有名词＋一量名

（11）**冠军朱之文一个农民**，竟从《星光大道》一路登上了春晚的舞台，和蒋大为合唱。

（12）**局长王成一个老党员**怎么会轻易上这种人的当！

11. 普通名词＋人称代词＋普通名词

上一章第二节我们分析说，人称代词的居首项能力最强，因此在双项组合"普通名词＋人称代词"的基础上再增添一项，应该比较容易，因为居中项为"人称代词"，第三项就可以是八类名词性成分的任意一类。不过由于首项普通名词的存在，后项也会有搭配受限的问题，比如"普通名词＋人称代词"再跟"普通名词""专有名词""地点直示词"和"人称代词"组合，合格的句例就都很少：

（13）我总不能让**岳父您老人家**走着去吧？

12. 普通名词＋人称代词＋专有名词

（14）想到这里，他抬头看了看太阳，无精打采地站起来，遥望着南方大声说道，"于美花，**哥哥我李小生**为你送行了，愿你一路顺风，一路平安！"

13. 普通名词＋人称代词＋地点直示词

这类三项组合序列中的第二项"代词"一般是第三人称代词，第一项为指人名词。一般只能整体指处所。如例：

（15）一提到过会儿要上台领奖，王老师不由自主地老看**学生他们那儿**。

14. 普通名词＋人称代词＋人称代词

这类三项组合序列合格的用例非常少，居中项的代词一般是第三人称代词，而第三项的代词一般是其他代词。如例：

（16）这话如果是**我同事他们别人**说的，我还不介意，你这么说我就气死了。

15. 普通名词＋人称代词＋照应词

（17）做错事的虽然是**孩子他们自己**，但你作为老师也有没看顾好的责任。

16. 普通名词＋人称代词＋指量名

（18）**班长他这人**吧，我觉得挺阴的，从来就不打兵，如果你以为他是对新兵好你就错了，他就是个变态，在训练上想尽办法虐待你让你苦不堪言，你还拿他没法。

（19）让**大学生他们这个群体**，不要再成为低端产业链上的时代牺牲品，创造自己的产业链。

17. 普通名词＋人称代词＋数量名
跟第三项"数量名"的"数"相一致，第一项的普通名词通常由几项名词并列构成，而第二项代词一般只能是复数第三人称。如例：

（20）**厂长书记他们两人**跟演双簧似的。
（21）没想到在这种时候，**大哥二哥人家俩**还该干啥干啥，跟没事人似的。

18. 普通名词＋人称代词＋一量名
这一类组合的首项普通名词一般是听说双方所共知的某个人，有专有名词的特性。

（22）你说你买这么多，**局长他一个老头**能吃得了吗？
（23）你可不能小看**局长人家一个快 70 岁的老头**，人家天天坚持爬楼梯上班呢。

19. 普通名词＋照应词＋照应词
双项组合"普通名词＋照应词"只能和"照应词""数量名"组合。居中项是照应词，根据上一章的分析，照应词做前项的能力并不强，何况还有首项"普通名词"的限制。这类序列如下例：

（24）一般，婚姻是件隆重而又谨慎的事情，所以传统观念上的戒指是让**夫妻彼此双方**心连心相互呵护陪伴的。

（25）上篇说到如何将成功传给下一代，教育孩子的关键是父母。这篇说说**孩子自己本身**。

20. 普通名词＋照应词＋数量名

"数"限于"一"，如例：

（26）你就把**孩子自己一个人**撂在家里啊？

21. 普通名词＋一量名＋地点直示词

双项组合"普通名词＋一量名"跟其他名词性成分也很难继续组合，勉强能和"地点直示词"构成三项组合。这类组合合格的例句也很少，只能指处所：

（27）在**我家乡一个不足万人的小村那儿**，五年出四个北大学生真是奇迹。

22. 普通名词＋数量名＋地点直示词

双项组合"普通名词＋数量名"可以与"地点直示词"和"照应词"构成三项组合。与"地点直示词"的组合合格的例句很少，只能指处所：

（28）李局长看到他们两口子仍站在树下，就迅速朝**夫妻两人那儿**走过去。

23. 普通名词＋数量名＋照应词

（29）**兄弟两个自身**是博士，找的媳妇也都是博士。

24. 普通名词＋指量名＋地点直示词

双项组合"普通名词＋指量名"可以与"地点直示词"和"照应词"构

成三项组合。与"地点直示词"的组合只能指处所:

（30）**首都这个城市这儿**人才济济。

25. 普通名词＋指量名＋照应词

（31）对于任何一个中国的企业来讲，都应该意识到品牌运营的价值，都应该意识到**品牌这个东西本身**对于一个企业的重要性。

26. 专名＋专名＋专名
专名做前项的能力强，因此双项组合"专名＋专名"可以和七类名词性成分构成三项同位同指组合，首项专有名词常常是某个人的绰号或昵称。

（32）**"行者"武松武二郎**是《水浒传》中少数善终的角色，为第 14 把交椅。

27. 专名＋专名＋地点直示词

（33）这名歌手边唱边朝**"毕姥爷"毕福剑那儿**一步步地挪。

28. 专名＋专名＋人称代词
这类组合中第三项的代词通常是第三人称代词，这个三项组合一般不在宾语位置上出现。如例:

（34）**武二郎武松他**三碗过景阳冈，打死老虎只用一掌。

29. 专名＋专名＋照应词

（35）如果非说现场有托儿的话，这个托儿不在观众中而正是**李快嘴李伯祥自己**。

30. 专名＋专名＋数量名

（36）台上就剩下**李快嘴李伯祥一个演员**了。

31. 专名＋专名＋指量名

（37）**吴汉雄吴老师这个人**非常冷静。

32. 专名＋专名＋一量名

（38）**"大衣哥"朱之文一个农民**，从未经过专业训练，能唱到这样已经够不容易的了。

33. 专名＋普通名词＋地点直示词

双项组合"专名＋普通名词"可以和四类名词性成分构成三项同位同指组合。

（39）**老李、小王师徒那儿**是全场的中心点。

34. 专名＋普通名词＋照应词

这类组合序列中的末项既可以是照应词的任何一类：可以是反身代词也可以是相互代词，还可以是"双方"。如例：

（40）你们要及时将考核情况转达**老王和小李师徒本人**。
（41）这件事对**王明和李华小两口彼此**都是巨大的考验。

35. 专名＋普通名词＋数量名

这类组合的中间项"普名"一般是关系名词，首项"专名"通常是几个人名的并列，数目与第三项在"数"上一致。如例：

（42）**老王和小李师徒两个**一前一后相跟着走进厂里。

36. 专名＋普通名词＋指量名

（43）对才毕业的**王明李华夫妇这两人**来说，有一套一居室的小房子立足就很不错了。

37. 专名＋人称代词＋普名

双项组合"专名＋人称代词"可以和五类名词性成分构成三项同位同指组合。和"普通名词"组合的用例非常少，如例：

（44）**王教授他老人家**虽然年届 80 岁，仍然坚持读书写作。

38. 专名＋人称代词＋照应词

（45）**小明他自个儿**其实心里很有数。

39. 专有名词＋人称代词＋一量名

这类组合序列中间项代词一般为单数第三人称代词。如例：

（46）**王德强他一个大学生**到农村能干什么？

40. 专有名词＋人称代词＋指量名

这类组合序列中间项代词一般为单数第三人称代词。通常不出现在动词宾语位置上。如例：

（47）**小王他这人**心眼可好了。

41. 专有名词＋人称代词＋数量名

这类组合序列中间项代词一般为人称代词，前项专名通常是几个名字的并列结构，数目与末项在"数"上一致。如例：

（48）我没想到**小赵小李他们两个**都已经有孩子了。

42. 专有名词＋照应词＋地点直示词

双项组合"专名＋照应词"只能和"地点直示词"、"照应词"和单数"数量名"构成三项组合。"专有名词＋照应词＋地点直示词"组合只能指处所：

（49）**小张自己这儿**其实并没有那么多现成的资料。

43. 专有名词＋照应词＋照应词

（50）**小张自己本身**不想参加，但领导力邀他也不好意思回绝。

44. 专有名词＋照应词＋数量名

（51）报名的只有**小王自己一个**。

45. 专有名词＋指量名＋地点直示

双项组合"专有名词＋指量名"能和"地点直示""照应词""人称代词"和单数"数量名"构成三项同位同指组合。和"地点直示词"构成三项组合时，专有名词是处所名。用例极少，如下例：

（52）**青岛这个城市这儿**包容性其实是非常强的。

46. 专有名词＋指量名＋照应词

双项组合"专有名词＋指量名"和"照应词"构成的组合较为常见。如下例：

（53）唉，悲剧的是，毁了大好前程的正是**明明这孩子自己**。

47. 专有名词＋指量名＋人称代词

双项组合"专有名词＋指量名"只能和第三人称代词组合成三项组合，不能出现在动词宾语的位置上：

（54）**小王这小子他**真不是东西！

48. 专有名词＋指量名＋数量名

（55）人都走光了，就剩**小王这小子一个**了。

49. 专有名词＋一量名＋地点直示词

双项组合"专有名词＋一量名"只能和"地点直示词""照应词"形成三项同位同指组合，和"地点直示词"形成三项组合时，"专有名词"即使是指人名词也只表示位置。如下例：

（56）这人竟然毫不犹豫地把责任推向**小红一个五岁的小孩那里**。

50. 专有名词＋一量名＋照应词

（57）虽然对方也受到了惩罚，但这事对**小红一个文弱女孩本身**造成的心理创伤简直是无法估量的。

51. 专有名词＋数量名＋地点直示词

双项组合"专有名词＋数量名"只能和"地点直示词""照应词"形成三项同位同指组合，和地点直示词形成三项组合时，专有名词是多个地名的并列结构，在"数"上与"数量名"保持一致。整个组合指处所。如下例：

（58）**北京、上海两大城市那儿**房价都高得离谱。

52. 专有名词＋数量名＋照应词

（59）**小张小王两人彼此**，都对对方心怀感激。

53. 人称代词＋人称代词＋普通名词

双项组合"人称代词＋人称代词"除了不能和"人称代词"自身形成三项同位同指组合外，能够和其他七类名词性成分中的任何一类形成三项组合。前两项人称代词一般第一项是"人家"，第二项可以是第三人称代词，有时有的组合也可以是泛指代词"别人"。由于"人称代词"充任前项的能力很强，因此"人称代词＋人称代词"是组合能力比较强的一种双项组合序列。下例是和普通名词的组合，用例较多：

（60）**人家他们沿海城市**空气新鲜气候宜人。

54.人称代词＋人称代词＋专有名词
这个组合不一定指人，如例：

（61）**人家他们诺基亚**，今年的年终奖有 5 位数呢。

55.人称代词＋人称代词＋地点直示词
这类组合序列前两项代词一般只能是前项是泛指代词"人家"，中间项是第三人称代词或者泛指代词"别人"。组合整体指处所。如下例：

（62）**人家他们那儿**才是全市的中心区。
（63）一到要求负责任的时候，你们就看**人家别人那儿**。

56.人称代词＋人称代词＋照应词
这类组合序列三项代词的前后次序只能是：泛指代词"人家"、人称代词、反身代词。如下例：

（64）**人家他们自己**也知道本身条件不是太好，所以不大会看不起你。

57.人称代词＋人称代词＋指量名

（65）**人家他们这个 NGO 组织**啊，要用十年的时间，一次又一次踏访川那边的六条大江，包括踏访那里的农民。

58. 人称代词＋人称代词＋数量名

这类组合序列有两种情况：第一种情况是首项为泛指代词"人家"，中间项的代词为复数第三人称代词，如下例（66）；第二种情况是首项是"咱们"中间项为人称代词并列结构"你我"，如下例（67）：

（66）**人家他们三个**是亲弟兄。

（67）**咱们你我两家**得商量好了，齐心协力去准备。

59. 人称代词＋人称代词＋一量名

这类组合序列前项为泛指代词"人家"，中间项为单数第三人称代词"他"。如例：

（68）**人家他一个农民**能够发明出这种新型机器，真的太了不起了！

60. 人称代词＋照应词＋地点直示词

双项组合"人称代词＋照应词"只能和"地点直示词""照应词"及单数"数量名"形成三项同位同指组合，和"地点直示词"形成三项组合时，不指人指处所。如：

（69）**他自己这儿**就是队伍的中心点。

61. 人称代词＋照应词＋数量名

（70）这里就剩下**我自己一个**了吗？

62. 人称代词＋照应词＋照应词

（71）听了项羽这一席话，刘邦一阵沉默，过了会儿才道："好，如此也干净利索，从此心中再无什么瓜葛，**咱们彼此双方**也可放手而来一决胜负了。"

63. 人称代词＋普通名词＋专名

双项组合"人称代词＋普通名词"可以和可充任同位项的任何八类名词性成分组合成三项同位同指组合。这些组合序列首项代词既可以是人称代词（多为第三人称），也可以是泛指代词"人家"。如例：

(72) **他们首都北京**已经连续一个月雾霾天气了。

(73) **人家女皇武则天** 67 岁才继位呢。

(74) **人家作者刘震云**早就到这儿等着你了。

64. 人称代词＋普通名词＋地点直示词

(75) **他们首都那儿**已经连续一个月雾霾了。

65. 人称代词＋普通名词＋普通名词

这类组合前项代词可以是三身人称代词，也可以是泛指代词"人家"。如例：

(76) **人家本科生等在校生**游泳都不花钱。

(77) **你们父母家长**可曾考虑过我们孩子的感受吗？

66. 人称代词＋普通名词＋照应词

(78) **他们夫妻双方**各过各的，谁也不管谁。

67. 人称代词＋普通名词＋人称代词

首项代词如果是泛指代词"人家"，末项代词可以是第三人称代词，一般不出现在动词宾语位置上：

(79) **人家院长他**一大早就风尘仆仆地赶来了。

68. 人称代词＋普通名词＋一量名

（80）**人家市长一个大领导**尚且准备走着去，你一个小老百姓还想坐车？

69. 人称代词＋普通名词＋数量名

（81）**人家局长书记两位老同志**大老远地跑来，咱们一定得热情款待。

70. 人称代词＋普通名词＋指量名

（82）**他们特型演员这个群体**最早出现在苏联，是出于"重现当年情景"的需要，往往选用一个固定的，与某位伟人面貌相似的演员饰演其在影视剧作品中的角色。

71. 人称代词＋专有名词＋普通名词

双项组合"人称代词＋专有名词"可以和八类名词性成分中除了"人称代词"外的任何一类组合，形成三项同位同指组合。前项代词可以是复数第三人称代词"他们"，可以是泛指代词"人家"，中间项"专有名词"根据后项成分，可以是多个人名的并列结构。"人称代词＋专有名词＋普通名词"这个序列的末项普通名词一般是表关系的封闭名词类"夫妻""师徒"等。如例：

（83）**人家李华王明夫妇**早就到了。

72. 人称代词＋专有名词＋专有名词

（84）**人家武松武二郎**几拳就能打死老虎。

73. 人称代词＋专有名词＋地点直示

（85）**他们北京那儿**空气污染太厉害了。

74. 人称代词＋专有名词＋照应词
这类组合序列前项代词是人称代词，后项代词是反身代词。如例：

（86）**我李力自己**都还不知道评上一等奖的事呢。

75. 人称代词＋专有名词＋数量名
这类组合序列中间项的专有名词是多个名字的并列，跟后项"数量名"
在"数"上保持一致。如例：

（87）**人家小张小王两个**早就来了。

76. 人称代词＋专有名词＋一量名
前项代词一般为单数第三人称代词。如例：

（88）**他小张一个小木匠**有什么能耐马上还清贷款啊。

77. 人称代词＋专有名词＋指量名

（89）**人家小王那个人**从来不计较个人小利。
（90）这样做会让**他们东盟那个组织**陷入危机。

78. 人称代词＋地点直示词＋照应词
双项组合"人称代词＋地点直示词"只能勉强和"照应词"及"一量
名"组合成三项同位同指组合。如例：

（91）尽管**他们那儿本身**不产葡萄，但是通过地区贸易接触到葡萄
酒之后，埃及人全身心地投入了它的怀抱。

79. 人称代词＋地点直示词＋一量名
80. 人称代词＋地点直示词＋普通名词

（92）我建议你还是不要到我们荣成这儿来得好，**我们这儿一个小地方**，容不下您那么多要求，你可以考虑去青藏高原，那清静得很！还有铁路，买东西方便，不像**我们这儿小农村**！

81. 人称代词＋一量名＋地点直示词

双项组合"人称代词＋一量名"一般只能跟"地点直示词"形成三项同位同指组合。用例极少，如例：

（93）你朝**人家一个老头那儿**大喊大叫的像什么话！

82. 人称代词＋数量名＋照应词

双项组合"指量名＋数量名"一般只能跟"照应词"和"地点直示词"形成三项同位同指组合。"人称代词＋数量名＋照应词"组合序列中前项为三身代词或"人家"，末项为反身代词或者相互代词。如例：

（94）我希望这两天**咱们两个彼此**都好好地考虑考虑。
（95）**人家几个自己**都还没觉得丢人呢。

83. 人称代词＋数量名＋地点直示词

（96）**他们两个那里**是全场的中心点。

84. 人称代词＋指量名＋照应词

双项组合"人称代词＋指量名"一般只能跟"照应词"形成三项同位同指组合，如例：

（97）虽然他妈妈很市侩，但他本人很正直，因此我对**他这人本身**还是很喜欢的。

85. 指量名＋人称代词＋照应词

双项组合"指量名＋人称代词"一般只能跟"照应词"和"数量名"形成三项同位同指组合。"数"限于"一"。如例：

（98）这个结果其实连**这家伙他自己**都不知道。

（99）我们对**这位同志他本身**并没有什么意见，但是实在无法忍受他家属的胡搅蛮缠。

86. 指量名＋人称代词＋数量名

（100）我们来的时候，满大厅就剩下**这位先生他一个人**了。

二　三项组合同位项的搭配序列表

85 类三项同位同指组合的搭配序列类型的具体情况列表如下：

表 6－1　　　　　　　　　三项同位同指组合搭配列表

前项＼后项	普名	专名	地点	人代	照应	指量名	数量名	一量名
普名＋普名	－	－	＋	＋	＋	＋	－	－
普名＋专名	－	＋	＋	－	＋	＋	＋	＋
普名＋人代	＋	＋	＋	＋	＋	＋	＋	＋
普名＋照应	－	－	－	－	＋	－	＋	－
普名＋一量	－	－	＋	－	－	－	－	－
普名＋数量	－	－	＋	－	＋	－	－	－
普名＋指量	－	－	＋	－	＋	－	－	－
专名＋专名	－	＋	＋	－	＋	－	＋	－
专名＋普名	－	－	＋	－	＋	＋	＋	－
专名＋人代	＋	＋	＋	－	＋	＋	＋	＋
专名＋照应	－	－	＋	－	＋	－	＋	－
专名＋指量	－	－	＋	－	＋	－	＋	－
专名＋数量	－	－	＋	－	＋	－	－	－
专名＋一量	－	－	＋	－	＋	－	－	－
人代＋人代	＋	＋	＋	－	＋	＋	＋	＋

续表

前项＼后项	普名	专名	地点	人代	照应	指量名	数量名	一量名
人代＋照应	－	－	＋	－	＋	－	＋	－
人代＋普名	＋	＋	＋	＋	＋	＋	＋	＋
人代＋专名	＋	＋	＋	－	＋	＋	＋	＋
人代＋地点	＋	－	－	－	＋	－	－	＋
人代＋一量	－	－	＋	－	＋	－	－	－
人代＋数量	－	－	＋	－	＋	－	－	－
人代＋指量	－	－	－	－	＋	－	－	－
指量＋人代	－	－	－	－	＋	－	＋	－

　　表6－1显示出，"地点直示词"和"照应词"是最常见充任末项的成分，"数量名"居其次，"指量名"、"一量名"再次，"专有名词"和"普通名词"属第四等级，"人称代词"居于最末项的能力最差（虽然数量上和"普名"差不多，但人称代词居末项的组合序列多不能出现在动词宾语的位置上，句法能力很受限）。如下：

（101）照应＞地点直示＞数量名＞指量名＞一量名＞专名＞普名词＞人代

　　　　　1　　　　　　2　　　　　3　　　　　　　　4

　　双项组合序列中"普通名词＋人称代词"和"人称代词＋普通名词"能和八类名词性成分的任何一类组成三项同位同指组合，组合能力最强，稍次为"专有名词＋专有名词"、"人称代词＋专有名词"和"人称代词＋人称代词"，再次为"普通名词＋专有名词"和"专有名词＋人称代词"。这些序列类型构成了三项同位同指组合的主力序列类型。

第二节　四项同位同指组合

一　四项同位同指组合的类型

上一节我们分析了有86类三项同位同指组合的序列类型，这一章我们继续分析四项同位同指组合的类型和结构。在 85 类三项同位同指组合的基础上，再和 8 类名词性成分组合，理论上可以构成有 688 种四项组合的序列类型。但我们根据同位同指组合形式鉴别标准的测试，发现有如下 155 个合法的序列类型。

1. 普通名词＋普通名词＋人称代词＋照应词

这类组合的后两项代词，前项一般是复数第三人称代词。如例：

(1) 校方规定在合约上签字的必须是**本科生等在校生他们自己**。
(2) **猫狗等宠物它们自己**，是没有能力选择主人的。

2. 普通名词＋普通名词＋人称代词＋地点直示词

(3) 胆小懦弱的小敏快速地跑向**父母家人他们那里**。

3. 普通名词＋普通名词＋人称代词＋指量名

(4) 等你自己有了孩子才会明白，世界上只有**父母亲人他们这种真正疼爱你的人**，才可以做到不求任何回报地付出。

4. 普通名词＋普通名词＋照应词＋照应词

这类组合一般不在宾语位置上出现。如例：

(5) **本科生等在校生自己本身**，还没有工资，不具备养活自己的能力。

5. 普通名词＋普通名词＋指量名＋地点直示

(6) 只有**父母家人这种真心关爱你的人这儿**，才是温暖的港湾。

6. 普通名词＋专有名词＋普通名词＋数量名

(7) **马派弟子冯志孝与张学津师兄弟二人**属于该派比较引人注目的

弟子。

7. 普通名词＋专有名词＋普通名词＋照应词

这类组合一般不在宾语位置上出现。如例：

（8）**木匠老王和小王祖孙自身**，都对自己手艺精益求精。

8. 普通名词＋专有名词＋普通名词＋地点直示词

（9）他朝**邻居老王和明明父子那里**走过去。

9. 普通名词＋专有名词＋专有名词＋地点直示词

（10）大家纷纷转头看向**九班长李大个儿李非那儿**？

10. 普通名词＋专有名词＋专有名词＋照应词

（11）宣布取消这次活动的正是**班长李大个儿李非自己**，但他后来却不承认了。

11. 普通名词＋专有名词＋专有名词＋数量名

（12）教室里就剩下**班长李大个儿李非一个人**了。

12. 普通名词＋专有名词＋专有名词＋指量名

（13）**班长李大个儿李非这个人**古道热肠的，很仗义。

13. 普通名词＋专有名词＋专有名词＋一量名

（14）对**班长李大个儿李非一个山东大汉**来讲，缝缝补补这种活儿真是做不了。

14. 普通名词＋专有名词＋人称代词＋普通名词

（15）**我老师王林他老人家**一直教导我们一定要一切遵从史实。

15. 普通名词＋专有名词＋人称代词＋照应词

（16）**作者六六她本人**并不知道外界已经闹翻了天。

16. 普通名词＋专有名词＋人称代词＋地点直示词

（17）**首都北京他们那儿**刚经历了一场多人溺亡的大暴雨。

17. 普通名词＋专有名词＋人称代词＋指量名

（18）**我老婆小林她这人**啊，刀子嘴豆腐心。

18. 普通名词＋专有名词＋人称代词＋数量名

（19）**我同学丁丁、兰兰和明明他们三个**是邻居。

19. 普通名词＋专有名词＋人称代词＋一量名

（20）**我同学小明他一个民工子弟**，年年考第一，保送去了清华。

20. 普通名词＋专有名词＋指量名＋地点直示词

（21）大家的目光都投向了**董事长王奎那个人那儿**。

21. 普通名词＋专有名词＋指量名＋照应词

（22）**我儿子小明这家伙自己**，还不知道已经获奖了呢。

22. 普通名词＋专有名词＋数量名＋照应词

（23）**金童玉女毛宁和杨钰莹两人彼此**，都将对方看成亲人。

（24）**村民李强和李勇两兄弟自己**，还不知道家里的地被征用了。

23. 普通名词＋专有名词＋数量名＋地点直示词

（25）他准备去**胶东青岛、烟台、威海三市那儿**开办新的养殖基地。

24. 普通名词＋专有名词＋照应词＋照应词

（26）**当事人李某和王某彼此双方**，这段日子一直互相埋怨谩骂。

25. 普通名词＋专有名词＋照应词＋地点直示词

（27）**当事人王敏自己这儿**，保存了一份相当完整的资料。

26. 普通名词＋人称代词＋普通名词＋照应词

这类组合序列合格例子有限，因为能出现在第三项的普通名词极少。第二项的代词一般为人称代词，末项的代词一般为反身代词。如例：

（28）**父亲他老人家自己**，可能并不知道已经得了这么大的病。

（29）**你同桌他小子本身**，就怪小气的。

27. 普通名词＋人称代词＋普通名词＋地点直示

（30）因为要做重要决定，我们都看向**父亲他老人家那儿**。

28. 普通名词＋人称代词＋普通名词＋数量名

（31）他去的时候，大厅里就剩下**父亲他老人家一人**了。

29. 普通名词＋人称代词＋专有名词＋地点直示词

（32）你们都得向**姐姐我"王标兵"这儿**看齐。

30. 普通名词＋人称代词＋专有名词＋照应词

（33）**哥哥我李铁锤自己**，都不知道到哪儿混口饭吃呢。

31. 普通名词＋人称代词＋专有名词＋数量名

（34）**哥哥我李铁锤一个人**，就能打趴你们仨！

32. 普通名词＋人称代词＋专有名词＋指量名

（35）**兄弟我张大个儿这个人**虽然块头大，但是不会轻易欺负人的。

33. 普通名词＋人称代词＋专有名词＋一量名

（36）我就不信**兄弟我李快嘴一个名主持**还找不到出路！

34. 普通名词＋人称代词＋照应词＋地点直示词

（37）**学生他们自己那儿**也有一些经费，你不用担心。

35. 普通名词＋人称代词＋指量名＋照应词

（38）**书记、院长他们这俩人彼此**，意见总是不一致。
（39）**司务长他这人本身**吧，心眼儿并不坏，但就是爱贪小便宜。

36. 普通名词＋人称代词＋指量名＋地点直示词

（40）**书记、院长他们那俩人那儿**是第一排的中心点。

37. 普通名词＋人称代词＋数量名＋照应词

（41）**厂长书记他们俩人彼此**，总是意见不合。

38. 普通名词＋人称代词＋数量名＋地点直示词

（42）**厂长书记他们俩人那儿**有我们公司历年来荣获的奖杯。

39. 普通名词＋人称代词＋一量名＋地点直示词

（43）**妹妹她一个不懂事的小屁孩儿这儿**，能探听到什么口风啊？

40. 普通名词＋人称代词＋一量名＋照应词

（44）就凭**弟弟他一个小学生自己**，怎么可能完成这么高难度的任务啊。

41. 普通名词＋数量名＋照应词＋照应词

（45）**兄弟两个自己本身**都是博士，找的媳妇也都是博士。

42. 普通名词＋数量名＋照应词＋地点直示词
这类组合表示处所领有关系。如例：

（46）**兄弟两个自己那儿**都有很多事，却都尽力帮助我们。

43. 普通名词＋指量名＋照应词＋照应词
这类组合一般不能出现在宾语位置上。如例：

（47）**"手机安全"这类软件自己本身**，就带来电归属地显示。

44.专有名词＋专有名词＋专有名词＋地点直示词

　　(48) 你最好看看**"行者"武松武二郎那儿**有没有这种哨棒。

45.专有名词＋专有名词＋专有名词＋照应词

　　(49) **"行者"武松武二郎自己**，此刻还不知道已经得罪人了呢。

46.专有名词＋专有名词＋专有名词＋指量名

　　(50) **"行者"武松武二郎这个人**很侠义。

47.专有名词＋专有名词＋专有名词＋数量名

　　(51) 就**"行者"武松武二郎一个人**，你准备这么多酒干吗？

48.专有名词＋专有名词＋专有名词＋一量名
这类组合多出现在话题（主语）位置上。如例：

　　(52) **"行者"武松武二郎一个打虎英雄**，怎么会怕你一个区区小孩。

49.专有名词＋专有名词＋人称代词＋照应词
这类组合两个相邻的代词项前项一般是人称代词，后项一般是反身代词。如例：

　　(53) **武二郎武松他自己**还不知道已经闯了大祸了。
　　(54) **李快嘴李翠莲人家本身**，并没有这种想法。

50.专有名词＋专有名词＋人称代词＋地点直示词

　　(55) 你知不知道**吴阶平吴老他那里**有没有这本书？

51. 专有名词＋专有名词＋人称代词＋指量名

（56）**李大个儿李非他这人**吧，古道热肠的，心眼儿特好。

52. 专有名词＋专有名词＋人称代词＋数量名

（57）山上就只有**武二郎武松他一个人**吗？

53. 专有名词＋专有名词＋人称代词＋一量名

（58）**大衣哥朱之文他一个农民**，未经任何专业训练，歌却唱得那么棒！

54. 专有名词＋专有名词＋人称代词＋普通名词
这类序列组合中的末项"普通名词"是很有限的个别词，如"老人家"、"小子"等。如例：

（59）你可别给**李大个儿李非他小子**什么好脸。
（60）**吕叔湘吕先生他老人家**对"无错不成书"现象痛心疾首，自称有"错字过敏症"。

55. 专有名词＋专有名词＋照应词＋照应词
这类组合一般不出现在宾语位置上。如例：

（61）**李大个儿李非自己本身**，天资聪颖，刻苦好学，学习能不好吗！

56. 专有名词＋专有名词＋照应词＋数量名

（62）进球的就只有**李大个儿李非自己一个人**。

57. 专有名词＋专有名词＋照应词＋地点直示词

（63）中心点正是**李大个儿李非自己这儿**，所以他让前前后后的同学都以他为准自动对齐。

58. 专有名词＋专有名词＋指量名＋地点直示词

（64）你不要把责任都推向**吴汉雄吴老师那个人那儿**。

59. 专有名词＋专有名词＋指量名＋照应词

（65）**李大个儿李非这个人本身**，脾气就不好，你再一惹他，他自然更是暴跳如雷。

60. 专有名词＋专有名词＋一量名＋地点直示词

（66）我们都把敬佩的目光投向**景公王景山一位耄耋老学者那儿**。

61. 专有名词＋专有名词＋一量名＋照应词

（67）**李大个儿李非一个男孩子自己**，是不好意思去跟人家女孩子提这个的。

62. 专有名词＋普通名词＋人称代词＋照应词

（68）这件事会影响**老王小李师徒他们彼此**的信任。
（69）**老王小李师徒他们自己**，并不觉得这件事有什么不利。

63. 专有名词＋普通名词＋人称代词＋地点直示词

（70）我不知道为什么大家都看**老王小李师徒他们那儿**。

64. 专有名词＋普通名词＋人称代词＋数量名

（71）**李华王明夫妇他们两个**，整日就知吃喝玩乐，浪费光阴。

65. 专有名词＋普通名词＋人称代词＋指量名

（72）我们对**李华王明夫妇他们这俩人**很有看法。

66. 专名＋普通名词＋照应词＋照应词

（73）**王明李华小两口彼此双方**，总是互相尊重互相疼惜，携手走了十几年了。

67. 专名＋普通名词＋照应词＋地点直示词

（74）**老王小李师徒自己那儿**，都留着一份完整的合同。

68. 专有名词＋普通名词＋指量名＋照应词

（75）**这件事章、于夫妇这两人双方**，都不承认。
（76）出尔反尔的正是**章、于夫妇这俩人自己**。

69. 专有名词＋普通名词＋指量名＋地点直示词

（77）**章、于夫妇这两人这儿**穷得什么都没有。

70. 专有名词＋普通名词＋数量名＋地点直示词

（78）**老王小李师徒两个那儿**是正中间的位置。

71. 专有名词＋普通名词＋数量名＋照应词

(79) **老王小李师徒两个自己**还不知道获大奖了呢。

72. 专有名词＋人称代词＋普通名词＋照应词

(80) **李爷爷他老人家自己**其实不需要住那么大的房子。

73. 专有名词＋人称代词＋普通名词＋地点直示词

(81) 你老看**李爷爷他老人家那儿**做什么。

74. 专有名词＋人称代词＋普通名词＋数量名

(82) 我下午去的时候，满院子就**李爷爷他老人家一个人**。

75. 专有名词＋人称代词＋照应词＋照应词

(83) **李明王华他们彼此双方**，对对方都挺满意的。

76. 专有名词＋人称代词＋照应词＋地点直示词

(84) **小明他自个儿这儿**，一点都不知道事态发展的严重性。

77. 专有名词＋人称代词＋一量名＋地点直示词

(85) **老李他一个粗粗拉拉的大男人那儿**怎么会有针线盒啊。

78. 专有名词＋人称代词＋一量名＋照应词

(86) 仅凭**小明他一个小学生自己**，是无法拿出这么充分的证据的。

79. 专有名词＋人称代词＋指量名＋地点直示词

（87）**小王和小李他们这两人这儿**，可是有重要的线索。

80. 专有名词＋人称代词＋指量名＋照应词

（88）**小王他这人自身**，并没有太多的优越感，有时反而是自卑。

81. 专有名词＋人称代词＋数量名＋地点直示词

（89）领导一宣布结果，大家就都看**小王和小李他们两人那儿**。

82. 专有名词＋人称代词＋数量名＋照应词

（90）**小王和小李他们两人自己**，其实并不觉得他们的作品有多突出。

83. 专有名词＋指量名＋照应词＋地点直示词

（91）**小明这孩子自己这儿**，也保存着一份解说词。

84. 专有名词＋指量名＋照应词＋数量名

（92）**小明这孩子自己一个人**，悄悄把五个人的东西都搬上来了。

85. 专有名词＋指量名＋照应词＋照应词

（93）这么处理对**王、张这两人彼此双方**都有好处。

86. 专有名词＋数量名＋照应词＋照应词

（94）**小张小王两人彼此双方**，都对对方心怀感激。

87. 专有名词＋数量名＋照应词＋地点直示词

　　（95）**小张小王两人双方那儿**都有完整的资料。

88. 人称代词＋人称代词＋照应词＋地点直示词

　　（96）**人家他们自己那儿**，什么东西没有啊！

89. 人称代词＋人称代词＋照应词＋照应词

　　（97）**人家他们自己本身**吧，就是专业技术人员，怎么会听不懂你这点浅显知识呢。

90. 人称代词＋人称代词＋照应词＋数量名

　　（98）**人家他自己一个人**，竟然搬走了五十斤的石头。

91. 人称代词＋人称代词＋专有名词＋地点直示词

　　（99）**人家他们北京那儿**，坐公交车才 4 毛钱。

92. 人称代词＋人称代词＋专有名词＋普通名词

　　（100）**人家他们李华王明夫妇**早就到了。

93. 人称代词＋人称代词＋专有名词＋照应词

　　（101）**人家他们小李小王双方**，早就达成一致了。
　　（102）PINK 是**人家他们微软自己**的手机品牌。

94. 人称代词＋人称代词＋专有名词＋指量名

（103）**人家他们三星那个公司**，这两年效益可好了。

95. 人称代词＋人称代词＋专有名词＋数量名

（104）**人家他们李华王明两个**不到七点就到了。

96. 人称代词＋人称代词＋指量名＋照应词

（105）**人家他们这个组织本身**也没有故意隐瞒自己的存在。

97. 人称代词＋人称代词＋指量名＋地点直示词

（106）你到了**人家他们那个村那儿**，当然得听人家的安排。

98. 人称代词＋人称代词＋数量名＋地点直示词

（107）**人家他们三个那里**有许多台仪器可以一一测试。

99. 人称代词＋人称代词＋数量名＋照应词

（108）**人家他们几个自己**，就有能力拉来赞助建起厂房。

100. 人称代词＋人称代词＋普通名词＋普通名词

（109）**人家他们博士、硕士等高学历人才**，很快就能在大城市里找到一份合适的工作。

101. 人称代词＋人称代词＋普通名词＋专有名词

（110）**人家他们首都北京**，坐公交车才 4 毛钱。

102. 人称代词＋人称代词＋普通名词＋地点直示词

　　（111）**人家他们沿海城市那儿**，空气清新气候宜人，很适合人居住。

103. 人称代词＋人称代词＋普通名词＋照应词

　　（112）**人家他们首都本身**，容纳能力还是很强的。

104. 人称代词＋人称代词＋普通名词＋指量名

　　（113）**人家他们首都这个地方**，几乎集中了全中国最富有、最有权的人。

105. 人称代词＋人称代词＋普通名词＋数量名

　　（114）**人家她们母女两人**对你那么地信任，而你却如此伤害她们！

106. 人称代词＋人称代词＋普通名词＋一量名

　　（115）**人家他们科研所一个高精人才云集的机构**，出几个科学家那还不是正常的啊。

107. 人称代词＋普通名词＋专有名词＋地点直示词

　　（116）**我们首都北京这儿**，已经连续一个月的雾霾天气了。
　　（117）**人家沿海城市青岛那儿**，最近造出了全国最大的帆船。

108. 人称代词＋普通名词＋专有名词＋专有名词

　　（118）**人家打虎英雄武松武二郎**，可是《水浒》里面鼎鼎大名的一位好汉。

109. 人称代词＋普通名词＋专有名词＋照应词

（119）**人家班长赵铭自己**，没跟任何人说，就把所有的东西都搬过来了。

110. 人称代词＋普通名词＋专有名词＋数量名

（120）**人家秘书王刚、李兴两人**早就把会议记录整理好交上了。

111. 人称代词＋普通名词＋专有名词＋指量名

（121）**人家支书晓敏这姑娘**对你说的每句话都是真心实意地想帮你。

112. 人称代词＋普通名词＋专有名词＋一量名

（122）你凭什么批评**人家木匠老李一个小老百姓**啊，连他还捐了200元呢。

113. 人称代词＋普通名词＋人称代词＋数量名

（123）**人家局长书记他们两个人**早就到了。

114. 人称代词＋普通名词＋人称代词＋指量名

（124）**人家局长书记他们这两人**早早就来了。

115. 人称代词＋普通名词＋人称代词＋一量名

（125）**人家局长他一个老同志**，都能不畏艰苦，五湖四海地跑着拉投资拉资金，你李毅一个年轻后生天天就窝在办公室里，不惭愧吗？

116. 人称代词＋普通名词＋人称代词＋地点直示词

（126）**人家局长他那里**才是这一排的正中间呢。

117. 人称代词＋普通名词＋人称代词＋照应词

（127）**人家局长他自己**都还没拿到请柬呢。

118. 人称代词＋普通名词＋人称代词＋普通名词

（128）**人家院长他老人家**都 80 多岁了还频频参加学术活动。
（129）**人家本科生、研究生他们在校生**可以一次性补助 5000 元。

119. 人称代词＋普通名词＋照应词＋地点直示词

（130）**我们党员自己这儿**还都没有这个材料呢。

120. 人称代词＋普通名词＋照应词＋照应词

（131）**他们夫妻彼此双方**吧，都看不惯对方，最终还是走向了离婚。

121. 人称代词＋普通名词＋普通名词＋照应词

（132）对**他们硕士、博士等高学历人才自身**而言，准确定位是个重要的问题。

122. 人称代词＋普通名词＋普通名词＋地点直示词

（133）拿到通知后，我匆匆忙忙地跑进会场，猫着腰向**他们厂长书记等领导那儿**挪。

123. 人称代词＋普通名词＋普通名词＋指量名

（134）我公司牢固树立"人才优先发展，人才引领发展"理念，通过抓好政策落实和创新培养方式，切实用好**他们硕士、博士等高学历人才这个**稀缺资源。

124. 人称代词＋普通名词＋普通名词＋数量名

（135）这个助学金项目吸引了**他们本科生等在校生上千名**前来报名。

125. 人称代词＋普通名词＋指量名＋照应词

（136）**他们知青这个群体本身**，是坚强的伟大的，他们会在任何艰难情况下，在任何不公正的情况下进行自救，自强不息地生活下去。

126. 人称代词＋普通名词＋指量名＋地点直示词

（137）你想要在**他们首都这个国际化大都市那儿**立住脚，没点真才实学是不行的。

127. 人称代词＋普通名词＋数量名＋照应词

（138）妈妈王钰晶说，由于**他们夫妻两人本身**是音乐老师，东东从很小就接受音乐胎教。

128. 人称代词＋普通名词＋数量名＋地点直示词

（139）**他们夫妻两人那儿**有一套限量版的约翰列侬邮票。

129. 人称代词＋普通名词＋一量名＋地点直示词

　　（140）**人家书记一个老党员那儿**怎么可能会给你存这些乱七八糟的书。

130. 人称代词＋专有名词＋普通名词＋照应词

　　（141）这点小事对**人家李华王明夫妇本身**造不成什么困扰。

131. 人称代词＋专有名词＋普通名词＋地点直示词

　　（142）**人家老王小李师徒那儿**，要什么工具有什么工具。

132. 人称代词＋专有名词＋普通名词＋数量名

　　（143）**人家老王小李师徒二人**配合默契，最终拿到了大奖。

133. 人称代词＋专有名词＋人称代词＋普通名词

　　（144）**人家李明李华他们弟兄**都是清华高才生。
　　（145）**人家小明肖华他们好学生**这种时候早都已经跟心仪的学校签名了。

134. 人称代词＋专有名词＋人称代词＋专有名词

　　（146）**人家玲花曾毅他们"凤凰传奇"**已经两次登上春晚的舞台了。

135. 人称代词＋专有名词＋人称代词＋照应词

　　（147）**人家丽丽她自己**还没有点头同意呢。

136. 人称代词＋专有名词＋人称代词＋地点直示词

（148）**人家北京他们那儿**人才济济，没有真本事在那儿是待不住的。

137. 人称代词＋专有名词＋人称代词＋指量名

（149）**人家小王他那人**，总是很低调，从不张扬。

138. 人称代词＋专有名词＋人称代词＋数量名

（150）**人家小张小王他们两个**没通知一个人，自己就把事情办完了。

139. 人称代词＋专有名词＋人称代词＋一量名

（151）**人家王大山他一个小保安**竟能靠自己的刻苦努力考上博士。

140. 人称代词＋专有名词＋照应词＋照应词

（152）**人家小张自己本身**，并不在意其他人怎么看。

141. 人称代词＋专有名词＋照应词＋数量名

（153）**人家小张自己一个人**，承担了好几个人的工作。

142. 人称代词＋专有名词＋照应词＋地点直示词

（154）**人家小张自己那儿**，什么工具书都准备好了。

143. 人称代词＋专有名词＋数量名＋照应词

（155）**人家"M2M"两姑娘彼此，**总是很默契地配合，不到 30 岁就拿了 N 多次演唱大奖。

144. 人称代词＋专有名词＋数量名＋地点直示词

（156）**人家小明小华两兄弟这里**才是队伍的正中间呢。

145. 人称代词＋专有名词＋一量名＋地点直示词

（157）**他王小华一个小混混那儿**能有什么好书啊！

146. 人称代词＋专有名词＋一量名＋照应词

（158）去那儿领救济的就**他大勇一个小混混自己。**

147. 人称代词＋专有名词＋指量名＋照应词

（159）对**他们"凤凰传奇"这俩年轻人自身**而言，丰富的演唱经验和雄厚的演唱实力比包装重要得多。

148. 人称代词＋专有名词＋指量名＋地点直示词

（160）**人家烟台这城市这儿，**气候宜人，风景优美，特别适合来这儿居住。

149. 人称代词＋数量名＋照应词＋照应词

（161）**他们两人彼此双方，**都同意离婚。

150. 人称代词＋指量名＋照应词＋照应词

（162）**他们这两个人彼此双方**，都不愿意继续维持下去。

151. 人称代词＋指量名＋照应词＋地点直示词

（163）**他这孩子自己那儿**都还没有空调，却给奶奶这儿添置了个空调。

152. 人称代词＋指量名＋照应词＋数量名

（164）人家都走了，就剩下**他这孩子自己一个人**还在奋力地写。

153. 人称代词＋指量名＋人称代词＋照应词

（165）决定放弃这个荣誉的正是**人家那孩子他自己**。

154. 人称代词＋指量名＋人称代词＋数量名

（166）**人家那孩子他一个人**，单手能举起一个和他一样重的孩子。

155. 指量名＋人称代词＋照应词＋地点直示词

（167）**这家伙他自己这儿**，都没有留底稿。

二　四项同位同指组合各序列的搭配表

155 类四项同位同指组合搭配序列类型的具体情况如表 6—2 所示：

表 6—2　　　　　　　　　　四项同位同指组合搭配

前项 ＼ 后项	普名	专名	地点	人代	照应词	指量名	数量名	一量名
普名＋普名＋人代	－	－	＋	－	＋	＋	－	－

前项＼后项	普名	专名	地点	人代	照应词	指量名	数量名	一量名
普名＋普名＋照应	－	－	－	－	＋	－	－	－
普名＋普名＋指量	－	－	＋	－	－	－	－	－
普名＋专名＋普名	－	－	＋	－	＋	－	＋	－
普名＋专名＋专名	－	－	＋	－	＋	＋	＋	＋
普名＋专名＋人代	＋	－	＋	－	＋	＋	＋	＋
普名＋专名＋指量	－	－	＋	－	＋	－	－	－
普名＋专名＋数量	－	－	＋	－	＋	－	－	－
普名＋专名＋照应	－	－	＋	－	＋	－	－	－
普词＋人代＋普名	－	－	＋	－	＋	－	＋	－
普词＋人代＋专名	－	－	＋	－	＋	＋	－	＋
普名＋人代＋人代	－	－	＋	－	－	－	－	－
普名＋人代＋照应	－	－	＋	－	－	－	－	－
普名＋人代＋指量	－	－	＋	－	＋	－	－	－
普名＋人代＋数量	－	－	＋	－	＋	－	－	－
普名＋人代＋一量	－	－	＋	－	＋	－	－	－
普名＋数量＋照应	－	－	＋	－	＋	－	－	－
普名＋指量＋照应	－	－	－	－	＋	－	－	－
专名＋专名＋专名	－	－	＋	－	＋	＋	＋	＋
专名＋专名＋人代	＋	－	＋	－	＋	＋	＋	＋
专名＋专名＋照应	－	－	＋	－	＋	－	＋	－
专名＋专名＋指量	－	－	＋	－	＋	－	－	－
专名＋专名＋一量	－	－	＋	－	＋	－	－	－
专名＋普名＋人代	－	－	＋	－	＋	－	－	－
专名＋普名＋照应	－	－	＋	－	＋	－	－	－
专名＋普名＋数量	－	－	＋	－	＋	－	－	－
专名＋普名＋指量	－	－	＋	－	＋	－	－	－
专名＋人代＋普名	－	－	＋	－	＋	－	－	＋
专名＋人代＋照应	－	－	＋	－	＋	－	－	－
专名＋人代＋一量	－	－	＋	－	＋	－	－	－
专名＋人代＋指量	－	－	＋	－	－	－	－	－

续表

后项 前项	普名	专名	地点	人代	照应词	指量名	数量名	一量名
专名＋人代＋数量	－	－	＋	－	＋	－	－	－
专名＋指量＋人代	－	－	＋	－	＋	－	－	－
专名＋指量＋照应	－	－	＋	－	＋	－	＋	－
专名＋数量＋照应	－	－	＋	－	＋	－	＋	－
人代＋人代＋照应	－	－	＋	－	＋	－	＋	－
人代＋人代＋专名	＋	－	＋	－	＋	＋	＋	－
人代＋人代＋指量	－	－	＋	－	＋	－	－	－
人代＋人代＋数量	－	－	＋	－	＋	－	－	－
人代＋人代＋普名	＋	＋	＋	－	－	＋	＋	＋
人代＋普名＋专名	－	＋	＋	－	＋	＋	＋	＋
人代＋普名＋人代	＋	－	＋	－	＋	＋	＋	＋
人代＋普名＋照应	－	－	＋	－	＋	－	－	－
人代＋普名＋普名	－	－	＋	－	＋	＋	＋	－
人代＋普名＋指量	－	－	＋	－	＋	－	－	－
人代＋普名＋数量	－	－	＋	－	＋	－	－	－
人代＋普名＋一量	－	－	＋	－	＋	－	－	－
人代＋专名＋普名	－	－	＋	－	＋	－	＋	－
人代＋专名＋人代	＋	＋	＋	－	＋	＋	＋	＋
人代＋专名＋照应	－	－	＋	－	＋	－	－	－
人代＋专名＋数量	－	－	＋	－	＋	－	－	－
人代＋专名＋一量	－	－	＋	－	＋	－	－	－
人代＋专名＋指量	－	－	＋	－	＋	－	－	－
人代＋数量＋照应	－	－	－	－	＋	－	－	－
人代＋指量＋照应	－	－	＋	－	＋	－	＋	－
人代＋指量＋人代	－	－	－	－	＋	－	－	－
指量＋人代＋照应	－	－	＋	－	－	－	－	－

从表6—2中我们可以看到，四项同位同指组合中"地点直示词"和"照应词"充任末项已经占绝对优势；"数量名"居其次，但已经是"地点直示词"和"照应词"做末项数量的一半了；"指量名"、"一量名"再次；"普通名词"和"专有名词"更少一些，"人称代词"已经不再能充任四项组合的末项。如下：

(168) <u>地点直示</u>＞<u>照应</u>＞<u>数量名</u>＞<u>指量名</u>＞<u>一量名</u>＞<u>普名词</u>＞<u>专名</u>

　　　　1　　　　　　2　　　　　3　　　　　　4　　　5

三项组合序列中"人称代词＋专有名词＋人称代词"能和除了"人称代词"本身以外的七类名词性成分组成四项同位同指组合，组合能力最强；稍次为"人称代词＋人称代词＋普通名词""人称代词＋普通名词＋专有名词""普通名词＋专有名词＋人称代词""专有名词＋专有名词＋人称代词"和"人称代词＋普通名词＋人称代词"，能和六类名词性成分组成四项同位同指组合；再次为"普通名词＋人称代词＋专有名词""专有名词＋专有名词＋专有名词""普通名词＋专有名词＋专有名词"和"人称名词＋人称代词＋专有名词"，能和五类组成四项组合。这些序列类型构成了四项同位同指组合的主力序列类型。

第三节　五项同位同指组合

一　五项同位同指组合的类型序列

上一节我们分析了四项同位同指组合的序列类型，这一节我们继续分析五项同位同指组合的类型。155 类四项同位同指组合成分再和 8 类名词性成分组合，理论上可以有 1240 种序列类型。但经过同位同指组合的形式鉴别标准的测试，我们发现有如下 146 个合法的序列类型。

1. 普通名词＋普通名词＋人称代词＋照应词＋地点直示词

（1）院里要求，**海归等引进人才他们自己那儿**，也得保留协议的副本。

2. 普通名词＋普通名词＋人称代词＋照应词＋照应词

（2）**局长老人家他自己本身**并没有这个意愿。

3. 普通名词＋普通名词＋人称代词＋照应词＋数量名

（3）你让**局长老人家他自己一个人**就审这么多的文件啊？

4. 普通名词＋普通名词＋人称代词＋指量名＋地点直示词

（4）人总是在自己独立生活后才明白，只有**父母亲人他们这种真正疼你的人这儿**，才会有家的温暖。

5. 普通名词＋普通名词＋人称代词＋指量名＋照应词

（5）有时候孩子们的压力正是来自**父母家长他们这种亲人本身**。

6. 普通名词＋专有名词＋人称代词＋普通名词＋照应词

（6）**五保户张大爷他老人家自己**，还不知道昨天买的彩票已经中了大奖。

7. 普通名词＋专有名词＋人称代词＋普通名词＋数量名

（7）我们这个片区的特困户就剩下**五保户张大爷他老人家一个人**了。

8. 普通名词＋专有名词＋人称代词＋普通名词＋地点直示词

（8）**村长王大才他小子那儿**一定会有他贪污的证据。

9. 普通名词＋专有名词＋人称代词＋照应词＋地点直示词

（9）**作者六六她自己那儿**都还没有这本书呢。

10. 普通名词＋专有名词＋人称代词＋照应词＋照应词

（10）**木匠老王他自己本身**，有一套祖上留下的小院子，不愁吃喝。

11. 普通名词＋专有名词＋人称代词＋照应词＋数量名

（11）偌大的院子现在就剩下**木匠老王他自己一个人**了。

12. 普通名词＋专有名词＋人称代词＋指量名＋照应词

（12）**班长王华她这人自己**，也存在一些问题，所以跟同学处不好关系。

13. 普通名词＋专有名词＋人称代词＋数量名＋照应词

（13）**秘书小张和小王她们两个自己**，本来不想这么做。

14. 普通名词＋专有名词＋人称代词＋数量名＋地点直示词

（14）你到**秘书小张小王她们两个那里**报个名吧。

15. 普通名词＋专有名词＋指量名＋照应词＋地点直示词

（15）**班长小明这家伙自己这里**明明有表格还到处去要。

16. 普通名词＋专有名词＋指量名＋照应词＋数量名

（16）**班长小明这家伙自己一个人**，背了三个人的大书包，摇摇晃晃地走过来。

17. 普通名词＋专有名词＋指量名＋照应词＋照应词

（17）**班长小明这家伙自己本身吧**，打架旷课，不以身作则，在班里怎么会威信高啊！

18. 普通名词＋专有名词＋数量名＋照应词＋地点直示词

　　（18）**村民李强李勇两兄弟自己那儿**，应该有原件啊。

19. 普通名词＋专有名词＋数量名＋照应词＋照应词

　　（19）**村民李强李勇两兄弟自己本身**，都懂果树技术。

20. 普通名词＋专有名词＋一量名＋照应词＋照应词

　　（20）对**局长王成一个老党员自己本身**来说，率先完成这项工作并不困难。

21. 普通名词＋专有名词＋一量名＋照应词＋数量名

　　（21）就**局长王成一个老党员自己一个人**还在坚守了。

22. 普通名词＋专有名词＋普通名词＋数量名＋照应词

　　（22）**双胞胎小龙小虎兄弟两个本身**，并没有意识到事态的严重。

23. 普通名词＋专有名词＋普通名词＋数量名＋地点直示词

　　（23）他大步流星地走向**双胞胎小龙、小虎兄弟两人那里**。

24. 普通名词＋专有名词＋普通名词＋人称代词＋照应词

　　（24）**五保户赵潜明老人家他本身**就是孤儿。

25. 普通名词＋专有名词＋普通名词＋人称代词＋数量名

　　（25）居委会通知了半天，结果正式开会时就来了**五保户赵潜明老**

人家他一个人。

26. 普通名词＋专有名词＋普通名词＋照应词＋地点直示词

（26）**五保户赵潜明老人家自己这儿**有一份详细的清单。

27. 普通名词＋专有名词＋普通名词＋照应词＋数量名

（27）居委会通知了半天，结果正式开会时就来了**五保户赵潜明老人家自己一个人**。

28. 普通名词＋专有名词＋普通名词＋照应词＋照应词

（28）**五保户赵潜明老人家自己本身**，已经丧失劳动能力了。

29. 普通名词＋专有名词＋专有名词＋照应词＋照应词

（29）严格遵守课堂纪律对**班长李大个儿李非自己本身**就是一个挑战，他总控制不住自己，不以身作则，所以同学们没有一个愿听他的。

30. 普通名词＋专有名词＋专有名词＋照应词＋数量名

（30）**班长李大个儿李非自己一个人**，竟然完成了整个班集体的搬运任务。

31. 普通名词＋专有名词＋专有名词＋照应词＋地点直示词

（31）**班长李大个儿李非自己那儿**，本来有一大摊事儿，却先来帮我们做记录。

32. 普通名词+专有名词+专有名词+人称代词+普通名词

（32）**班长李大个儿李非他小子**，把我们的班费都自己贪污了。

33. 普通名词+专有名词+专有名词+人称代词+数量名

（33）**班长李大个儿李非他一个人**，把我们的班费全贪污了。

34. 普通名词+专有名词+专有名词+人称代词+照应词

（34）宣布退出的正是**班长李大个儿李非他自己**。

35. 普通名词+专有名词+专有名词+人称代词+地点直示词

（35）**班长李大个儿李非他那儿**，怎么会有宣传栏的钥匙呢！

36. 普通名词+专有名词+专有名词+人称代词+指量名

（36）**五班长李大个儿李非他这人**，为人特别侠义。

37. 普通名词+专有名词+专有名词+指量名+照应词

（37）就凭**班长李大个儿李非这人自己**，怎么可能打得过那群小痞子啊！

38. 普通名词+专有名词+专有名词+指量名+地点直示词

（38）**班长李大个儿李非这家伙这儿**，总是围着一圈儿女生。

39. 普通名词+人称代词+普通名词+照应词+地点直示词

（39）**局长他老人家自己那儿**就有上千本书，又离图书馆不远。

40. 普通名词＋人称代词＋普通名词＋照应词＋照应词

（40）这绝对不是**局长他老人家自己本身**的意愿。

41. 普通名词＋人称代词＋普通名词＋照应词＋数量名

（41）**局长他老人家自己一个人**，做了好几个人的工作。

42. 普通名词＋人称代词＋专有名词＋照应词＋照应词

（42）**哥哥我李铁锤自己本身**，都还没娶上个媳妇呢。

43. 普通名词＋人称代词＋专有名词＋照应词＋地点直示词

（43）**哥哥我李铁锤自己这儿**还有一大摊烦心事呢，顾不了你了。

44. 普通名词＋人称代词＋专有名词＋照应词＋数量名

（44）**就哥哥我李铁锤自己一个人**，即便拳头再硬，没人对打也派不上用场。

45. 专有名词＋普通名词＋人称代词＋照应词＋照应词

（45）**老李小王师徒他们自己本身**，并不想这样做。

46. 专有名词＋普通名词＋人称代词＋照应词＋地点直示词

（46）**老徐小王师徒他们自己这儿**什么设备都很齐备。

47. 专有名词＋普通名词＋数量名＋照应词＋地点直示词

（47）**老王小李师徒两个自己这儿**有详细的支出记录。

48.专有名词＋普通名词＋数量名＋照应词＋照应词

（48）**老王小李师徒两个自己本身**，并不觉得有多累。

49.专有名词＋专有名词＋人称代词＋照应词＋照应词

（49）**李快嘴李翠莲她自己本身**，还没意识到有麻烦了。

50.专有名词＋专有名词＋人称代词＋照应词＋数量名

（50）屋里很快就只剩下**李快嘴李翠莲她自己一个人**了。

51.专有名词＋专有名词＋人称代词＋照应词＋地点直示词

（51）**李快嘴李翠莲她自己这儿**还什么都不知道呢。

52.专有名词＋专有名词＋人称代词＋指量名＋照应词

（52）**李大个儿李非他这人本身**其实心眼并不坏。

53.专有名词＋专有名词＋人称代词＋指量名＋地点直示词

（53）**李大个儿李非他那人那儿**，是绝不可能存这样细致的东西的。

54.专有名词＋专有名词＋专有名词＋照应词＋地点直示词

（54）**"行者"武松武二郎自己这儿**，存了几大坛子酒。

55.专有名词＋专有名词＋专有名词＋照应词＋数量名

（55）**"行者"武松武二郎自己一个人**，就喝了两大坛子的酒。

56. 专有名词＋专有名词＋专有名词＋照应词＋照应词

　　（56）**"行者"武松武二郎自己本身**，武功十分高强。

57. 专有名词＋专有名词＋专有名词＋人称代词＋照应词

　　（57）**"行者"武松武二郎他自己**，并不想惹这个是非。

58. 专有名词＋专有名词＋专有名词＋人称代词＋数量名

　　（58）此时天黑，满山上可能就只有**"行者"武松武二郎他一个人**了。

59. 专有名词＋专有名词＋专有名词＋指量名＋照应词

　　（59）**"行者"武松武二郎这人自己**，本来也是怕虎的，打老虎之前是喝了不少酒，在山上睡了一觉，没想到真有老虎出来了，一吓也就吓醒了。

60. 专有名词＋专有名词＋专有名词＋指量名＋地点直示词

　　（60）**"行者"武松武二郎这人这儿**作者花了不少笔墨，使这个人物显得复杂而丰满。

61. 专有名词＋人称代词＋普通名词＋照应词＋照应词

　　（61）**李爷爷他老人家自己本身**吧，其实并不想住那么大的房子。

62. 专有名词＋人称代词＋普通名词＋照应词＋数量名

　　（62）**李爷爷他老人家自己一个人**，其实并不想住那么大的房子。

63. 专有名词＋人称代词＋普通名词＋照应词＋地点直示词

（63）**李爷爷他老人家自己这儿**，什么工具都准备齐了。

64. 人称代词＋人称代词＋专有名词＋普通名词＋照应词

（64）**人家他们李华王明夫妇双方**，都是博士、研究员。

65. 人称代词＋人称代词＋专有名词＋普通名词＋数量名

（65）**人家他们李华王明夫妇两个**总是互敬互爱的。

66. 人称代词＋人称代词＋专有名词＋普通名词＋地点直示词

（66）**人家他们李华王明夫妇那里**才是全场的中心呢。

67. 人称代词＋人称代词＋专有名词＋指量名＋地点直示词

（67）**人家他们"小天鹅"那个影楼那儿**，尼康 D4 就有四五台。

68. 人称代词＋人称代词＋专有名词＋指量名＋照应词

（68）**人家他们 IBM 那个公司本身**，就有自己的研究院。

69. 人称代词＋人称代词＋专有名词＋照应词＋照应词
在这类出现四项代词的组合序列中，后两项通常是反身代词的叠置。如例：

（69）**人家他们微软自己本身**，研发实力很强。

70. 人称代词＋人称代词＋指量名＋照应词＋照应词

（70）**人家他们这两人彼此双方**，真是情投意合的。

71. 人称代词＋人称代词＋指量名＋照应词＋地点直示词

　　（71）**人家他们那些人自己那儿**都有高端设备，不要你们负责配置。

72. 人称代词＋人称代词＋数量名＋照应词＋照应词

　　（72）**人家他们几个自己本身**，已经拉来了建厂房的赞助。
　　（73）**人家他们两个彼此双方**，感情基础很好。

73. 人称代词＋人称代词＋数量名＋照应词＋地点直示词

　　（74）**人家他们几个自己这儿**，详详细细地记录着开销。

74. 人称代词＋人称代词＋普通名词＋普通名词＋照应词

　　（75）有时候，并不是**人家他们硕士、博士等高学历人才本身**有
"骄、娇"二气，而是环境将他们孤立。

75. 人称代词＋人称代词＋普通名词＋普通名词＋地点直示词

　　（76）**人家他们海归等引进人才那儿**，住宿条件可好了。

76. 人称代词＋人称代词＋普通名词＋专有名词＋照应词

　　（77）**人家他们秘书小王和小李双方**，配合得特别默契，圆满地完
成了董事长交给的任务。

77. 人称代词＋人称代词＋普通名词＋专有名词＋专有名词

　　（78）**人家他班长李大个儿李非**，心无旁骛，从来不受这些杂事的
影响。

78. 人称代词＋人称代词＋普通名词＋专有名词＋照应词

（79）这些问题单靠**人家他们首都北京自身**就能解决。

79. 人称代词＋人称代词＋普通名词＋专有名词＋地点直示词

（80）**人家他们首都北京那儿**人才济济，没点真本事哪能立足啊。

80. 人称代词＋人称代词＋普通名词＋专有名词＋指量名

（81）**人家他们首都北京这个大城市**，已经有 18 条地铁运营线路了。

81. 人称代词＋人称代词＋普通名词＋专有名词＋一量名

（82）**人家他局长王林一个老同志**，都能天天坚持走楼梯锻炼身体，你一个小年轻怎么就坚持不了啊！

82. 人称代词＋人称代词＋普通名词＋专有名词＋数量名

（83）**人家她们行政秘书王红、李霞两个**，早就结伴旅游去了。

83. 人称代词＋人称代词＋普通名词＋数量名＋照应词

（84）**人家她们母女两人彼此**，处得像朋友一样。

84. 人称代词＋人称代词＋普通名词＋数量名＋地点直示词

（85）**人家他们兄弟三个那里**，什么样的书都有。

85. 人称代词＋普通名词＋专有名词＋专有名词＋照应词

（86）**人家打虎英雄武松武二郎本身**，武艺高强。

86. 人称代词＋普通名词＋专有名词＋专有名词＋数量名

（87）**人家打虎英雄武松武二郎一个人**，就打死了老虎。

87. 人称代词＋普通名词＋专有名词＋专有名词＋指量名

（88）办成这件事的正是**他打虎英雄武松武二郎那人**。

88. 人称代词＋普通名词＋专有名词＋专有名词＋地点直示词

（89）**他打虎英雄武松武二郎那里**，没有什么事是解决不了的。

89. 人称代词＋普通名词＋专有名词＋人称代词＋普通名词

（90）**人家局长王林他老人家**，每天都坚持游泳锻炼身体。

90. 人称代词＋普通名词＋专有名词＋照应词＋数量名

（91）**人家木工小李自己一个人**，就能吃这么三大碗。

91. 人称代词＋普通名词＋专有名词＋照应词＋照应词

（92）**人家乡长赵铭自己本身**，并不在意这些事儿。

92. 人称代词＋普通名词＋专有名词＋照应词＋地点直示词

（93）**人家乡长赵铭自己这儿**，有详细的记录，你蒙不着人家。

93. 人称代词＋普通名词＋专有名词＋人称代词＋地点直示词

（94）**人家木匠老李他那儿**竟然收藏着各式各样的艺术根雕。

94. 人称代词＋普通名词＋专有名词＋人称代词＋普通名词

（95）**人家离休干部赵铭他老人家**，从来没向组织提过任何个人待遇的要求。

95. 人称代词＋普通名词＋专有名词＋人称代词＋照应词

（96）**人家乡长赵铭他自己**，其实是不想惹这个事的。

96. 人称代词＋普通名词＋专有名词＋人称代词＋一量名

（97）**人家班长王小明他一个老党员**，怎可能做这档子事儿啊。

97. 人称代词＋普通名词＋专有名词＋人称代词＋指量名

（98）**人家秘书小王他这人**，思路清晰，办事缜密，从不乱说是非。

98. 人称代词＋普通名词＋专有名词＋人称代词＋数量名

（99）**人家秘书小王小李他们两个**，干起活来又快又好。

99. 人称代词＋普通名词＋专有名词＋数量名＋照应词

（100）**人家秘书王刚、李兴两人本身**，并没有什么矛盾，合作一直很愉快。

100. 人称代词＋普通名词＋专有名词＋数量名＋地点直示词

（101）**人家秘书王刚、李兴两人那儿,** 文件资料整理得井井有条,
非常齐备。

101. 人称代词＋普通名词＋专有名词＋指量名＋照应词

（102）**人家班长晓辉这人自身,** 没有这些坏毛病,你不要随便诬陷
人家。

102. 人称代词＋普通名词＋专有名词＋指量名＋地点直示词

（103）**人家班长晓辉那孩子那儿,** 资料整理得要多规整有多规整。

103. 人称代词＋普通名词＋人称代词＋数量名＋照应词

（104）**人家局长书记他们两位本身,** 并不反对这个建议。

104. 人称代词＋普通名词＋人称代词＋数量名＋地点直示词

（105）**人家局长书记他们两位那儿,** 房间摆设极为简朴。

105. 人称代词＋普通名词＋人称代词＋指量名＋地点直示词

（106）**人家局长书记他们这两人这儿,** 什么资料都很齐备。

106. 人称代词＋普通名词＋人称代词＋指量名＋照应词

（107）**人家局长书记他们这两人自身,** 在业务素质上都很突出,在
政治组织纪律上对自己要求也很高,所以群众威信很高。

（108）**人家局长书记他们这两人彼此,** 一直都很默契。

107. 人称代词＋普通名词＋人称代词＋照应词＋照应词

（109）**人家当事人他们彼此双方**，早就达成了一致。
（110）**人家当事人他们自己本身**，对结果并没有过多的期待。

108. 人称代词＋普通名词＋人称代词＋照应词＋地点直示词

（111）**人家当事人他们自己这儿，**已经准备好大部分材料了。

109. 人称代词＋普通名词＋人称代词＋照应词＋数量名

（112）**人家当事人他自己一个人，**就调查到全部的真相证据了。

110. 人称代词＋普通名词＋人称代词＋普通名词＋照应词

（113）**人家院长他老人家自己，**并没有提什么要求。

111. 人称代词＋普通名词＋人称代词＋普通名词＋数量名

（114）夜深了，满楼就剩下**人家院长他老人家一个人**还在工作了。

112. 人称代词＋普通名词＋人称代词＋普通名词＋地点直示词

（115）**人家院长他老人家那儿，**这事用不了半小时就能解决。

113. 人称代词＋普通名词＋普通名词＋照应词＋照应词

（116）孩子进步那么大，跟**人家父母家长彼此双方**的共同努力是分不开的。

114. 人称代词＋普通名词＋普通名词＋照应词＋地点直示词

（117）**他们父母家长自己那儿**有各式各样的教学参考资料。

115. 人称代词＋普通名词＋普通名词＋人称代词＋地点直示词

（118）孩子总免不了有个头疼脑热的，可就算是小病，**人家父母家长他们那儿**也都紧张不已，选什么药、吃多少量都得慎之又慎。

116. 人称代词＋普通名词＋普通名词＋人称代词＋照应词

（119）这些孩子的优秀跟**人家父母家长他们自己**以身作则是分不开的。

117. 人称代词＋普通名词＋普通名词＋指量名＋照应词

（120）这种情况主要得益于**他们父母家长这个整体本身**牢不可破。

118. 人称代词＋普通名词＋普通名词＋指量名＋地点直示

（121）**我们父母家长这俩人这儿**一定要把教育思路和方法统一起来。

119. 人称代词＋普通名词＋普通名词＋数量名＋照应词

（122）**他们父母家长几十人本身**，凝聚力很强。

120. 人称代词＋普通名词＋普通名词＋数量名＋地点直示词

（123）**他们父母家长几十人那儿**，也是争吵不休。

121. 人称代词＋普通名词＋指量名＋照应词＋照应词

（124）**我们知青这代人自己本身**，就对上山下乡存在着种种糊涂认识和错误观点。

122. 人称代词＋普通名词＋指量名＋照应词＋地点直示词

（125）**人家班长那人自己那儿**，从来不私放任何公用的设备。

123. 人称代词＋普通名词＋指量名＋照应词＋数量

（126）**人家班长那人自己一个人**，能背三个人的书包上楼。

124. 人称代词＋普通名词＋数量名＋照应词＋地点直示词

（127）孩子会从**我们父母两人双方这儿**各得一半的染色体。

125. 人称代词＋普通名词＋数量名＋照应词＋照应词

（128）**他们夫妻两个彼此双方**，互相关心互相帮助，共同渡过了这个难关。

（129）**他们夫妻两个自己本身**，其实并不想去参加，但由于亲戚们强烈要求，他们也就去了。

126. 人称代词＋专有名词＋普通名词＋照应词＋照应词

（130）**人家李华王明夫妇彼此双方**，互相体贴互相帮助，幸福地走过了二十个年头。

（131）**人家李华王明夫妇自己本身**，学历和素质都很高。

127. 人称代词＋专有名词＋普通名词＋照应词＋地点直示词

　　（132）**人家李华王明夫妇自己那儿**，还有一摊子事儿呢，你别老麻烦人家。

128. 人称代词＋专有名词＋普通名词＋人称代词＋照应词

　　（133）**人家李华王明夫妇他们自身**，素质都非常高。

129. 人称代词＋专有名词＋普通名词＋人称代词＋数量名

　　（134）你们九个人合伙攻击**人家李华王明夫妇他们两个人**，太不公平了。

130. 人称代词＋专有名词＋普通名词＋人称代词＋地点直示词

　　（135）**人家李华王明夫妇他们这儿**，各种资料都很齐备。

131. 人称代词＋专有名词＋普通名词＋数量名＋照应词

　　（136）**人家老王小李师徒二人彼此**，总是特别默契。

132. 人称代词＋专有名词＋普通名词＋数量名＋地点直示词

　　（137）**人家老王小李师徒二人这儿**，没有什么事是不可解决的。

133. 人称代词＋专有名词＋人称代词＋普通名词＋数量名

　　（138）**人家李明李华他们弟兄两人**，都是清华高才生。

134. 人称代词＋专有名词＋人称代词＋普通名词＋地点直示词

（139）**人家李明李华他们兄弟这儿**，各种学习资料都很齐备。

135. 人称代词＋专有名词＋人称代词＋普通名词＋照应词

（140）**人家李明李华他们兄弟自己**，根本不在乎这个结果。

136. 人称代词＋专有名词＋人称代词＋照应词＋照应词

（143）**人家肖华他自己本身**，就已经很富有了。

137. 人称代词＋专有名词＋人称代词＋照应词＋数量名

（141）你们几个就是仗势欺负**人家肖华他自己一个人**。

138. 人称代词＋专有名词＋人称代词＋照应词＋地点直示词

（142）**人家肖华他自己这儿**，已经攒了好几百万元，够买房子的了。

139. 人称代词＋专有名词＋人称代词＋指量名＋照应词

（143）**人家小王他那人自身**，人文素养就很高，再加上为人谦和，因此到哪儿都很受欢迎。

140. 人称代词＋专有名词＋人称代词＋指量名＋地点直示词

（144）**人家小王他这人这儿**，总是收拾得干干净净的。

141. 人称代词＋专有名词＋人称代词＋数量名＋照应词

（145）**人家小张小王他们两个彼此**，那真叫情投意合甜甜蜜蜜。

142. 人称代词＋专有名词＋人称代词＋数量名＋地点直示词

（146）**人家张局王局他们两个那儿**还没开口呢，你就敢自作主张啊。

143. 人称代词＋专有名词＋数量名＋照应词＋照应词

（147）**人家"凤凰传奇"两位歌手自己本身**，唱功很强，配合又默契，所以很快成名了。

144. 人称代词＋专有名词＋数量名＋照应词＋地点直示词

（148）**人家"苏打绿"六人自己那儿**，演出任务那么多，还专门抽出时间义务给你们演唱。

145. 人称代词＋指量名＋人称代词＋照应词＋照应词

（149）**人家这孩子他自己本身**，已经完成任务了，却还一直在帮大家伙儿做。

146. 人称代词＋指量名＋人称代词＋照应词＋地点直示词

（150）**人家这孩子他自己那儿**都还没有空调，却给奶奶装了一个。

147. 人称代词＋指量名＋人称代词＋照应词＋数量名

（151）整个实验室就剩下**人家这孩子他自己**一个了。

二　五项同位同指组合的搭配序列表

147 类五项同位同指组合搭配序列类型的具体情况如表 6－3 所示：

表 6－3　　　　　　　　　五项同位同指组合搭配

前项＼后项	普名	专名	地点	人代	照应	指量名	数量名	一量名
普名＋普名＋人代＋照应	−	−	+	−	+	−	+	−
普名＋普名＋人代＋指量	−	−	+	−	+	−	−	−
普名＋专名＋人代＋普名	−	−	+	−	+	−	+	−
普名＋专名＋人代＋照应	−	−	+	−	+	−	+	−
普名＋专名＋人代＋指量	−	−	+	−	+	+	−	−
普名＋专名＋人代＋数量	−	−	+	−	+	−	−	−
普名＋专名＋指量＋照应	−	−	+	−	+	−	+	−
普名＋专名＋数量＋照应	−	−	+	−	+	−	−	−
普名＋专名＋一量＋照应	−	−	−	−	+	−	+	−
普名＋专名＋普名＋数量	−	−	+	−	+	−	−	−
普名＋专名＋普名＋人代	−	−	+	−	+	−	−	−
普名＋专名＋普名＋照应	−	−	+	−	+	−	+	−
普名＋专名＋专名＋照应	−	−	+	−	+	−	+	−
普名＋专名＋专名＋人代	+	−	+	−	+	+	+	−
普名＋专名＋专名＋指量	−	−	+	−	+	−	−	−
普名＋人代＋普名＋照应	−	−	+	−	+	−	+	−
普名＋人代＋专名＋照应	−	−	+	−	+	−	+	−
专名＋普名＋人代＋照应	−	−	+	−	+	−	−	−
专名＋普名＋数量＋照应	−	−	+	−	+	−	−	−
专名＋专名＋人代＋照应	−	−	+	−	+	−	+	−
专名＋专名＋人代＋指量	−	−	+	−	+	−	−	−
专名＋专名＋专名＋照应	−	−	+	−	+	−	+	−
专名＋专名＋专名＋人代	−	−	−	−	+	−	+	−
专名＋专名＋专名＋指量	−	−	+	−	+	−	−	−
专名＋人代＋普名＋照应	−	−	+	−	+	−	+	−
人代＋人代＋专名＋普名	−	−	−	−	+	−	−	−
人代＋人代＋专名＋指量	−	−	+	−	+	−	−	−
人代＋人代＋专名＋照应	−	−	−	−	+	−	−	−
人代＋人代＋指量＋照应	−	−	+	−	+	−	−	−
人代＋人代＋数量＋照应	−	−	+	−	+	−	−	−

续表

前项＼后项	普名	专名	地点	人代	照应	指量名	数量名	一量名
人代＋人代＋普名＋普名	－	－	＋	－	＋	－	－	－
人代＋人代＋普名＋专名	＋	＋	＋	－	＋	＋	＋	＋
人代＋人代＋普名＋数量	－	－	＋	－	＋	－	－	－
人代＋普名＋专名＋专名	－	－	＋	－	＋	＋	＋	－
人代＋普名＋专名＋照应	－	－	＋	－	＋	－	－	－
人代＋普名＋专名＋人代	＋	－	＋	－	＋	＋	＋	＋
人代＋普名＋专名＋数量	－	－	＋	－	＋	－	－	－
人代＋普名＋专名＋指量	－	－	＋	－	＋	－	－	－
人代＋普名＋人代＋数量	－	－	＋	－	＋	－	－	－
人代＋普名＋人代＋指量	＋	－	＋	－	＋	－	－	－
人代＋普名＋人代＋照应	－	－	＋	－	＋	－	＋	－
人代＋普名＋人代＋普名	－	－	＋	－	＋	－	＋	－
人代＋普名＋普名＋照应	－	－	＋	－	＋	－	－	－
人代＋普名＋普名＋人代	－	－	＋	－	＋	－	－	－
人代＋普名＋普名＋指量	－	－	＋	－	＋	－	－	－
人代＋普名＋普名＋数量	－	－	＋	－	＋	－	－	－
人代＋普名＋指量＋照应	－	－	＋	－	＋	－	＋	－
人代＋普名＋数量＋照应	－	－	＋	－	＋	－	－	－
人代＋专名＋普名＋照应	－	－	＋	－	＋	－	－	－
人代＋专名＋普名＋人代	－	－	＋	－	＋	－	＋	－
人代＋专名＋普名＋数量	－	－	＋	－	＋	－	－	－
人代＋专名＋人代＋普名	－	－	＋	－	＋	－	－	－
人代＋专名＋人代＋照应	－	－	＋	－	＋	－	＋	－
人代＋专名＋人代＋指量	－	－	＋	－	＋	－	－	－
人代＋专名＋人代＋数量	－	－	＋	－	＋	－	－	－
人代＋专名＋数量＋照应	－	－	＋	－	＋	－	－	－
人代＋指量＋人代＋照应	－	－	＋	－	＋	－	＋	－

从表6-3中我们可以看到，五项同位同指组合中"地点直示词"和"照应词"充任末项已经占绝对优势，大部分四项组合都只能跟这两种名词性成分继续组合了；居其次的是"数量名"，但如同四项组合，"数量名"充任末项依然是"地点直示词"和"照应词"充任末项数量的一半；除了这三种名词性成分，其他的名词项充任末项的数量都是个位数字："指量名"和"普通名词"差不多，"一量名"和"专有名词"也有个把儿，"人称代词"

依然不能充任五项组合的末项。居末项能力的层级变为如下：

（152）<u>照应</u>＞<u>地点直示</u>＞<u>数量名</u>＞<u>指量名＝普通名词</u>＞<u>一量名</u>＞专名
　　　　1　　　　　2　　　　　　3　　　　　　　　4

　　四项组合序列中"人称代词＋人称代词＋普通名词＋专有名词"能和除了"人称代词"本身外的七类名词性成分组成五项同位同指组合，组合能力最强；稍次为"人称代词＋普通名词＋专有名词＋人称代词"，能和六类名词性成分组成五项同位同指组合；再次为"普通名词＋专有名词＋专有名词＋人称代词"，能和五类名词性成分组成五项组合。这些序列类型构成了五项同位同指组合的主力序列类型。

　　除此之外，我们看到两点规律：一是越来越少的多项组合序列有能力继续和其他名词项形成更多项的同位同指组合；二是越来越多的多项同位同指组合只能出现在话题位置上。而这么长的组合在某些情况下，如后两项是"自己本身"时，从语感上看，已经可以认为分居主、次话题的位置了，如上面（129）例如果不强制加标点，就可以认为是主次话题：

　　（153）**他们夫妻两个自己本身**（，）其实并不想去参加，但由于亲戚们强烈要求，也就去了。

　　上面这个五项组合，"他们夫妻两个"和"自己本身"之间稍有停顿，"自己本身"由于本身含有更近动词的副词性，因此也可以分别看作主次话题。如果将类似这样的这一批五项组合排除出去，那么整体性较强的五项组合就大大减少了。

第四节　六项同位同指组合

一　六项同位同指组合的类型

　　六项以上的名词性成分组合成同位关系已经非常受限。146 类五项组合再跟 8 类名词性成分继续组合，理论上可以产生 1168 种六项同位同指组合。

但根据同位同指组合形式鉴别标准测试，只有如下 107 种六项组合序列类型合格。

1. 普通名词＋普通名词＋人称代词＋指量名＋照应词＋照应词

（1）在有些家庭中，**父母家长他们这种监护人自己本身**，整天看电视，打麻将，游手好闲的，却要求孩子不受影响地专心念书，怎么可能呢？

2. 普通名词＋普通名词＋人称代词＋指量名＋照应词＋地点直示词

（2）想要孩子有礼貌爱学习，**父母家长他们这种监护人自己这儿**一定要做好榜样。

3. 普通名词＋专有名词＋人称代词＋普通名词＋照应词＋照应词

（3）合伙开店对**木匠老王小李他们师徒彼此双方**都有好处。

4. 普通名词＋专有名词＋人称代词＋普通名词＋照应词＋地点直示词

（4）**木匠老王小李他们师徒自己那儿**，什么工具都有，根本不必再买。

5. 普通名词＋专有名词＋人称代词＋指量名＋照应词＋照应词

（5）**组长小王她这人自己本身**，有很多毛病，还老埋怨别人对她不好。

6. 普通名词＋专有名词＋人称代词＋指量名＋照应词＋地点直示词

（6）**组长小王她那人自己那儿**，明明什么都有却偏爱占别人的小便宜。

7. 普通名词＋专有名词＋人称代词＋数量名＋照应词＋照应词

（7）**秘书小张和小王她们两个彼此双方**，一直都互帮互助、默契配合，最后圆满完成董事长交给她们的任务。

8. 普通名词＋专有名词＋人称代词＋数量名＋照应词＋地点直示词

（8）你要的这些材料，**秘书小张和小王她们两个自己那儿**都已经很齐全了。

9. 普通名词＋专有名词＋普通名词＋数量名＋照应词＋照应词

（9）**双胞胎小龙小虎兄弟两人彼此双方**，什么事都特别有默契。

10. 普通名词＋专有名词＋普通名词＋数量名＋照应词＋地点直示词

（10）**双胞胎小龙小虎兄弟两个自己这儿**，存着一个日记本儿，记录着他俩从小到大被别人甚至父母搞混的各种趣事。

11. 普通名词＋专有名词＋普通名词＋人称代词＋照应词＋照应词

（11）**五保户赵潜明老人家他自己本身**，并没有儿女。

12. 普通名词＋专有名词＋普通名词＋人称代词＋照应词＋地点直示词

（12）**五保户赵潜明老人家他自己这儿**，也准备了很多年货。

13. 普通名词＋专有名词＋普通名词＋人称代词＋照应词＋数量名

（13）**五保户赵潜明老人家他自己一个人**，已经过了二十年了。

14. 专有名词＋专有名词＋人称代词＋指量名＋照应词＋照应词

（14）并不是**李大个儿李非他这人自己本身**想去参与，而是校方要求他这么做。

15. 专有名词＋专有名词＋人称代词＋指量名＋照应词＋地点直示词

（15）**李大个儿李非他那人自己那儿**，都已经一大堆事儿了，还有闲心管人闲事儿。

16. 专有名词＋专有名词＋人称代词＋指量名＋照应词＋数量名

（16）也就只有**李大个儿李非他那人自己一个人**，能举起那么重的东西。

17. 普通名词＋专有名词＋专有名词＋人称代词＋指量名＋照应词

（17）**五班长李大个儿李非他这人本身**，才华横溢，女朋友自然也不俗。

18. 普通名词＋专有名词＋专有名词＋人称代词＋指量名＋地点直示词

（18）**五班长李大个儿李非他这人这儿**，从来不许外人进来。

19. 普通名词＋专有名词＋专有名词＋人称代词＋照应词＋照应词

（19）**五班长李大个儿李非他自己本身**吧，本来不太想参加，但迫于压力还是去了。

20. 普通名词＋专有名词＋专有名词＋人称代词＋照应词＋地点直示词

（20）**五班长李大个儿李非他自己那儿**，早已经都备齐年货了。

21. 普通名词＋专有名词＋专有名词＋人称代词＋普通名词＋照应词

(21) **班长李大个儿李非他小子本身**，就不是什么好人。

22. 普通名词＋专有名词＋专有名词＋人称代词＋普通名词＋地点直示词

(22) **班长李大个儿李非他小子那儿**，设备可全乎了。

23. 普通名词＋专有名词＋专有名词＋人称代词＋普通名词＋照应词

(23) **班长李大个儿李非他小子自己**，就能把我们全班的书都抱回来。

24. 普通名词＋专有名词＋专有名词＋人称代词＋普通名词＋数量名

(24) 操场上就剩下**班长李大个儿李非他小子一个人**在那儿傻站着了。

25. 普通名词＋专有名词＋专有名词＋人称代词＋普通名词＋地点直示词

(25) **班长李大个儿李非他小子那儿**，已经有三台电脑了。

26. 普通名词＋专有名词＋专有名词＋人称代词＋照应词＋照应词

(26) **班长李大个儿李非他自己本身**，就不太遵守纪律。

27. 普通名词＋专有名词＋专有名词＋人称代词＋照应词＋数量名

(27) **班长李大个儿李非他自己一个人**，就敢挑战我们四个人！

28. 普通名词＋专有名词＋专有名词＋人称代词＋照应词＋地点直示词

(28) **班长李大个儿李非他自己那儿**，已经装上宽带了。

29. 普通名词＋专有名词＋专有名词＋指量名＋照应词＋照应词

(29) **班长李大个儿李非这个人自己本身**，并不愿老埋怨别人不好。

30. 普通名词＋专有名词＋专有名词＋指量名＋照应词＋地点直示词

(30) **班长李大个儿李非这个人自己那儿**，本来什么都有，还总跟别人借。

31. 普通名词＋人称代词＋专有名词＋指量名＋照应词＋照应词

(31) **姐姐我李阿华这人自己本身**吧，虽说没啥本事，但还就爱管闲事儿。

32. 普通名词＋人称代词＋专有名词＋指量名＋照应词＋地点直示词

(32) **姐姐我李阿华这人自己这儿**，是决不允许陌生人踏入的。

33. 普通名词＋人称代词＋专有名词＋指量名＋照应词＋数量名

(33) **姐姐我李阿华这人自己一个**，就能干三个人的活儿。

34. 专有名词＋专有名词＋专有名词＋人称代词＋照应词＋照应词

(34) **"行者"武松武二郎他自己本身**呢，其实并不想惹这个是非。

35. 专有名词＋专有名词＋专有名词＋人称代词＋照应词＋地点直示词

（35）**"行者"武松武二郎他自己这儿**，备着酒菜呢。

36. 专有名词＋专有名词＋专有名词＋人称代词＋照应词＋数量名

（36）如此空旷的山野此时只有**"行者"武松武二郎他自己一个人**。

37. 专有名词＋专有名词＋专有名词＋指量名＋照应词＋照应词

（37）**"行者"武松武二郎这个人自己本身**呢，武艺高强，谁都不怕。

38. 专有名词＋专有名词＋专有名词＋指量名＋照应词＋地点直示词

（38）**"行者"武松武二郎那人自己那儿**，总是存着几坛好酒，隔三岔五邀朋友共饮。

39. 人称代词＋人称代词＋专有名词＋普通名词＋照应词＋照应词

（39）**人家他们李华王明夫妇自己本身**吧，都是博士，孩子也读到硕士了。

40. 人称代词＋人称代词＋专有名词＋普通名词＋照应词＋地点直示词

（40）**人家他们李华王明夫妇自己那儿**，已经配好机器设备了。
（41）**人家他们老李小王师徒双方那儿**，各有一份协议书和计划。

41. 人称代词＋人称代词＋专有名词＋普通名词＋指量名＋照应词

（42）**人家他们李华王明夫妇这两人自身**，都非常谦让对方。

42. 人称代词＋人称代词＋专有名词＋普通名词＋指量名＋地点直示词

（43）**人家他们李华王明夫妇那两人那儿**，有很多艺术收藏品。

43. 人称代词＋人称代词＋专有名词＋普通名词＋数量名＋照应词

（44）**人家他们李华王明夫妇两个自身**，都是高学历人才。

44. 人称代词＋人称代词＋专有名词＋普通名词＋数量名＋地点直示词

（45）**人家他们李华王明夫妇两个那儿**，有很多线装书。

45. 人称代词＋人称代词＋专有名词＋指量名＋照应词＋照应词

（46）**人家他们 IBM 那个公司自己本身**，就有自己的研究院。

46. 人称代词＋人称代词＋专有名词＋指量名＋照应词＋地点直示词

（47）**人家他们 IBM 那个公司自己那儿**，就设有研究院。

47. 人称代词＋人称代词＋普通名词＋普通名词＋照应词＋照应词

（48）**人家他们博士等高学历人才自己本身**呢，条件就很优越。

48. 人称代词＋人称代词＋普通名词＋普通名词＋照应词＋地点直示词

（49）**人家他们本科生等在校生自己那儿**，都有学校配给的卡和账号。

49. 人称代词＋人称代词＋普通名词＋专有名词＋照应词＋照应词

（50）**人家他们秘书小王和小李彼此双方**，总是很有默契，工作很快就完成了。

50. 人称代词＋人称代词＋普通名词＋专有名词＋照应词＋地点直示词

（51）**人家他们当事人小王和小李自己那儿**，都有强有力的证据，各不相让。

51. 人称代词＋人称代词＋普通名词＋专有名词＋专有名词＋照应词

（52）放学了，教室里就只有**人家他班长李大个儿李非自己**还在继续用功。

52. 人称代词＋人称代词＋普通名词＋专有名词＋专有名词＋数量名

（53）他们的招聘条件只有**人家他班长李大个儿李非一个人**满足。

53. 人称代词＋人称代词＋普通名词＋专有名词＋专有名词＋地点直示词

（54）**人家他班长李大个儿李非那里**，居然还保留着自己小学时的奖状和获奖证书。

54. 人称代词＋人称代词＋普通名词＋专有名词＋照应词＋数量名

（55）**人家他炊事员小王自己一个人**，不到一个小时就做好了六个人的饭。

55. 人称代词＋人称代词＋普通名词＋专有名词＋照应词＋照应词

（56）**人家他炊事员小王自己本身**呢，厨艺高超不说，待人还很诚恳谦和，所以同事们没有不喜欢他的。

56．人称代词＋人称代词＋普通名词＋专有名词＋照应词＋地点直示词

（57）**人家他炊事员小王自己那儿**，其实早就备好各种材料了。

57．人称代词＋人称代词＋普通名词＋专有名词＋指量名＋照应词

（58）**人家她们秘书小王小李这俩姑娘彼此**，配合很默契，因此工作很快就做完了。

58．人称代词＋人称代词＋普通名词＋专有名词＋指量名＋地点直示词

（59）**人家她们秘书小王小李这俩姑娘这儿**，已经准备好完整的资料了。

59．人称代词＋人称代词＋普通名词＋专有名词＋数量名＋照应词

（60）**人家她们秘书小王和小李两个本身**，都是名牌大学毕业生。

60．人称代词＋人称代词＋普通名词＋专有名词＋数量名＋地点直示词

（61）**人家她们秘书小王和小李两个那儿**，早已经把所有的资料都准备齐了。

61．人称代词＋人称代词＋普通名词＋数量名＋照应词＋照应词

（62）**人家他们夫妻两个彼此双方**，一直互敬互爱，共同渡过了很多难关。

62．人称代词＋人称代词＋普通名词＋数量名＋照应词＋地点直示词

（63）**人家他们夫妻两个自己那儿**，已经准备好所有的资料了。

63. 人称代词＋普通名词＋专有名词＋专有名词＋照应词＋照应词

（64）**人家打虎英雄武松武二郎自己本身**，就武艺高强。

64. 人称代词＋普通名词＋专有名词＋专有名词＋照应词＋地点直示词

（65）**人家打虎英雄武松武二郎自己那儿**，已经备好酒了。

65. 人称代词＋普通名词＋专有名词＋专有名词＋照应词＋数量名

（66）整个山上估计就只有**人家打虎英雄武松武二郎自己一个人**。

66. 人称代词＋普通名词＋专有名词＋专有名词＋人称代词＋地点直示词

（67）**人家演员李快嘴李伯祥他那儿**，各种相声资料应有尽有。

67. 人称代词＋普通名词＋专有名词＋专有名词＋人称代词＋照应词

（68）**人家演员李快嘴李伯祥他自己**，并不计较这些事儿。

68. 人称代词＋普通名词＋专有名词＋专有名词＋人称代词＋指量名

（69）**人家相声演员李快嘴李伯祥他那人**，最主要的特点是基本功特别扎实，贯口活儿是一绝。

69. 人称代词＋普通名词＋专有名词＋专有名词＋人称代词＋数量名

（70）后台闹哄哄的，大家都在说笑嬉闹，只有**人家相声演员李快嘴李伯祥他一个人**在专注地练贯口。

70. 人称代词＋普通名词＋专有名词＋专有名词＋人称代词＋一量名

（71）**人家演员李快嘴李伯祥他一个老头儿**，到现在都还天天练贯口基本功呢。

71. 人称代词＋普通名词＋专有名词＋专有名词＋指量名＋照应词

（72）小明举着书不解地问道："**他打虎英雄武松武二郎那人本身**，不就爱喝酒打架吗，就因为空拳打死猛虎就成了英雄了吗？"

72. 人称代词＋普通名词＋专有名词＋专有名词＋指量名＋地点直示词

（73）**人家班长李大个儿李非这人这儿**，什么样的书都有，怪不得学习好呢。

73. 人称代词＋普通名词＋专有名词＋人称代词＋照应词＋照应词

（74）**人家县长赵敏他自己本身**，是社会学博士，挂职锻炼期间为当地做了很多实事。

74. 人称代词＋普通名词＋专有名词＋人称代词＋照应词＋地点直示词

（75）**人家县长赵敏他自己这里**，各种工具书都有，不需要再去图书馆查了。

75. 人称代词＋普通名词＋专有名词＋人称代词＋照应词＋数量名

（76）**人家县长赵敏他自己一个人**，默默承担了那么多的工作，从不叫苦叫累。

76. 人称代词＋普通名词＋专有名词＋人称代词＋指量名＋照应词

（77）**人家秘书王华他这人自身**，思路敏捷，办事认真，态度谦和，所以深受领导喜爱。

77. 人称代词＋普通名词＋专有名词＋人称代词＋指量名＋地点直示词

（78）**人家秘书王华他这人这儿**，各种资料和物品总是摆放收纳得有条不紊。

78. 人称代词＋普通名词＋专有名词＋人称代词＋数量名＋照应词

（79）**人家秘书小王小李他们两人双方**，都很尊重对方的创见，配合很默契。

79. 人称代词＋普通名词＋专有名词＋人称代词＋数量名＋地点直示词

（80）**人家秘书小王小李他们两人那儿**，早就整理出一份详细的报表。

80. 人称代词＋普通名词＋专有名词＋人称代词＋普通名词＋照应词

（81）**人家局长王林他老人家本身**呢，性格就乐观开朗，而且每天都坚持锻炼，所以身体很好。

81. 人称代词＋普通名词＋专有名词＋人称代词＋普通名词＋地点直示词

（82）**人家局长王林他老人家那儿**，总是笑声不断，年轻人都爱找他聊天。

82. 人称代词＋普通名词＋专有名词＋人称代词＋普通名词＋数量名

（83）天黑了，整个大楼就剩下**人家局长王林他老人家一个人**还在工作了。

83. 人称代词＋普通名词＋专有名词＋人称代词＋普通名词＋一量名

（84）**人家局长王林他老人家一个局级干部**，竟然天天为大家清扫院子，半点儿官架子都没有。

84. 人称代词＋普通名词＋专有名词＋数量名＋照应词＋照应词

（85）**人家外科医生王林李兴两人自己本身**，都是海归博士。

85. 人称代词＋普通名词＋专有名词＋数量名＋照应词＋地点直示词

（86）**人家外科医生王林李兴两人自己那儿**，还有场大手术呢，不能再在这儿帮忙了。

86. 人称代词＋普通名词＋专有名词＋指量名＋照应词＋照应词

（87）**人家组长小辉这人自己本身**，特别能吃苦耐劳。

87. 人称代词＋普通名词＋专有名词＋指量名＋照应词＋地点直示词

（88）**人家组长小辉这人自己这儿**，老是随身备着创可贴，以防工友擦着碰着需要止血。

88. 人称代词＋普通名词＋人称代词＋数量名＋照应词＋照应词

（89）**人家局长书记他们两位彼此双方**，早就对很多问题达成了共识。

89. 人称代词＋普通名词＋人称代词＋数量名＋照应词＋地点直示词

（90）**人家局长书记他们两位自己那儿**，都有新计算机，今年不需要再给他们配置了。

90. 人称代词＋普通名词＋人称代词＋指量名＋照应词＋照应词

（91）**人家局长他这人自己本身**，烟酒不沾，没有任何不良嗜好。

91. 人称代词＋普通名词＋人称代词＋普通名词＋照应词＋照应词

（92）**人家院长他老人家自己本身**呢，身体素质很棒。

92. 人称代词＋普通名词＋人称代词＋普通名词＋照应词＋地点直示词

（93）**人家院长他老人家自己那儿**，买了好几套画册了。

93. 人称代词＋普通名词＋人称代词＋普通名词＋照应词＋数量名

（94）整个行政楼就剩下**人家院长他老人家自己一个人**还在工作了。

94. 人称代词＋普通名词＋普通名词＋人称代词＋照应词＋照应词

（95）一般来讲，孩子有礼貌是因为**人家父母家长他们自己本身**就是榜样，以身作则。

（96）那孩子之所以进步那么大，跟**人家父母家长他们彼此双方**的共同努力是密不可分的。

95. 人称代词＋普通名词＋普通名词＋人称代词＋照应词＋地点直示词

（97）**人家父母家长他们自己那儿**，一般都会保存着孩子的各种证书奖状。

96. 人称代词＋专有名词＋普通名词＋人称代词＋照应词＋照应词

（98）**人家李华王明夫妇他们自己本身**，素质都非常高。

97. 人称代词＋专有名词＋普通名词＋人称代词＋照应词＋地点直示词

（99）**人家李华王明夫妇他们自己那儿**，有个录音棚。

98. 人称代词＋专有名词＋普通名词＋数量名＋照应词＋照应词

（100）**人家老王小李师徒二人彼此双方**，都很照顾对方的感受。
（101）**人家老王小李师徒二人自己本身**，诚恳实在，很讲信用，因此他们的生意很快就红红火火起来。

99. 人称代词＋专有名词＋普通名词＋数量名＋照应词＋地点直示词

（102）**人家老王小李师徒二人自己那儿**，已经准备齐全，就准备择吉日开张了。

100. 人称代词＋专有名词＋人称代词＋普通名词＋数量名＋照应词

（103）**人家李明李华他们弟兄两人彼此**，互相照顾、互相帮助、互相鼓励。

101. 人称代词＋专有名词＋人称代词＋普通名词＋数量名＋地点直示词

（104）**人家李明李华他们弟兄两人那儿**，新添了两台摄录器材。

102. 人称代词＋专有名词＋人称代词＋普通名词＋照应词＋照应词

（105）**人家李明李华他们兄弟彼此双方**，都愿意竭尽所能地帮对方。

103. 人称代词＋专有名词＋人称代词＋普通名词＋照应词＋地点直示词

（106）**人家李明李华他们弟兄自己那儿**，已经有最高端的尼康照相机了。

104. 人称代词＋专有名词＋人称代词＋指量名＋照应词＋照应词

（107）**人家小王他那人自己本身**吧，就很有学问，还特别虚心好学。

105. 人称代词＋专有名词＋人称代词＋指量名＋照应词＋地点直示词

（108）**人家小王他那人自己那儿**，总是收拾得干净利索，一点儿都不让人操心。

106. 人称代词＋专有名词＋人称代词＋数量名＋照应词＋照应词

（109）**人家小张小王他们两个彼此双方**，总是互相谦让。

107. 人称代词＋专有名词＋人称代词＋数量名＋照应词＋地点直示词

（110）**人家小张小王他们两个自己这儿**，已经有四台计算机了，今年不想再添置了。

二　六项同位同指组合的搭配序列表

107 类六项同位同指组合搭配序列类型的具体情况如表 6—4 所示：

表 6—4　　　　　　　　　　六项同位同指组合搭配

前项＼后项	普名	专名	地点	人代	照应	指量	数量	一量
普名＋普名＋人代＋指量＋照应	－	－	＋	－	＋	－	－	－

续表

后项 前项	普名	专名	地点	人代	照应	指量	数量	一量
普名＋专名＋人代＋普名＋照应	－	－	＋	－	＋	－	－	－
普名＋专名＋人代＋指量＋照应	－	－	＋	－	＋	－	－	－
普名＋专名＋人代＋数量＋照应	－	－	＋	－	＋	－	－	－
普名＋专名＋普名＋数量＋照应	－	－	＋	－	＋	－	－	－
普名＋专名＋普名＋人代＋照应	－	－	＋	－	＋	－	＋	－
普名＋专名＋专名＋人代＋指量	－	－	＋	－	＋	－	－	－
普名＋专名＋专名＋人代＋照应	－	－	＋	－	＋	－	－	－
普名＋专名＋专名＋人代＋普名	－	－	＋	－	＋	－	＋	－
普名＋专名＋专名＋人代＋普名	－	－	＋	－	＋	－	－	－
普名＋专名＋专名＋人代＋照应	－	－	＋	－	＋	－	＋	－
普名＋专名＋专名＋指量＋照应	－	－	＋	－	＋	－	－	－
普名＋人代＋专名＋指量＋照应	－	－	＋	－	＋	－	＋	－
专名＋专名＋专名＋人代＋照应	－	－	＋	－	＋	－	＋	－
专名＋专名＋专名＋指量＋照应	－	－	＋	－	＋	－	－	－
人代＋人代＋专名＋普名＋照应	－	－	＋	－	＋	－	－	－
人代＋人代＋专名＋普名＋指量	－	－	＋	－	＋	－	－	－
人代＋人代＋专名＋普名＋普名	－	－	＋	－	＋	－	－	－
人代＋人代＋专名＋普名＋数量	－	－	＋	－	＋	－	－	－
人代＋人代＋专名＋指量＋照应	－	－	＋	－	＋	－	－	－
人代＋人代＋普名＋普名＋照应	－	－	＋	－	＋	－	－	－
人代＋人代＋普名＋专名＋照应	－	－	＋	－	＋	－	－	－
人代＋人代＋普名＋专名＋专名	－	－	＋	－	＋	－	＋	－
人代＋人代＋普名＋专名＋照应	－	－	＋	－	＋	－	＋	－
人代＋人代＋普名＋专名＋指量	－	－	＋	－	＋	－	－	－
人代＋人代＋普名＋专名＋数量	－	－	＋	－	＋	－	－	－
人代＋人代＋普名＋数量＋照应	－	－	＋	－	＋	－	－	－
人代＋普名｜专名＋专名＋照应	－	－	＋	－	＋	－	＋	－
人代＋普名＋专名＋专名＋人代	－	－	＋	－	＋	＋	＋	＋
人代＋普名＋专名＋专名＋指量	－	－	＋	－	＋	－	－	－
人代＋普名＋专名＋人代＋照应	－	－	＋	－	＋	－	＋	－

续表

前项＼后项	普名	专名	地点	人代	照应	指量	数量	一量
人代＋普名＋专名＋人代＋指量	－	－	＋	－	＋	－	－	－
人代＋普名＋专名＋人代＋数量	－	－	＋	－	＋	－	－	－
人代＋普名＋专名＋人代＋普名	－	－	＋	－	＋	－	＋	＋
人代＋普名＋专名＋数量＋照应	－	－	＋	－	＋	－	－	－
人代＋普名＋专名＋指量＋照应	－	－	－	－	＋	－	－	－
人代＋普名＋人代＋数量＋照应	－	－	＋	－	＋	－	－	－
人代＋普名＋人代＋指量＋照应	－	－	－	－	＋	－	－	－
人代＋普名＋人代＋普名＋照应	－	－	＋	－	＋	－	＋	－
人代＋普名＋普名＋人代＋照应	－	－	＋	－	＋	－	－	－
人代＋专名＋普名＋人代＋照应	－	－	＋	－	＋	－	－	－
人代＋专名＋普名＋数量＋照应	－	－	＋	－	＋	－	－	－
人代＋专名＋人代＋普名＋数量	－	－	＋	－	＋	－	－	－
人代＋专名＋人代＋普名＋照应	－	－	＋	－	＋	－	－	－
人代＋专名＋人代＋指量＋照应	－	－	＋	－	＋	－	－	－
人代＋专名＋人代＋数量＋照应	－	－	＋	－	＋	－	－	－

　　从表6－4中我们可以看到，六项同位同指组合中绝大部分五项组合都只能跟"地点直示词"和"照应词"这两种名词性成分继续组合了；单数"数量名"成分充任末项的情况进一步减少，只占"地点直示词"和"照应词"末项数量的四分之一（不像四项、五项组合能占一半）；"普通名词""专有名词"和"人称代词"一样，都不再能充任末项，"一量名"和"指量名"居末项只有零星。居末项的层级变为如下：

　　（111）照应＞地点直示＞数量名＞一量名＞指量名
　　　　　 1　　　　　 2　　　　3

　　五项组合序列中已经没有哪一个能和七类、八类名词性成分组合，组合能力最强的是"人称代词＋普通名词＋专有名词＋专有名词＋人称代词"组合，能和五类名词性成分组合；稍次为"人称代词＋普通名词＋专有名词＋人称代词＋普通名词"，能和四类名词性成分组成四项组合。合格的、整体性强的例子越来越少。

第五节　七项以上同位同指组合

一　七项同位同指组合

（一）七项同位同指组合的类型

七项同位同指组合也是在六项组合的基础上，将八类名词性成分分别添加到尾项测试，只有 32 种组合序列类型。

1. 人称代词＋人称代词＋专有名词＋普通名词＋指量名＋照应词＋照应词

（1）**人家他们李华王明夫妇这两人彼此双方**，一直互敬互爱。

2. 人称代词＋人称代词＋专有名词＋普通名词＋数量名＋照应词＋照应词

（2）**人家他们李华王明夫妇两个自己本身**，都是高学历人才。

（3）**人家他们李华王明夫妇两个彼此双方**，互敬互爱互相尊重。

3. 人称代词＋人称代词＋普通名词＋专有名词＋专有名词＋照应词＋照应词

（4）**人家他班长李大个儿李非自己本身**，品学兼优，号召力自然也就强。

4. 人称代词＋人称代词＋普通名词＋专有名词＋专有名词＋照应词＋地点直示词

（5）这件事情的决定权就在**人家他班长李大个儿李非自己那儿**。

5. 人称代词＋人称代词＋普通名词＋专有名词＋专有名词＋照应词＋数量名

（6）坚守到最后的只有**人家他班长李大个儿李非自己一个人**。

6. 人称代词＋人称代词＋普通名词＋专有名词＋指量名＋照应词＋照应词

（7）**人家他们秘书小王小李这俩年轻人彼此双方**，配合一直很有默契，因此工作很快就做完了。

7. 人称代词＋人称代词＋普通名词＋专有名词＋数量名＋照应词＋照应词

（8）**人家她们秘书小王和小李两个彼此双方**，配合多默契啊。
（9）**人家她们秘书小王和小李两个自己本身**，都是学文秘专业的，工作上手非常快。

8. 人称代词＋人称代词＋普通名词＋专有名词＋数量名＋照应词＋地点直示词

（10）文件的借阅权就在**人家她们秘书小王和小李两个自己那儿**。

9. 人称代词＋普通名词＋专有名词＋专有名词＋人称代词＋照应词＋照应词

（11）**人家打虎英雄武松武二郎他自己本身**，武功就很高，再加上有酒壮胆。

10. 人称代词＋普通名词＋专有名词＋专有名词＋人称代词＋照应词＋地点直示词

（12）所有责任全在**人家打虎英雄武松武二郎他自己那儿**。

11. 人称代词＋普通名词＋专有名词＋专有名词＋人称代词＋照应词＋
数量名

（13）即便这个荒山上就只有**人家打虎英雄武松武二郎他自己一个
人**，他也不害怕。

12. 人称代词＋普通名词＋专有名词＋专有名词＋人称代词＋普通名
词＋照应词

（14）这次就只有**人家宰相刘罗锅刘墉他老人家自己**没提建议。

13. 人称代词＋普通名词＋专有名词＋专有名词＋人称代词＋普通名
词＋数量名

（15）这次就只有**人家宰相刘罗锅刘墉他老人家一个人**没提建议。

14. 人称代词＋普通名词＋专有名词＋专有名词＋人称代词＋普通名
词＋地点直示词

（16）**人家宰相刘罗锅刘墉他老人家那儿**才有解释权。

15. 人称代词＋普通名词＋专有名词＋专有名词＋人称代词＋指量名＋
照应词

（17）导演看上的是**人家相声演员李快嘴李伯祥他那人本身**，而不
是他的家庭和名气。

16. 人称代词＋普通名词＋专有名词＋专有名词＋人称代词＋指量名＋
地点直示词

（18）你怎么能把全部责任都推向**人家班长李大个儿李非他那人那
儿**呢！这样太不公平了。

17. 人称代词＋普通名词＋专有名词＋专有名词＋指量名＋照应词＋照应词

（19）**人家打虎英雄武松武二郎那人自己本身**，其实并没有当英雄的想法。

18. 人称代词＋普通名词＋专有名词＋人称代词＋指量名＋照应词＋数量名

（20）**人家秘书王华他这人自己一个人**，就能承担三个人的工作量。

19. 人称代词＋普通名词＋专有名词＋人称代词＋指量名＋照应词＋地点直示词

（21）**人家木匠老王他这人自己那儿**，什么工具都有，根本不需要再另外添置。

20. 人称代词＋普通名词＋专有名词＋人称代词＋指量名＋照应词＋照应词

（22）**人家秘书小王小李她们这俩人彼此双方**，配合得很默契，是领导的左膀右臂。

21. 人称代词＋普通名词＋专有名词＋人称代词＋数量名＋照应词＋照应词

（23）**人家秘书小王小李他们两人彼此双方**，互相协助鼎力配合，使工作得以圆满完成。

（24）**人家秘书小王小李他们两人双方彼此**，互相协助鼎力配合，使工作得以圆满完成。

22. 人称代词＋普通名词＋专有名词＋人称代词＋普通名词＋照应词＋照应词

　　（25）**人家局长王林他老人家自己本身**，性格乐观开朗，而且每天都坚持锻炼，所以身体很好。

23. 人称代词＋普通名词＋专有名词＋人称代词＋普通名词＋照应词＋数量名

　　（26）天黑了，整个行政楼就剩下**人家局长王林他老人家自己一个人**还在工作了。

24. 人称代词＋普通名词＋专有名词＋人称代词＋普通名词＋照应词＋地点直示词：

　　（27）所有权在**人家局长王林他老人家自己那儿**，你们再争也没用。

25. 人称代词＋专有名词＋人称代词＋普通名词＋数量名＋照应词＋照应词

　　（28）**人家李明李华他们弟兄两人彼此双方**，总是互相照顾互相帮助互相鼓劲。
　　（29）**人家李明李华他们弟兄两人自己本身**，都是清华高才生。

26. 人称代词＋专有名词＋人称代词＋普通名词＋数量名＋照应词＋地点直示词

　　（30）所有责任都在**人家李明李华他们弟兄两人自己那儿**，你不用瞎担心。

27. 普通名词＋专有名词＋专有名词＋人称代词＋普通名词＋照应词＋照应词

（31）**班长李大个儿李非他小子自己本身**，不爱学习，不守纪律，还怎么管别人啊。

28. 普通名词＋专有名词＋专有名词＋人称代词＋普通名词＋照应词＋数量名

（32）操场上就剩下**班长李大个儿李非他小子自己一个人**还在傻站着了。

29. 普通名词＋专有名词＋专有名词＋人称代词＋普通名词＋照应词＋地点直示词

（33）**班长李大个儿李非他小子自己那儿**，已经有这套书了，却还装作没有。

30. 普通名词＋专有名词＋专有名词＋人称代词＋指量名＋照应词＋照应词

（34）**班长李大个儿李非他这人自己本身**呢，才华横溢的，所以希望自己女朋友也不俗。

31. 普通名词＋专有名词＋专有名词＋人称代词＋指量名＋照应词＋照应词

（35）三个人的工作全由**班长李大个儿李非他这人自己一个人**承担了。

32. 普通名词＋专有名词＋专有名词＋人称代词＋指量名＋照应词＋地点直示词

（36）**班长李大个儿李非他这人自己那儿**，从来不准备零钱，老找别人借。

（二）七项同位同指组合的搭配序列表

32 类七项同位同指组合搭配序列类型的具体情况如表 6－5 所示：

表 6－5　　　　　　　　　七项同位同指组合搭配

前项 ＼ 后项	普名	专名	地点	人代	照应	指量	数量	一量
人代＋人代＋专名＋普名＋数量＋照应	－	－	－	－	＋	－	－	－
人代＋人代＋普名＋专名＋专名＋照应	－	－	＋	－	＋	－	＋	－
人代＋人代＋普名＋专名＋指量＋照应	－	－	＋	－	＋	－	＋	－
人代＋人代＋普名＋专名＋数量＋照应	－	－	＋	－	＋	－	－	－
人代＋普名＋专名＋专名＋人代＋照应	－	－	＋	－	＋	－	＋	－
人代＋普名＋专名＋专名＋人代＋普名	－	－	＋	－	＋	－	＋	－
人代＋普名＋专名＋专名＋人代＋指量	－	－	＋	－	＋	－	－	－
人代＋普名＋专名＋人代＋指量＋照应	－	－	＋	－	＋	－	＋	－
人代＋普名＋专名＋人代＋普名＋照应	－	－	＋	－	＋	－	＋	－
人代＋专名＋人代＋普名＋数量＋照应	－	－	－	－	－	－	－	－
普名＋专名＋专名＋人代＋普名＋照应	－	－	＋	－	＋	－	＋	－
普名＋专名＋专名＋人代＋指量＋照应	－	－	＋	－	＋	－	＋	－

从表 6－5 中我们可以看到，七项同位同指组合只能是在六项组合的基础上，和"地点直示词""照应词"和"数量名"这三种名词性成分继续组

合，"数量名"是指单数的数量成分；其他名词性成分——"普通名词""专有名词""人称代词""指量名"和"一量名"都不再能充任末项。居末项的能力层级变为如下：

(37)　<u>照应</u>＞<u>地点直示</u>＞<u>数量名</u>
　　　 1　　　　 2　　　　　 3

六项组合序列中能与上面所说的三项成分组合成七项组合序列的有 32 种。我们看到，虽然和"照应词"组合为七项组合的六项组合较多，但以"自己本身"和"彼此双方"为后两项的七项同位组合序列，一般都只能在话题位置上出现，而和单数"数量名"结合的六项组合——即以"自己一个人"结尾的七项组合，大部分都能出现在宾语位置上，整体性很强，"自己那儿"结尾的七项组合，也有几个能出现在宾语位置上。摘两例如下，这是七项同位同指组合存在的有力证据：

(38) 天黑了，整个行政楼就剩下**人家局长王林他老人家自己一个人**了。

(39) 所有权在**人家李明李华他们弟兄两人自己那儿**哪，你不必担心。

我们还观察到，如果"照应词"和"地点直示词"同时出现，那么照应词在前、地点直示词在后。

二　八项同位同指组合

八项同位同指组合已经是极限的、最多项数的情况了。所有八类名词性成分组合在一起构成同位同指组合时，只有六种组合序列类型合格，如下：

1. 人称代词＋普通名词＋专有名词＋专有名词＋人称代词＋普通名词＋照应词＋照应词

(1) **人家宰相刘罗锅刘墉他老人家自己本身**，并不想去。

2. 人称代词＋普通名词＋专有名词＋专有名词＋人称代词＋普通名词＋照应词＋数量名

（2）那集电视剧演到最后，满朝文武官员还站在原处不动的就只有**人家宰相刘罗锅刘墉他老人家自己一个人**了。

3. 人称代词＋普通名词＋专有名词＋专有名词＋人称代词＋普通名词＋照应词＋地点直示词

（3）**人家班长李大个儿李非他小子自己那儿**，已经有这套书了，却还装作没有。

4. 人称代词＋普通名词＋专有名词＋专有名词＋人称代词＋指量名＋照应词＋照应词

（4）**人家班长李大个儿李非他这人自己本身**，聪慧过人，再加上十分刻苦努力，成绩一直稳居年级前三。

5. 人称代词＋普通名词＋专有名词＋专有名词＋人称代词＋指量名＋照应词＋数量名

（5）**人家班长李大个儿李非他这人自己一个人**，承担了三个人的工作却从无任何怨言。

6. 人称代词＋普通名词＋专有名词＋专有名词＋人称代词＋指量名＋照应词＋地点直示词

（6）**人家班长李大个儿李非他这人自己这儿**，总是整得干干净净的。

列表如下：

表 6—6　　　　　　　　　　　八项同位同指组合搭配

前项＼后项	普名	专名	地点	人代	照应	指量	数量	一量
人代＋普名＋专名＋专名＋人代＋普名＋照应	－	－	＋	－	＋	－	＋	－
人代＋普名＋专名＋专名＋人代＋指量＋照应	－	－	＋	－	＋	－	＋	－

表 6—6 显示，只有两种七项组合能分别和"地点直示词""照应词"和单数"数量名"成分组合成八项同位同指组合。只有能在宾语位置上出现，才能够证明确实存在八项同位同指组合。如例：

（7）那集电视剧演到最后，满朝文武官员还站在原处不动的就只有**人家宰相刘罗锅刘墉他老人家自己一个人**了。

以"人家"开始、以"地点直示词"、单数"数量名"和两个连用的"照应词"结尾的组合都不再有扩展能力了。因此汉语的同位同指组合极限的项数为八项。

第六节　多项同位同指组合搭配规律

一　多项组合的考察方法

从三项到八项同位同指组合，我们采取的考察方法都是在 $n-1$ 项组合序列类型的基础上，在每种序列类型的末尾分别跟八类名词性成分进行再组合，测试可接受度。

比如考察三项组合序列，我们是在两项组合序列 42 类的基础上，在每个序列类型的末项依次添加八类名词性成分，按照同位同指组合的形式标准，鉴别一下是否符合"五个前提五个条件"，合法的组合留下，作为三项同位同指组合的序列类型。两项的 42 类序列，每一类都进行八次添加测试，一共得到 86 种。

两项名词在组合过程中有 22（64－42＝22）类不合格的组合序列被淘汰

掉,被淘汰的这些不需要进入下一轮测试。这样,四项是在三项的基础上进行、五项是在四项的基础上进行,依次类推,我们得到四项组合有 155 类、五项组合有 147 类、六项组合有 107 类、七项组合有 32 类和八项组合有 6 类:

42+86+155+147+107+32+6=575

这样,汉语中的同位同指组合一共有 2—8 项的 575 种组合序列类型。

二 搭配序列测试结果分析

由于我们是在每一个组合的末项分别添加八类名词性成分,逐一测试新的组合是否是同位同指组合,因此名词性成分充任同位末项的能力对新的组合类型有至关重要的作用。根据上面多项同位同指组合的形成情况,我们得到充任多项同位同指组合尾项的名词性成分的排列表,如表 6—7 所示:

表 6—7　　　　　　　多项同位同指组合末项名词性成分出现数量

	照应词		地点指示词	数量名	指量名	一量名	普名	专名	人称代词
	单	双							
三项	19	2	18	13	9	8	6	6	5
	21								
四项	15	35	51	21	13	10	6	3	0
	50								
五项	30	26	51	26	4	2	4	1	0
	56								
六项	16	31	46	12	1	2	0	0	0
	47								
七项	2	10	10	7	0	0	0	0	0
	12								
八项	0	2	2	2	0	0	0	0	0
	2								

我们从表 6—7 "0" 的排列规律看到:随着同位同指组合项数的增多,能充任末项的名词性成分越来越少,从六项组合开始,尾项就几乎只能添加 "照应词" "地点直示词" 和单数 "数量名" 成分三种了。在汉语两项及两项以上的多项同位同指组合的 575 种序列类型中,"照应词" "地点直示词" 和

单数"数量名"成为末项的主力军,尤其是前两种。

只有三项组合中,八类名词性成分都能居于末项。人称代词居末项的能力最差,除了三项组合外,在4—8各项组合序列中,人称代词都不能居于末项。与此相反,照应词居末项的能力最强,不仅单个照应词能居末项,双照应词居末的组合也构成多项组合的主力序列类型。双照应词有三种"自己本身""双方彼此"和"彼此双方"。"地点直示词"充任末项的比例基本上和照应词持平略低。

从表6—7的数据,我们得出,汉语多项同位同指组合中,各名词项居末项的能力存在这样一个级差序列:

(1) <u>照应词</u> > <u>地点指</u> > <u>数量名</u> > <u>指量名</u>—<u>量名</u> > <u>普名</u>—<u>专名</u> > <u>代词</u>
  1   2   3   4   5   6

本章小结

本章前五节主要排列3—8项同位组合的序列类型。工作方法是根据$n-1$项的组合序列类型,在每一种组合的尾项分别添加八类名词性成分测试,符合第一章的"五前提五手段"形式标准的就得以通过。据此得出,三项同位同指组合有86种、四项的有155种、五项的有147种、六项的有107种、七项的有32种、八项的有6种,一共是575种组合序列类型。第六节在这些类型的基础上,分析了多项同位组合的搭配规律,八类名词性成分居末项的能力是:"人称代词"几乎不可能居末项,"照应词"居末项能力最强,但和"地点直示词"搭配时,则必须在"地点直示词"之前。

第 七 章

同位同指组合的结构特点及分析方法

我们上一章考察，多项同位同指组合最多可以由八项名词性成分组成。这一部分我们先根据前文的各种考察，搭建一个汉语同位同指组合都适用的结构框架，分析各部分的结构特点；然后讨论适用于汉语特点的分析同位同指组合的方法。

第一节　同位同指组合的结构特点

一　同位同指组合的句法框架

前几章我们考察了汉语同位同指组合的各种搭配序列类型。我们下面根据项数分别列出序列类型的数量，并各举一个例子，以便更加直观地观察汉语的同位同指组合：

双项同位同指组合——42 种

（1）我很喜欢**烟台**₁**这个小城**₂。

三项同位同指组合——86 种

（2）**小王**₁**他**₂**这人**₃心眼可好了。

四项同位同指组合——155 种

（3）你通知**作者**₁**六六**₂**她**₃**本人**₄了吗？

五项同位同指组合——147 种

（4）通过这件事我们对**人家₁吕叔湘₂吕先生₃他₄老人家₅**更加敬重了。

六项同位同指组合——107 种

（5）如此空旷的山野此时只有**"行者"₁武松₂武二郎₃他₄自己₅一个人₆**。

七项同位同指组合——32 种

（6）责任在**人家₁李明李华₂他们₃弟兄₄两人₅自己₆那儿₇**呢，你不必担心。

八项同位同指组合——6 种

（7）那集电视剧演到最后，满朝文武官员还站在原处没动的，就只有**人家₁宰相₂刘罗锅₃刘墉₄他₅老人家₆自己₇一个人₈**了。

各种组合序列共计 575 种类型。

根据上面几章列举的这 575 种类型的同位同指组合，主要参考 6—8 项同位同指组合构成成分项的功能，我们得出一个八位置的句法框架：

表 7—1 　　　　　　　　　　汉语同位同指组合句法框架

1	2	3	4	5	6	7	8
态度	视角	语义核心 1内容	归总	语义核心 2性质	照应	单数	定位
人家	人称代词	普通名词	人称代词	一量名	反身代词	一个（人）	时间直示词
		专有名词	指量名	普通名词	相互代词		地点直示词
		人称代词	数量名		双方		
		照应词	普通名词				
A		B			C		

　　我们先看表 7-1 的横行，两条黑粗线将表格分为上、中、下三部分，最上面一部分，数字序号对应着八个位置，数字下方黑体字部分是相应位置上同位成分项所表达的功能归类。

　　中间区域分别是各位置所能容纳的名词性成分的类别。举例说明：态度位置能容纳的名词性成分是指人代词"人家"；视角位置的功能由人称代词来承担；语义核心 1 位置上可以出现普通名词、专有名词、人称代词和照应词这四类名词性成分；⋯⋯以此类推。

　　最下面标字母 A、B、C 的部分，将竖行的八个位置根据功能、语义和结构特点分为三个区域，我们下文会详细介绍这三个区域。

　　这八个位置适用于汉语所有的同位同指组合。但要注意的有两点：一是并不是每个位置上都会有词项出现，根据项数多少和组合类型的不同，不同的位置上会有不同的词项出现，比如例句（1）"烟台这个小城"就是语义核心 1（烟台）和归总（这个小城）这两个位置上出现的词项，构成了双项同位同指组合，上表 7-1 中的其他六个位置则空缺。依次类推，多项组合则是在多个位置上都有词项出现。

　　二是每个位置上并不一定只有一个词项出现，上面八个位置，1（态度）、2（视角）、5（语义核心 2）、7（单数）、8（定位）五个位置每个位置一般只能出现一种词项。尽管 5、8 两个位置都有两种词项类型可以选择，但一次只能有一种出现，两个备选项不能共现。比如位置 8，时间地点不能共现做同位项。除了这些，3（语义核心 1）、4（归总）、6（照应）这三个位置，每个都可以出现多个词项。比如 6 的"照应"位置就可以出现"自己本身"、"彼此双方"等两项反身代词，而上文例（3）"作者六六她本人"中，"作者六六"就是 3 的"语义核心 1"位置上出现了"普通名词＋专有名词"两类词项。

　　下面我们以上文例（6）的同位同指组合为例，说明不同位置所容纳的不同同位项。

（8）责任在	**人家**	**李明李华**	**他们弟兄两人**	**自己**	**那儿**呢⋯⋯
位置	1	3	4	6	8
功能	态度	语义核心 1	归总	照应	定位
词项	人家	专有名词	人代＋普名＋数量	反身	地点

下面我们对 A、B、C 三个区域做逐一说明。

二　A 区域——语用区

从表 7-1 中我们看到，A 区域包括态度位置和视角位置。态度位置下只有一个词"人家"。这个词很特殊，词汇本身的意义就能传达说话者的主观情感，不需要借助任何句法手段。《现代汉语八百词》中，"人家"这一条注释中有"在名词性成分前加'人家'，语气生动"吕叔湘主编，这样的说法。很多文献都专门分析了"人家"作为一种主观化比较明显的词汇的用法和特点（如李锦望，1993；郭继懋、沈红丹，2004；闫亚平，2007；陈满华，2007；刘雪芹，2010；张旺熹、韩超，2011；于海燕、包丽娜，2011；侯风英、秦俊红，2013；等等）。

同位同指组合里的"人家"通常不能用于自称，一般只指言谈外的第三方。通常出现在组合的最前端，这是因为组合使用者在议论别人时，通常需要先将议论的对象"推远"，这样一是能更清楚全面地观察所议论的对象，二是对听话人传递友好联盟信息——我们是同一阵营的，有同样的立场（stand）；同时又将议论的对象"抬高"[①]，表达说话者的赞许，并希望听话人赞同他的意见。因此，用"人家"开头的同位同指组合，后面搭配的各个同位项不能是含有不尊重色彩的词语，比如"小子"、"老家伙"等，可以搭配"老人家"等表示尊重的名词项。比较如下一组例句：

（9）a. **人家王局长他老人家**什么事都亲力亲为。
　　 b. ＊**人家王局长他小子**什么事都亲力亲为。

可见，以"人家"为首项的同位同指组合单就词汇意义，不需要进入句子，就能表达说话人的言外之意（illocutionary meaning）。

由于静态的同位同指组合中"人家"总是处于最前项，即位于同位同指组合的左边缘，因此有生成语法的学者将整个同位同指组合看成一个复杂的DP，如 LIN（2009）就运用生成语法的"DP 分裂假说（Split-DP Hypothesis）"，将 D 分成语力层（DForce）、话题层（DTopic）、焦点层（Dfocus）等。用此理论看，"人家"大致对应语力层（DForce）。"DP 分裂"在理论上

---

① "推远"和"抬高"见郭继懋、沈红丹，2004：31。

使名词性的 DP 与 Rizzi（1997）为句子假设的 CP 结构对应起来，CP 结构的最高层 ForceP 位于句子左边缘。"分裂 DP"理论国外有相当多的生成语法文献，比如 Bosse，S.（2009）对德语分裂 DP 的分析，Aboh，Enoch，O.（2004）对荷兰语的分析，等等。不过这些研究的对象主要都是针对有冠词的语言。汉语的情况与之并不相同。首先，在汉语中，D 并没有充分地语法化为标记，那些大家认定的各限定成分还都有较实在的语义。其次，我们一直强调，汉语的同位关系是动态在线生成的，各组成项之间不是限定关系，所以给 D 这样分层并不适用于汉语。在汉语这样形态不发达的语言中，同位同指组合适不适合用 DP 理论分析，我们下一节会专门进行讨论。

　　2 的视角位置主要用来表达说话人的视角，即说话者通过人称代词表达对语义核心所指对象的心理远近，如"他们男孩子就是淘气"，说话者用占据视角位置的第三人称代词"他们"来拉远与语义核心"男孩子"的距离，然后进行评判。"语义核心"之前的视角位置和态度位置，即 A 部分共同构成了整个同位同指组合的语用区域。视角位置和归总位置都由人称代词来充任，但是两个位置不能同时出现，如果视角位置上有人称代词，则归总位置就空位。反之亦然。

三　B 区域——语义核心区

（一）语义核心区的组成部分

　　B 区域是包括 3（语义核心 1）、4（归总）、5（语义核心 2）三个位置的语义核心区域，表达同位同指组合中最核心的信息内容。这三个位置中，语义核心 1 这部分最常由普通名词和专有名词构成。比如"人家首都北京那儿街道很宽敞"中，"首都北京"这个"普通名词＋专有名词"的组合就是语义核心。语义核心 1 表达的是同位同指组合的主要信息内容，可以有一项，也可以有两项，如果是两项，那么它们相对其他项整体性比较强，比如"人家首都北京那儿"自然韵律和紧密模式为"人家 首都北京 那儿"，不会形成"人家首都 北京那儿"的韵律和紧密模式。有时候人称代词和照应词也能成为语义核心。如下面句子中的"我"就是语义核心 1 位置，因此表达这个组合的核心信息，比较 a 和 b 的不同分解情况：

　　（10）**我这人**对任何事都很慢热。
　　　　a. **我**对任何事都很慢热。

b. **这人**对任何事都很慢热。

这个同位同指组合的核心意思是由 a 来表达的。

归总位置常常是由第三人称代词、指量名和数量名充任，是对前项指人名词数量和人称的总结。归总位置的词项一般不重读。如：

（11）**老王老李他们**上午已经来过了。

（12）"**他们两个**是双胞胎"。

（13）**他这个人**心眼儿特好。

（11）和（12）归总位置的"他们""两个"是对语义核心 1 位置的"老王老李"和"他们"数量和人称上的归总，（13）"这个人"是对核心"他"做话题的一种提示。

重读的情况也有一种：当代词不是第三人称时，尤其是同位同指组合整体出现在宾语位置时，归总位置的人称代词常常通过与语义核心 1 成分的同指，表达说话者的主观情感，如：

（14）**你姐我**根本就不想来。

a. **你姐**根本就不想来。

b. **我**根本就不想来。

（15）挨过饿受过苦的是**你哥哥我**。

a. 挨过饿受过苦的是**你哥哥**。

b. 挨饿受苦的是**我**。

（14）（15）两个句子将同位同指组合拆分成 a（语义核心 1 位置）和 b（归总位置），显然重读的 b 承担重要的句法语义功能，通常要重读，因此这种情况下，人称代词就成为同位同指组合（"你姐我"和"你哥哥我"）内部的焦点成分。

语义核心 2 这个位置由两类词来充任：一量名和光杆类指普通名词，这两类词都是对前项名词身份等性质的提示和说明。如：

（16）**我们朋友**应该互相帮助。

（17）**她一个女孩子**怎么拿得动这么多东西。

语义核心2表性质位置的"朋友"、"女孩子"是对前项语义核心身份的说明。

语义核心区的三个位置，可以同时出现，也可以只出现一个或两个，不过归总位置的同位项总是跟随语义核心1位置的同位项出现，如果语义核心1位置上不出现同位项，归总位置上也不会出现同位项，也就是说，归总位置不能离开语义核心1位置单独存在。两个语义核心的位置，有时同时出现，呈现"双核"，有时只出现一个核心，呈现"单核"，"单核"和"双核"对同位同指组合的效用有所不同。

（二）阐释和并立——双核和单核的效用

我们在前面第三章第一节曾谈到，汉语同位同指组合的"阐释性"重于"并立性"。当有些表示属性的名词性成分充任同位项时，由构成组合的每一项单独形成的表述不能像并立的诸项那样等值，因此也就展示出显著的"动"性。下面的例句画线部分就是表属性的名词性成分，我们采用依次提取的办法（实际上属于删除测试法），测试句子的命题语义有什么样的变化：

（18）你不能欺骗**人家局长老王他一个老同志**！

　　a. 你不能欺骗**人家**。

　　b. 你不能欺骗**局长**。

　　c. 你不能欺骗**老王**。

　　d. 你不能欺骗**他**。

　　e. 你不能欺骗**一个老同志**。

（19）我们对**他老会员**都没有任何优惠。

　　a. 我们对**他**都没有任何优惠。

　　b. 我们对**老会员**都没有任何优惠。

我们在第三章分析说，（18）（19）两句表示属性的同位项"一个老同志"和"老会员"，它们对前项的补充阐释，致使（18）说的既不是单纯的"不能欺骗他（老王）"，也不是单纯的"不能欺骗老同志"，而是"具有'老同志'这种属性的'他（老王）'"；（19）句说的既不是单纯的"对他都没优惠"，也不是单纯的"对老会员都没优惠"，而是"对有'老会员'属性的

'他'都没优惠"。

对照上面同位同指组合句法框架表，我们看到，这两个例子的同位同指组合，之所以显示出"阐释重于并立的动态特性"，是因为出现了"双核"——对（18）句来说，语义核心区域的三个位置都有词项出现：语义核心 1 位置的"局长老王"、归总位置的"他"和语义核心 2 位置的"一个老同志"；对（19）句来说是语义核心 1 位置的"他"和语义核心 2 位置的"老会员"。表属性的语义核心 2 位置上出现同位项，正是使各个组成项之间语法关系阐释重于并立的真正原因。

如果只有语义核心 1 位置上出现同位词项，并立性就显现出来了：

> （20）你不能欺骗**人家局长老王**。
> 　　a. 你不能欺骗**人家**。
> 　　b. 你不能欺骗**局长**。
> 　　c. 你不能欺骗**老王**。

不过即使只出现语义核心 2 位置上的"单核"，依然是阐释性强于并立性：

> （21）你不能欺骗**人家一个老同志**。
> 　　a. 你不能欺骗**人家**。
> 　　b. 你不能欺骗**一个老同志**。

按照语言经济性的规律，说话者在表达一个人、事、物或某个话题的时候，往往会采取信息量足够的尽可能简单的形式。因为人类语言中应该没有冗余成分（Chomsky，1995）。那么为何汉语会有多项同位同指组合这样复杂的表达形式呢？显然同位同指组合的各项成分各有各的表达作用。

四　C 区域——照应定位区

C 部分包含照应位置、单数位置和时地位置三个位置，主要表达核心信息后的照应和定位。"照应"位置就可以出现"自己本身"、"彼此双方"等两个反身代词同位项，单数位置通常只有"一个人"，常常用在反身代词"自己"之后，强调单数。时地位置只能出现时间直示词和地点直示词，由

于时间直示词很有限，要求同位的前项是时间词，因此汉语的同位同指组合
里常见的末项只有地点直示词。地点直示词位置和单数位置上的成分通常不
能共现，而照应词位置上的成分则能跟这两个位置上成分的任何一个共现。
这三个位置的同位项次序不能颠倒。时地位置只能在末项很好理解，一切指
实体的名词性成分，都占据一定的位置空间，当其用作指某个处所的标记
时，需要把指那个标记处所的名词性成分整体裹起来再加"这儿/那儿"。照
应位置的名词性成分倾向居后的原因跟它常常用作状语有关，常做动作行为
的伴随方式，因此位置自然倾向后置，以便与整个句子的说明部分邻近，这
也是多项组合"自己"前面常常会有自然的层次分界的原因。照应词位置和
单数位置的同位项都常常重读，而成为焦点成分。不过，有时候照应词可以
独立充任语义核心。处在语义核心 1 位置上的照应词，后面也可以有同位项
语义核心 2 的位置在做"双核"，如"要想别人理解得好，**自己说话**人首先
得条理清楚"。

　　A、B 和 C 三部分实际上就是核心前位置、核心位置和核心后位置。核
心前位置是同位同指组合的左边缘（left periphery）位置，用于存放功能性
成分，主要用来表达说话人立论的态度和视点。核心后位置，用于存放整个
同位同指组合的所指对象与某个动作行为衔接时的伴随方式和处所信息成
分，主要用来表达说话人的定位和照应信息。

　　这样，同位同指组合的内部句法框架也可以简单概括表述为：

　　（22）同位同指各项：态度视角成分＞语义核心成分＞定位照应
成分。

五　各句法位置的同位同指组合的项数容纳差异

　　我们在前面第二章讨论过同位同指组合所能充任的句法位置有：主语
（话题）位置、宾语位置、定语位置和兼语位置，有时还能在谓语位置和状
语位置上出现，总之一切名词性成分能出现的句法位置，同位同指组合都能
出现。但充任非常规位置如状语和谓语时，会受到一定限制。

　　现在我们将思路转换一下，从句法位置的角度看同位同指组合，发现不
同句法位置对同位同指组合的项数会有要求。我们主要看三个位置——主语
（话题）位置、定语位置和宾语位置。

　　主语或话题位置。我们在上一章对多项同位同指组合的考察中，对主语

或话题这个句法位置要求比较宽松，只要动词前位置，无论主话题还是次话题（即大、小主语）都算作同一个位置，但严格说来，主话题和次话题位置上的同位同指组合即便都在动词前的话题位置，也不能算作完全相同的句法位置，如下：

(23) **人家₁局长₂老王₃他₄老人家₅自己₆本身₇**，就是这方面的专家。

在上一章，我们把这个组合看作话题（主语）位置上出现的七项组合，但事实上在第五项"老人家"后面，语音上会稍有停顿，"自己本身"严格说来应该算作次话题（或小主语）位置上的成分，不与前面五项的句法位置完全相同。出现在动词前位置上的双照应词组合"自己本身"和"彼此双方"，很容易成为主次话题的分界。不过若是出现在动词后宾语位置上，双照应组合的这种分界效应就消失了：

(24) 大家都明白，这次评比并不是只看**人家₁局长₂老王₃他₄老人家₅自己₆本身₇**，而是测评他多年来带的团队是否有足够的竞争力。

而且，即便在动词前位置上，如果双照应组合前面只有1—2项同指名词，也应视为一个整体，如下两句黑体字都可视为一个同位同指组合：

(25) a. **他自己本身**就是老师。
　　　b. **小张他自己本身**就是老师。

经测试，能出现在主话题（大主语）位置上的同位同指组合最多可以有七项：

(26) **人家₁宰相₂刘罗锅₃刘墉₄他₅老人家₆那儿₇**，各种资料都很齐备。

除了"自己本身"前面常有停顿外，还有一个词汇标记能表明两个名词性成分的分界：人家。"人家"在静态同位同指组合中通常出现在首项，因此多项同位同指名词组合末项出现"人家"我们可以视为另一个名词性成分的开端，如例：

（27）**局长老王他这人**人家根本不在乎这点儿利润。

　　定语位置。和话题位置一样，"人家"居中也可以视为同位同指组合的分界线。比较如下两句：

（28）**人家北京那儿**的交通很方便。
（29）**北京**人家那儿的交通很方便。

　　第（28）句中做定语的是三项同位同指组合"人家北京那儿"，第（29）句要视说话者的停顿情况，既可以分析为一个在线生成的动态同位同指组合，此时说话人在"北京"和"人家"之间无停顿；也可以将"北京"分析为主话题，"人家那儿的交通"分析为次话题，两项组合"人家那儿"做"交通"的定语，此种分析说话人在"北京"和"人家"之间有停顿。不过，如果这样的组合出现在单论元动词后位置，就只能视为一个动态在线生成的同位同指组合了，如：

（30）出差去了一趟北京，回来不得不夸夸**首都人家那儿**的公路。

　　同在定语侧、语义所指又相同的词项有时容易会被误认为有同位关系，黄瓒辉（2003：69）认为下面两个例句黑体字的"专有名词＋他"和"普通名词＋他"做后项称谓名词的定语：

（31）杀人第二多的是**汪若海他**爸，《打击侵略者》里奇袭白虎团那事就是他一人干的，……
（32）牛：戈玲啊，**我们儿子他**爷爷呀，有棉袄棉裤，里外"三新"的，他不穿。

　　两句中的"汪若海"、"我们儿子"与"他"都在称谓名词"爸"和"爷爷"的定语侧且同指。但是，根据直接成分层次分析法（IC），专有名词/普通名词和"他"这两个名词性成分项并不在同一层次上，应分析成如下结构：

(33)   汪若海他爸   我们儿子他爷爷

"他爸"和"他爷爷"都是复合词。因此"汪若海"和"他"构不成同位关系，"我们儿子"和"他"也同理。

经测试，定语位置上的同位同指组合项数最多是六项，如下：

(34) **人家₁班长₂李大个儿₃李非₄他₅这人₆**的衣着总是朴素而庄重。

宾语位置。如果说一个复杂的多项同位同指组合在话题（主语）位置上还有可能因为停顿被自然分析为主、次话题上的两个成分，那么动词后的宾语位置上如果出现多项同位同指组合，就只能是一个整体了。经测试，宾语位置上最多能出现八项同位同指组合，如下：

(35) 那集电视剧演到最后，满朝文武官员还站在原处没动的，就只有**人家₁宰相₂刘罗锅₃刘墉₄他₅老人家₆自己₇一个人₈**了。

正是因为宾语这个位置最多能出现一个八项同位同指组合，我们认定汉语同位同指组合的项数范围是 2—8 项。

第二节   汉语同位关系 DP 分析的适用性问题

我们前面几章主要讨论了汉语什么样的名词性组合算是同位同指组合、它的性质是什么样的、实现方式是怎样的、如何从形式上鉴别同位关系、具体可以有哪些组合序列类型等。根据上述这些研究，下列一组汉语例句黑体字所标示的几个项之间都是同位关系：

(1) a. **你们₁这三个孩子₂**都很乖。
   b. **"赣"₁这个字₂**不好写。

　　c. 你可别惹**小王他们**₁**那些人**₂。

　　d. 获奖的是**小王和小李**₁**他们**₂**两个初中生**₃。

　　上面例句中的黑体字部分都是汉语传统语法中所谓的"句法位置相同、语义所指相同"的典型的"紧密型同位短语"，其中 a—c 三句黑体字部分是两项同位同指组合，d 是三项的。需要注意的是 c 的"小王他们"看似由专有名词和人称代词两个名词性成分组成，但从意义上看，是指听说双方之外、以"小王"为代表的一个人群，因此是一个复合词，不能看作两个独立项；而 d 的"小王和小李"是其后项"他们"穷尽性列举的成员，因此该句下标的 1、2 和 3 项同指。

　　上面（1）中各句的黑体字部分也被生成语法学者作为研究对象，用"限定词短语假说（Determiner Phrase Hypothesis）"加以分析。"DP 假说"是 Abney（1987）最先提出，后被生成语法接受为普遍语法法则。该理论假设名词短语的核心语（head）是限定词 D，D 是名词短语的语法特征（即 φ 特征：人称、性、数）和指称特征的基本位置（Abney，1987：179）。限定词在英语中指冠词 the 和指示词 this、that 等，与此相对应，生成语法学者认为汉语中这些包含"这"、"那"，以及人称代词等成分的短语也是限定词短语。最早将（1）各句的名词组合用"DP 假说"分析的是 Huang 等，（2009），不过他们并不认为下标各项之间具有同位关系，而把它们整体认同为一个 DP，并与同位结构（apposition structure）进行了专门的对比（Huang 等，2009：303—305），认为 DP 的构成成分之间没有停顿，"不是两个独立的单位"，而同位结构却是"成分项之间强迫出现停顿"，如：

　　（2）**学生**₁，**你认识的那些**₂，明天回来。

　　（3）**这个学生**₁，**穿红衣服的**₂，是他的学生。

　　（4）**那些学生**₁，**穿红衣服的那三个**₂，是他的学生。

　　（5）**那些学生**₁，**你们去年教过**₂，他很喜欢。

　　（6）**那些学生**₁，**他很喜欢的**₂，**你们去年教过**₃，现在在这儿。

　　（7）**张三他们几个学生**₁，**你教过的那些**₂，现在在这儿。

　　这些句子黑体字的 2—3 项（见下标），在句子中实现的所指相同，中间都有明显的停顿，一般用逗号隔开，我们前文提到，英语将这种同指的情况称为"松散同位",与没有停顿的"紧密同位"相对应。汉语传统语法中关注的"同位现象"从马建忠（1898）开始，都关注到这种有停顿的"松散同位"，比如我们前面说到，Chao（1968，吕叔湘节译，1979：141）说到的"插入性同位"实质上就属于我们这里所说的"松散同位"，例句我们重新抄录如下：

（8）**江一，我的一个朋友，**要来见你。

（9）他做了**一套新洋服，挺漂亮的一套洋服**。

这两个例子和（2）—（7）的特点是相同的。按照这种分类，上面例句（7）中"张三他们几个学生"应归为"紧密型同位"——"张三他们"和"几个学生"在语义上是同指的，都在话题位置上；而逗号停顿后的"你教过的那些"就属于"松散型同位语"——它与话题位置上的"张三他们"、"几个学生"以及"张三他们几个学生"整体都同指。也就是说，生成语法学者所认为的（1）中的DP，实质上就是汉语传统语法所指的"紧密型同位"，也是我们所说的"同位同指组合"。Huang 等（2009：303—305）对DP和同位结构所做的比较，实质上就是在对"松散型同位"和"紧密型同位"进行比较。

我们前文已经论证过，由于有逗号隔开的成分前后停顿比较大，而汉语的句子有零句相续的流水句的特点（Chao，1968；沈家煊，2012），因此我们将松散同位的两个或几个部分，分别看作两个或几个句法上独立的零句，比如上面例句（5）和（6）中的"你们去年教过"，即没有"的"尾，又没有中心语"那些"，是个句子形式，因此看作独立零句更为合适。我们只把没有大停顿的"紧密型同位"看作汉语的同位同指组合，这是出于汉语语法系统的自洽考虑而采取的句法对待。但不管采取哪种句法对待方式，松散的两个独立成分和紧密的一个整体成分在句法上的差异之大如同句子和词组，整体中的组成部分所受到的句法制约到松散的环境中肯定就消失了，因此松散和紧密两种"同位"其实差别很大，无须比较。

生成语法运用"DP假说"来分析（1）这样的同位同指组合，为汉语同位关系提供了一个崭新的观察视角和分析方法，我们本节就着重讨论一下用"DP假说"分析汉语的同位同指组合是不是适用。

一　汉语同位关系的两种 DP 分析法及其困境

（一）同位关系的两种 DP 分析法

生成语法以"DP 假说"分析（1）黑体字这样的句法结构，是试图在相邻的名词项中确定一个决定着整个名词短语指称性质的核心。目前我们所见到的主要有两种分析方法。

一种是 Huang 等（2009：316）的分析，以"小王那个人"为例，他们认为指示词"那"在这个短语中的地位至关重要。树图如下：

（10）
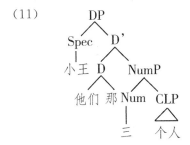

在这种 DP 分析中，专有名词和指示代词共同占据 D 区域——专有名词"小王"居于 D 的 Spec 位置，指示代词"那"居于 D 的中心语（head）位置。

这个名词性组合只有两项：小王、那个人。当专有名词、人称代词和指示词三者共现的时候，如"小王他们那三个人"，Huang 等（2009：316）的处理方法是把"那"看作核心，起着决定整个短语性质的作用，人称代词"他们"被看作嫁接（adjoin）在指示词"那"上面的。这样，"小王他们那三个人"就成了下面的图示：

（11）

![DP 树图：DP 分出 Spec（小王）和 D'；D' 分出 D（他们 那）和 NumP；NumP 分出 Num（三）和 CLP（个人）]

另外一种是洪爽、石定栩（2013：38，简称"洪、石"）采取的分析方

法。以"他们这三个孩子"为例,他们认为指示词的作用相对稳定,而人称代词起着区别同位关系和领属关系的作用,因此应该处于不同的层次。他们的方案是:

(12) [DP [Spec 他们] [D' [D 这] [Nump 三个孩子]]]

图示为:

与 Huang 等(2009)处理方式有所不同的是,人称代词没嫁接在 D 的中心语上,而是和专有名词一样在 Spec 位置上。

(二)两种 DP 分析都会遇到困境

尽管上述两种方案展示了对汉语同位同指组合的不同处理方法,但我们注意到,他们的分析,都是基于有限项数(两项和三项)、有限项目成员(总是有指示词和人称代词出现)等典型情况而作出的。如果我们观察汉语同位关系的更多事实,会看到用这两种 DP 分析法都将遇到很多困难。以下列举几个主要的困境。

1. 困境一:项数和位置的冲突。

上面两种分析涉及的名词性组合按照它们所表达的意义做直接成分(immediate constituent,IC)分析,都是两项:小王₁ | 那个人₂;小王他们₁ | 那三个人₂;他们₁ | 这三个孩子₂。这样,一个 DP 内部,Spec 和 D 两个位置基本上能够满足同位项的要求。但如果有同位关系的名词项超过三项,仅有 Spec 和 D 这两个位置就不够用了,比如在(11)的基础上我们继续添加几个同位项,变成如下的组合序列:

(13)你可不能小瞧**人家₁ 班长₂ 小王₃ 他₄ 那个人₅**。

这个句子黑体字的同位关系由五个有定的、同指的名词成分项组成。按照上面两种 DP 分析，"小王他那个人"可以得到（11）那样的句法图解，但是，其他的项——"人家"和"班长"，应该在哪个位置上？与"小王他那个人"又是什么关系呢？这显示出多个同位项与 DP 中心语区域的有限位置产生冲突的情况。

2. 困境二：语序与预期的反差。

除了有限位置不能容纳多个同位项的问题，上面两种 DP 分析得到的语序预期也和实际情况不相符合。我们这里举出两种不合预期语序的情况，一是普通名词和"指数量"结构的顺序；二是专有名词和人称代词的顺序。

先看普通名词和"指数量"结构的顺序。

Huang 等（2009：301）指出，普通名词（common noun）既不能基础生成在 D 或 D 的 Spec 位置，也不能通过 N 到 D 的移位落到 D 上，因此"普通名词＋（指）数量"结构按照预期是不被接受的：

（14）＊我喜欢**学生（他们/那）两个（人）**。

这个句子不被接受的原因，Huang 等（2009）认为是普通名词"学生"出现在 D 位置上了。但是"普通名词＋（指）数量"这样语序的结构在汉语中有很多，如下面的两个句子：

（15）**教师和学者**₁**这两个群体**₂工作有相似处。

（16）我们小区有很多家庭同时养**猫狗**₁**两个宠物**₂。

（15）（16）与（10）的"小王那个人"都是同位同指组合，如果说专有名词"小王"在 D 区域的 Spec 位置上，那么（15）（16）里的下标为 1 的普通名词是在什么位置上呢？

再看专有名词和人称代词的顺序。

根据生成语法的文献，在汉语中，D 成分总在其补足语（数量）名成分之前，D 的 Spec 成分总在 D 中心语及其补足语 NumP 的前面。Huang 等（2009）认为专有名词是在 D 的 Spec 位置上基础生成的，而指示词是在 D 位置基础生成的，代词嫁接在指示词上，如上文（10）和（11）的图示，也就是说，如果专有名词与人称代词和普通名词共现，语序只能是：专有名词＞人称代词＞普通名词。但在汉语的同位同指组合中，人称代词在专有名词之前，以及普通名词在专有名词之前的语序类型比比皆是，如下：

　　(17) a **我**₁ **李敖**₂ 就是天生反骨。

　　　　 b 是中国平安成就了你，而不是没有你₁ **马明哲**₂ 就会没有中国平安。

　　　　 c 这座城市，充满**他**₁ **张居正**₂ 的气息。

　　(18) a **我妹妹**₁ **小红**₂ 刚买了一条红裙子。

　　　　 b 昨晚**两个小学生**₁ **红红和明明**₂ 救了一车的乘客。

　　3. 困境三：Spec 和 D 成分性质、功能和语义的冲突。

　　采用上面两种 DP 分析法，Spec 和 D 中心语位置的成分在句法性质、功能和相互之间的关系上都会出现不可解决的问题。

　　先看 Spec 位置上的成分。

　　Jackdoff（1977）假设，NP 中位置较高的 Spec 位置上有领有者（possessor）和限定词（determiner）两类成员。Abney（1987：186）在此基础上发展的 DP 分析，将限定词从中分离出来假设为中心语，但 Spec 位置依然规定有两类成员：领有者和外部论元（external arguments）。从汉语看，我们所探讨的这类名词性组合的各项，不涉及动词或动名词，因此排除了外部论元的可能，这样，这个位置上就只能出现领有者。

　　因此，按照 Huang 等（2009）对"小王那个孩子"和"小王他们那三个孩子"的分析（如图 10、11 所示），Spec 位置上的成分若是专有名词"小王"，它的语义角色就应该是领有者，被领有者应该是 D 的补足语"个孩子"和"三个孩子"，也就是说，"小王那个孩子"和"小王他们那三个孩子"的 DP 解读应为：小王的（一）个孩子和小王的三个孩子，但其原来的语义解读却是"小王"和"那个孩子"在语义上是同指的、"小王他们"和"那三个孩子"在语义上是同指的。

　　再看洪爽、石定栩（2013）对"他们这三个孩子"的分析（如图 12 所示）。我们看到 Spec 位置上的成分是人称代词"他们"，同样地，按照 Abney（1987）的 DP 分析，"他们"只能做领有者，"他们那三个孩子"的 DP 分析只能解读为"他们的三个孩子"，不可能存在他们说的那种情况：当"这"有［＋同指］特征时，指示语"他们"与补足语"三个孩子"具有同指关系（2013：38）。由此看来，用 DP 假说分析（1）里黑体字这样的例子，其实是得不到同位关系的解读的。

C. Lyons（1999）根据领属语是否具有限定性特征［＋Def］，把领属结构分成两种语言类型：AG（adjective genitive）语言和DG（determiner genitive）语言，前者的领属成分不具有限定性，因此能和限定词同现，称为"形容词性领格语言"；后者的领属成分本身就在限定词位置上，具有限定性，因此不能和限定词共现，称为"限定性领格语言"。英语属于"DG语言"，而汉语和英语不同，被他作为"AG语言"的例证。领属解读的"小王那个孩子"、"他们这三个孩子"都可以看作领有成分和限定成分共现。

下面看D中心语位置上的成分。

在Huang等（2009）的分析中，"小王他们那三个人"（如图11所示），"他们"是嫁接在中心语"那"上面的。一般认为，名词性嫁接语（adjunct）和它的中心语（head）的关系是一种修饰关系，嫁接语不可能离开被嫁接的中心语独立出现。这样图（11）的分析就有两个问题：一是，如果从"小王他们那三个人"短语本身的意义看，"他们"和"那"由于处于不同的句法层次①，因此不存在修饰关系——事实上，两者不存在直接的句法关系；二是，我们测试句子的合法度发现，作为嫁接语的"他们"可以不依赖被嫁接的D中心语"那"单独存在，中心语"那"是隐还是现，短语和句子的真值语义都不改变，也就是说，中心语可以无条件地自由隐现，如下：

  （19）a **他们那几个人**常在一起吃饭。

    b **他们几个人**常在一起吃饭。

我们比较一下典型的"嫁接语＋中心语"结构的名词短语"木头桌子"，如下例：

  （20）a 我很喜欢**木头桌子**。

    b＊我很喜欢**木头**。

当中心语"桌子"不出现，嫁接语"木头"不能单独出现，（20）句a

---

① "小王他们那三个人"符合语义的自然句法切分层次为：小王他们｜那三个人。"小王他们"应视为复合词，在语义上与"那三个人"同指。

和 b 的真值语义不相同，中心语显然不能无条件自由隐现。

　　D 中心语成分的这种嫁接处理还割裂了句法结构和真值语义的对应。比如 (11) 句的"小王他们那三个人"的真值语义是"小王他们"和"那三个人"同指，如果将"他们"视为"那"的嫁接语，就意味着"他们"和"那"是一个句法组合，就无法得出合理的语义解读。

　　洪、石 (2013) 对 D 成分性质的看法也值得商榷。他们认为"功能中心语 I 和 D 的功能是建立指示语和补足语之间的一致关系"，图 (12) 的分析中"中心语 D 为指示语'他们'和补足语'三个孩子'搭建的一致关系是同指关系"。这就涉及到对"一致关系"（Agreement，简称 AGR）的理解。根据 Steel (1978：610)，"一致关系这个术语一般是指某个成分的语义或形式特性，与另一个成分的**形式特性**之间发生某种系统共变"。指"两个成分之间的一种**形式关系**，即一个词的形式需与另一个词的形式相对应"（戴维·克里斯特尔编，沈家煊译 2000：14）。这两个定义的描述显示出，一致关系的核心是**语法形式**上的共变，导致共变的影响因素无论是语法的还是语义的，最终都表现在两个成分**形式**上的协同变化。常见的一致关系有两个成分之间人称、性、数、格等的共变，比如英语中主语和动词的一致关系涉及到人称和数，如：he makes……；we are……。而同指关系是指两个名词性成分的所指相同，并非形式共变关系[①]。而且，根据 Abney (1987：20，37，40，55，172) 的"DP 假说"，名词短语 Spec 位置上的成分必须与名词性 AGR 共现，而限定词与名词性 AGR 共同占据一个句法位置（即 D 中心语的位置）。在英语中，名词性 AGR 是隐性的、限定词是显性的，两者互补出现，也就是说，限定词出现时，AGR 不出现，相应地，Spec 位置上的成分也就不出现；葡萄牙等语言中虽然没有这种共现限制，但能让指示语和补足语成分一致的仍然是 AGR 的功能，而不是限定词。因此依靠"这"建立语义同指关系无据可依。

　　小结一下。

---

　　① D 所建立的"一致关系"是不是可以看作数的一致呢？比如"他们"和"几个孩子"似乎在"数"上有共变关系。但这种共变并非强制性的，比如下面的句子的同位关系中，第二、三人称句法上的单数形式都可以与复数数量结构共现：(a) 这么大的酒吧开了，你₁几个老百姓₂在这里发点牢骚，是不可能关掉的；(b) Delphi 是一种编程语言，给你₁两个小屁孩₂说你也不懂；(c) 他们有充分的理解力，也有充分的时间，细节多复杂，他₁几个小孩₂一议论，能弄得懂，反倒是我们大人有时候由于一些固有的思维模式对新鲜的事物接受不了，或说是不愿意去接受。不光是代词和数量成分不一定共变，专有名词也是这样，如：(d) 张三₁几个₂刚从家出来。

汉语同位关系有 Huang 等（2009）和洪、石（2013）两种 DP 分析法，前者将专有名词放在 DP 的 Spec 位置，人称代词嫁接在 D 位置的指示词上；后者认为人称代词在 Spec 位置上，指示词靠"领有"和"限定"两个语义特征来协调整个短语的性质是领属还是同位。

两种 DP 分析尽管都追求结构中限定词的易于辨识和相对固定，但都存在三大困境难以克服：一是项数和位置的冲突，一个 DP 的位置有限，超过三项就难以把每项都安排在合适的位置上；二是语序的问题，从线性序列看，汉语的 Spec 成分总在 D 中心成分之前，而汉语的人称代词、专有名词和普通名词谁都有在前面出现的可能性；三是同位关系若用 DP 分析，Spec 成分和 D 成分的性质、功能和相互之间的关系上都会出现不可解决的问题。

这些困难促使我们反思汉语同位关系与基于印欧语的句法结构观的相容性问题。我们下面来看一下汉语同位关系的哪些特点造成了这些困境。

二 汉语同位关系有不同于英语等印欧语的独特性

汉语的同位关系在很多方面都不同于英语等印欧语。主要表现在如下几方面。

（一）汉语同位关系可以多项共现

根据我们前面的研究，我们所定义的同位关系，不包括所谓的"松散同位"，如句子"李小明，我弟弟，昨天收到了北大的录取通知书"中的"我弟弟"。有逗号隔开的松散同位在汉语传统语法中被看作补释性插入语，不属于主体结构，我们则将其看作独立零句，只有"我弟弟李小明（昨天收到了北大的录取通知书）"这样的紧密同位才看作同位关系。英语的紧密同位关系多为两项，也有三项的，项数再多的，文献中鲜有提及。与此相比，汉语的同位关系不仅项数可以很多，组合序列也是类型复杂。根据我们前面两章的研究，汉语中具有同位关系的名词性组合序列类型种类繁多，有 574 种，如果以同位项数来计算，甚至可以多达八项。为便于下面的分析，我们再重复几例多个同位项共现的句子如下：

（21）a. 河北省的清河县，据说是**梁山好汉**$_1$**武松**$_2$**武二郎**$_3$的故乡。

b. **我老婆**$_1$**小林**$_2$**她**$_3$**这人**$_4$啊，刀子嘴豆腐心。

c. **我的好朋友**$_1$**丁丁和兰兰**$_2$**她们**$_3$**两个**$_4$是双胞胎。

d. 只要一提起**出纳**$_1$**孙斜眼**$_2$**孙涛**$_3$**他**$_4$**那个人**$_5$，大家伙就愤愤不平的。

  e. 合伙开店对**木匠**₁**老王、小李**₂**他们**₃**师徒**₄**彼此**₅**双方**₆都有
  好处。

  a—e 有下标的各项具有同位关系。

  （二）汉语同位关系中普名、专名和人称代词语序不固定，指称独立

  在英语的紧密同位关系中，专有名词、人称代词和普通名词通常遵循一
定的顺序规则，一般是：普名＞专名；人称代词＞普名①。如：

  (22) *My friend Anna* was here last night.

  (23) What can *we students* do to protect the environment?

  但在汉语同位关系中，专名和人称代词的顺序可前可后，普通名词出现
在前面也很常见，如（21）中五句都是普通名词居前。我们上面提到的两种
DP 分析法将专有名词和人称代词或者视为 DP 的 Spec 成分，或者视为中心
语的嫁接语，这样就会形成"专名＞人称代词＞限定词"的固定顺序。但汉
语同位关系的普名、专名和人称代词语序并不固定。以下几个例子都是从第
五章中摘出来的：

  （24）**烟台威海等**₁**沿海城市**₂被评为最适宜居住的城市。（专名＞
普名）

  （25）河北省的清河县，据说是**梁山好汉**₁**武松**₂的故乡。（普名＞
专名）

  （26）如果不是因为那混蛋，**马明**₁**你**₂何至于像现在这么惨！（专
名＞人代）

  （27）**他**₁**金一趟**₂这一辈子，行得端，站得正……（人代＞专名）

  （28）你们城里人为什么瞧不起**我们**₁**乡下人**₂？（人代＞普名）

  （29）我不知道这样的事，对**母亲**₁**她**₂来说是幸福还是不幸。（普
名＞人代）

---

  ① 在歌词中偶有例外，如：Bob Dylan 的歌"the times they are a changing."但通常可以视为
话题－主语。

可见普通名词、人称代词和专有名词这三类在汉语同位关系中都没有固定的起始位置。

Abney（1987：43—44）指出，D 这种功能性成分（functional elements）与论元成分（thematic elements）相比，有五个特点：

第一，由封闭词类构成；

第二，一般语音上和形态上都不独立，通常是轻音，常常是语缀或者词缀，有时语音上还是空的；

第三，只许有一个补足语，补足语一般不是论元，而是 IP、VP、NP；

第四，通常跟补足语不能分开；

第五，缺少描述性内容（descriptive content）。只是"传递"它的补足语的描写内容。它标记句法特征和关系特征，而非辨认某一类对象。

对照上面五个特点，专有名词和普通名词可以说没有一点符合功能语类的特征：它们既不是封闭的类别（不符合特点一），在语音、形态、指称上都是独立的（不符合特点二、四），最重要的是专有名词和普通名词都具有描述性内容，它本身就能明确将客观世界中的所指对象识别出来，不需要依赖其他成分（不符合特点五）。因此专有名词和普通名词都不是功能语类。

同样，再对照看汉语人称代词，只有第一点封闭类是符合的。其他几条或多或少都有不满足：人称代词语音和形态上都独立（不符合特点二）；可以单独使用，而不必依赖其后的"补足语"（不符合特点四）；它指称跟话语有关的人，不只是"传递"，而是本身就能识别说话对象（不十分符合特点五）。因此不算典型的功能性成分。

不过 Abney（1987：178—180）把英语的人称代词看作限定成分，主要基于两个理由[①]：1. 它不能与限定词、修饰语同现（* we the linguists；* my she）；2. D 成分是人称、性、数、格等语法特征的落脚点，而人称代词

---

① 还有一个理由是在"代－名"结构中，代词表现得也很像限定词，如：I Claudius；we tradesmen 等。不过她又加注说，这样的例子有很多讨论说只是同位关系。如果看作同位关系，就不能作为人称代词像限定词的证据了（Abney，1987：179）。我们认同这是同位关系，因此忽略这一点证据。

也体现出这些特征。但汉语人称代词没有第一条所说的限制，人称代词与限定词常常共现，如"我们这些语言学家"；人称代词也常常受修饰，如"你的她（是不是很爱笑）"、"（每个痛苦的人心中都有）两个我"、"聪明活泼的她"等。因此，说人称代词是 D 成分理由并不充分。

像"我们语言学家"这样的"代－名"组合类型在语言中普遍存在，D. N. S. Bhat（2004：37—52）指出，其中的人称代词并不对其后名词的指称范围起限定作用，它的主要功能是指出（denote）言谈角色（speech roles），而后面的名词则用于提供信息，帮助听者确定参与这些角色的人选。

在一些和汉语类似、人称代词和限定词能共现的语言中，人称代词同样显示出独立指称的特性，并不依赖后面的补足语。如 Chatic 语族的 Mupan语和 Hausa 语，Mupan 语的冠词是在名词后面强制出现的，但整个"名＋冠"短语是照应性（anaphoric）的，当人称代词出现在"名＋冠"前面时，代词就是这个"冠名"组合的先行语（Frajzyngier 1993：20）。Hausa 语"代名"组合的语序和 Mupan 语一样，人称代词和定冠词、指示词共现的句例如下：

> (30) mū   màlàman-nàn
>   we   teacher-these
>   we teachers   (Newman，2001：155)

既然是先行语，必有独立的指称。后边出现的"名＋冠"短语只是为识别人称代词所指的那个指称对象提供一些信息（D. N. S. Bhat，2004：52）。

还有一些有格标记的语言，在同样的结构中，人称代词的独立性更是有显性标记。如印度坎那达的 Havyaka 语，人称代词和名词要出现相同的格标记，但是，限定词和修饰语却不能出现格标记（Saltarelli，1988：210），比较 a 和 b 的黑体字部分：

> (31) a. *niɲɡo-ge*   *makko-ge*   mada：lu   balsutte
>   you-Dat   children-Dat   first   serve
>   I will serve (food) to you children first
>   b. *sanna*   makko-ge   mada：lu   balsutte
>   small   children-Dat   first   serve

I will serve（food）to small children first

　　西班牙、法国边界的 Basque 语情况也类似（Saltarelli，1988：210）。人称代词和名词有同样的格标记，而限定词却不能出现格标记，说明人称代词在这种结构中与限定词不同，具有独立的指称，不对其后的补足语名词有依赖性，起限定作用。

　　这些有形态的证据，证明至少在汉语这样的语言，像"我们学生"这样的"代—名"组合中，人称代词独立性很强，不能视为 D 成分。我们认为，同位关系中居前的普名、专名和人称代词都不是 D 类功能成分，而是有独立指称的 DP。这样，第一部分所述的困境很多也都能解开，如项数和语序等问题。

　　（三）中间项具有双重身份

　　汉语同位关系可以多项共现的特点，使得这种句法关系的另一个重要特点得以凸显，就是各个中间项的句法身份具有双重性。

　　所谓中间项，就是不在第一项（居首）也不在最后一项（居末）的那些项。上面第（21）句的五个例句中，a 句中下标为 2 的同位项，b 和 c 句中下标为 2、3 的同位项，d 句中下标为 2、3、4 的项，以及 e 句中下标为 2、3、4、5 的各项都是中间项。

　　以 c 句"我的好朋友₁丁丁和兰兰₂她们₃两个₄"为例，我们看一下这些中间项是怎样具有双重身份的：说话人先说出已知信息"我的好朋友"，紧接着对"我的好朋友"进行具体的阐释，用名字（专有名词）进一步明确所指，即"丁丁和兰兰"；说出"丁丁和兰兰"之后，又对其言谈参与角色作出说明——未参与直接言谈的第三方"她们"；紧随"她们"，说话人又进一步对这个角色的数量信息进行阐明——"两个"。这样，"丁丁和兰兰"项，既肩负着对前一项"我的好朋友"的阐释，又是后一项"她们"所阐释的对象。"她们"项也是一样：既肩负着对前项"丁丁和兰兰"的说明，又是后项"两个"的说明对象。因此这两项的双重身份是：阐释者＋被阐释者。无论阐释者还是被阐释者，都由名词性同位成分承担。

　　我们前面研究说，汉语同位关系的编码过程实际上是说话人先想到并且先说出已知信息 NP_1，为了使这一信息更加立体丰满，然后说出跟它相关的一个侧面的信息 NP_2，同样地，为使 NP_2 更明确，相关的 NP_3 相继说出……整个编码过程呈现紧密衔接的链环：后一项是对前一项信息的补充或阐释，而这个后一项又成了再往后一项进行阐释的"话题"，就这样一环套一环。如下图所示：

(32)　　W　[X]　[Y]　Z

同位关系的这种特点，很像沈家煊（2012）所分析的汉语"话题—说明"结构的特点："我们可以把任何两个前后相继的零句组合为一个整句，每一个零句都能充当整句的主语。"也就是说，任何谓语都是一个身兼说明和话题两重身份的零句，它既是前面话题的说明者，又是后面说明性零句的话题。如下面的流水句，画线部分就是上述双重身份者：

(33)　　老王呢，<u>一个穷单身汉</u>，能有什么钱。

而汉语同位关系居于中间的各项就类似（33）中的画线部分。

三　汉语同位关系的语用特性与 X-bar 理论

汉语同位关系的上述特性，如项数灵活、各项独立指称、语序不固定、结合呈"链状"、中间项双重身份等，都显示了明显的语用特征。面对这样语用特征鲜明的同位关系，适用什么样的观察方法就是个值得讨论的问题了。

（一）两种观察角度：从上往下（top-down）和从下往上（bottom-up）

吕叔湘（1979：35）指出："语言单位的分类有'向下看'和'向上看'两个角度。'向下看'的意思是看这个单位是怎样由下级单位组成的，……'向上看'则相反，是看这个单位在上级单位里担任什么角色。"（详细讨论可参看张伯江，2014）。

英语等大多数印欧语言，句法可以基于动词中心和论元结构来做系统观察。英语的句法结构，从上往下观察和从下往上观察，结果基本一致，也就是说，小的语法单位从下往上推衍，所得到的大的语法单位，如果再从上往下做分析，看它怎么由小的单位组合构成，两个过程是基本吻合的。生成语法的 X-bar 理论，句法结构的投射过程可以说是从下往上的，即小的语法单位往上层层投射成大的语法单位。正如邓思颖（2010：46）介绍，"短语在句法内组成，形成短语的操作叫'合并'（merge）。……短语组成的方向是'由下而上'的，先从最底层的词开始，一步一步，一层一层，形成层级结构（hierarchical structure）。在句法内，这种有步骤的形成方式也称为'推导式'（derivational）"。

汉语的同位关系是不是也适合用 X-bar 理论推导呢？上文说汉语多项同位关系中，只要不是第一项，所有的后项都担负着对前项进行说明和阐释的任务。非居首项的这种特点很像英语等语言中的次级谓语（secondary predicates）。既然专名和人称代词都是独立指称的 DP，那么在生成语法的 X-bar 理论思路下，还有一种分析同位关系的可能方法，即，将每个同位语看作次级谓语，由下而上投射出来。下面我们看这种分析能否实现。

（二）自下而上：汉语同位关系能否做次级谓语的 X-bar 分析？

次级谓语是与主要谓语（primary predicates）相对而言的①，指句子中对某个论元有述谓性但却不是句子的主要谓语动词的成分。主要用来分析下面句子的黑体字部分：

> （34）a. Mary ate *the carrots*$_i$ *uncooked*$_i$. （depictive）
> b. Jane painted *the house*$_i$ *red*$_i$. （resultative）

汉语同位关系后项对前项具有阐释性的特点，如果把后项看作对前一项名词进行述谓的成分，也就是名词性次级谓语，似乎也有道理。

文献中对次级谓语有两种句法分析：嫁接分析和补足分析。前者将次级谓语看成主要谓语动词或动词短语（VP 或 V'）的嫁接语，（34a）的"uncooked"多采取这种分析；后者将次级谓语看成主要谓语动词的补足语，（34b）的"red"多采用这种分析。我们将其分别应用到汉语同位关系中。

先看嫁接分析。按照生成语法的嫁接分析，下面这句中黑体字的同位关系能得出如下两种结构图：

（35）你不能跟**班长**$_1$**李大个儿**$_2$**李非**$_3$**他**$_4$**这个人**$_5$较真儿，这家伙可执拗了。

---

① 关于次级谓语的论述，金立鑫（2009：395—396）有介绍。

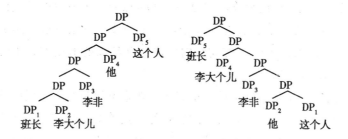

上面两图的 DP₂-DP₅ 都是以逐层嫁接的方式与相邻的 DP 投射合并，差别是左图投射的顺序是以"班长"为起点，后项对前项以及前项的投射嫁接，右图的投射顺序是以"这个人"为起点，前项对后项以及后项的投射嫁接。像这样多项同位同指组合形式，说汉语的人都能明确意识到，它是随着说话过程自左向右逐项累加的，而不是先确定了最右侧的那一项而逐项往左累加的，因为最右那一项并不是中心。这样看，左图的分析相对来说具有一定的心理现实性。但从句法角度看，可行性如何呢？

　　首先，嫁接的本质关系是主从关系——嫁接者为从、被嫁接者为主①。但汉语同位项之间的本质关系主要是阐释和并立，如例（27）句左图，DP₂"李大个儿"嫁接在 DP₁"班长"上，但"李大个儿"并不从属于"班长"；DP₅"这个人"也更不像左图表现的那样从属于"班长李大个儿李非他"。这五项之间的关系是："李大个儿"是对"班长"的进一步阐释，"李非"又是对"李大个儿"的明确阐释，"他"是"李非"的人称信息，等等，从 DP₁ 到 DP₅ 的每一项都是并立阐释而非主从关系。

　　其次，嫁接者由于是次要的，因此可以随时删略不影响句子的合法性，但被嫁接者由于其作为"母株"的重要性，通常不允许无条件随意隐现，否则会导致句子不合法。但是在上面的嫁接分析中，每一层被嫁接的 DP 都能无条件隐现而不影响句子合法性：

（36）a. 你不能跟**班长李大个儿李非他这个人**较真儿。

　　　b. 你不能跟**班长李大个儿李非他这个人**较真儿。

---

①　戴维·克里斯特尔（1997，沈家煊译，2000：8）对 adjunct 附接语的条目描述为："语法理论用来指一个构式中的可有可无或次要的成分。附接语可以去掉而不影响构式其余部分结构的完整性。"

c. 你不能跟**班长李大个儿李非他这个人**较真儿。

d. 你不能跟**班长李大个儿李非他这个人**较真儿。

最后，还有一个最重要的问题难以解决。上文我们说，中间项具有双重身份，即（35）句中的三个中间项"李大个儿""李非""他"，既得是阐释者又得是被阐释的对象。但左图的嫁接分析中，"李大个儿"是嫁接在中心语"班长"上的，但它本身不是后项"李非"的中心语；"李非"是嫁接在"班长李大个儿"这个整体上的，它本身也不是"他"的阐释对象；"他"的情况亦然，嫁接在前面各项的整体组合上，也体现不出作为后项"这个人"阐释对象的身份。

由此看来，嫁接分析不适用于汉语的同位关系的分析。

再看"中心语－论元"分析法。

Herman（2007）对同位短语 AppP（Appositive Phrase）采取"中心语－论元"分析思路：

（37）

（37）图中 Anchor 是同位关系的前项，处于短语的 Spec 位置；Apposition 是同位关系的后项，处于补足语也就是论元所在的位置；而 AppMarker 则是同位关系的标记词，做中心语。邓思颖（2010）采取的也是类似的思路。他将同位短语看作联合结构，和主谓结构分析思路一致：

（38）
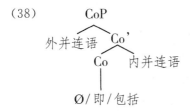

其中"外并连语"相当于（37）中的 Anchor，"内并连语"相当于

（37）中的 Apposition，而 Co 位置是中心语，容纳同位或联合结构的标记词。

用（37）或（38）的分析模式，会产生两个难题，一是无法处理多项共现的情况。二是同位语 Apposition 不可能同时兼有 anchor 的身份——也就是说，中间项的双重身份问题在这种分析模式中依然难以实现。因此"中心语－论元"分析也不适用于汉语的同位关系。

汉语同位关系的"链状"特性不同于英语等语言，这就使得上述可能的 X-bar 分析都遇到困境。

（三）"在线组合性突出"的汉语同位关系的观察角度

上文运用 DP 理论和 X-bar 理论分析同位关系，我们看到的一个很大的问题是，这种从下往上的投射过程得到的解读，还原不出这种句法关系的真正面貌。从下往上的层层投射最终得到的结构，一是投射过程的某些层次和原句的句法层次不相符合，比如例（11）割裂"小王他们"的完整性；二是投射出来的短语，句法关系也和原来的关系不同，比如例（35）的嫁接投射得不到同位关系的解读。

上面分析法的困难使我们认识到，汉语的同位关系不宜于采取和英语相同的分析方法。汉语的句法关系并没有一致关系那样的形式约束，或者论元关系那样的语义约束，构成句子的语法单位也不都是从核心成分投射而成。句子结构经常是直接依照语用结构形成的，句子里的语法成分的组合方式，经常是说话人根据语用原则在线组合的。许多实际的句子需要整体观察才能得到结构关系的准确认识。也就是说，从上往下观察往往能够得到从下往上观察看不到的事实。比较英汉的下面一组例句的对比：

（39）a. It's eleven **already**!
　　　b. 11 点了**都**!

a 句英语的句法结构是可以推导的句法结构，already 是嫁接语，用 X-bar 理论从下往上推导，能还原出句子的构成层次和意义；而 b 句汉语看似语序和语义都是从 a 对译来的，但实际上却是个在线组合的易位句，和正常语序的"都 11 点了"的句法结构不一样。像这样的易位句，就不适合从下往上观察。另外还有一些在句末或句中重复出现句首词（主要是代词）的句子，是说话者出于表达强烈主观感情的语用目的而生成的，也只适合从上往下的角度观察，如：

(40) a. 你疯了**你**！

b. 你这孩子**你**，你还敢顶撞老师**你还**！

这些句子用 X-bar 理论分析都有困难。

如果说这样的例子反映了汉语句子层面常有按语用原则组织的事实，那么本书讨论的同位组合则反映出汉语词组层面也有依照语用原则组织的现象。

汉语的同位关系，历来与并列结构和偏正结构有扯不清的纠结，根据我们前面的论证，汉语同位关系的本质是后项对前项阐释，这很像主谓结构的"话题—说明"关系，也类似汉语句子的"零句组合"关系。同位关系各个组成项所提供的信息，其实单独说出来都是一个一个的句子，但说话人出于句子结构的需要，以名词性成分的形式将多个句子的意思整合在一起，成为一个有同位关系的组合。以例句（33）为例：

(41) **班长$_1$李大个儿$_2$李非$_3$**很热心。

这个句子黑体字部分的三项具有同位关系，单独说实际上是两个句子：

(42) a. 班长就是李大个儿很热心。

b. 李大个儿就是李非很热心。

说话人取出两个句子的共同部分做新句的评述部分，将两个句子的相关信息整合到一起形成链状的同位性名词短语，最终形成了（42）那样经济简单的句子。这个过程就是"在线组合"的过程。

从上而下观察"班长李大个儿李非"这个同位同指组合，就是依据线性顺序，类似于分析主谓结构，先将首项"班长"视为类似于句子的话题，第二项"李大个儿"视为类似于句子的说明部分；再以第二项"李大个儿"为话题，第三项"李非"为说明。首项"班长"只有话题性，末项"李非"则不一定只有说明性，而是依据整个同位同指组合"班长李大个儿李非"在句子中出现的位置，有不同的性质：若出现在句子的话题位置，"李非"兼具说明性和话题性；若出现在句子主要动词的宾语位置，则只有说明性。如下图示：

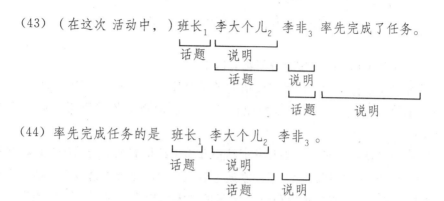

(43)　（在这次 活动中，）班长₁ 李大个儿₂ 李非₃ 率先完成了任务。

(44)　率先完成任务的是 班长₁ 李大个儿₂ 李非₃。

"在线组合"的特性体现了汉语同位关系的动态特征。

具有同位关系的名词之间固然具有上述连环阐释关系，但静态的同位同指组合作为体词性短语毕竟具有很强的指称性，有其作为复杂 NP 的自身特点。比如，有些成分在静态的同位同指组合里强制性地出现于发端位置（如人称代词"人家"），而有些成分又倾向于出现在静态组合的尾端（如时间地点直示词"这儿"、"这会儿"等，双照应词"自己本身"、"彼此双方"等），这些都有一定的规律。更重要的是，这些固定于发端或者尾端的词项并不是必然出现在任何同位表达中的，同位链条中的任意两三个环节都可以独立使用。可以说，汉语的同位关系里含有项目安排的次序规律，但是每一个现实使用的组合体却不一定有固定性质的发端项，这就是我们认为无法把任何一个同位同指组合的首项处理为限定词的原因。

总之，汉语同位同指组合项数的灵活、结合的"链状"等特性，在很大程度上体现出语用驱使的特点，它的各项并不像英语限定结构各个成分那样有那么强的句法强制性。这和汉语句法结构较多受语用影响的类型特点是吻合的。在这种动态的组合方式里，很难想象哪一类词语（如专有名词、人称代词）具有固定的位置或固定的角色，也很难期望找出哪一类词语决定着结构体的内部关系和整体性质。这就是 DP 理论用于分析汉语同位同指组合扞格难入的根本原因。

本章小结

本章主要讨论汉语同位同指组合的结构特点和句法分析问题。

根据前面列举的 575 种组合类型，我们归纳出分析汉语同位同指组合普遍适用的八个内部结构位置，这些位置根据功能可以分作三个区域：居前的语用区域包括态度和视角两个位置，属于核心前位置，是同位同指组合的左边缘（left periphery）位置，用于存放功能性成分，主要用来表达说话人立论的态度和视点；居中的语义核心区域包括语义核心 1、归总和语义核心 2 三个位置，表达同位同指组合中最核心的信息内容，归总位置的同位项总是跟随语义核心 1 位置的同位项出现，而表属性的语义核心 2 位置上出现同位项，正是使各个组成项之间的语法关系阐释重于并立的真正原因；照应定位区包括照应、单数和时地这三个位置，属于核心后位置，用于存放整个同位同指组合的所指对象与某个动作行为衔接时的伴随方式和处所信息成分，主要用来表达说话人的定位和照应信息。后两个位置的成分不能共现。同位同指组合的内部句法框架可以简单概括表述为：态度视角成分＞语义核心成分＞定位照应成分。不同句法位置对同位同指组合的项数会有不同的要求，话题位置最多容纳 7 项同位同指成分，定语位置最多 6 项，宾语位置最多 8 项。

我们所讨论的静态同位同指组合，生成语法采用 DP 理论进行分析，目前有两种分析方法，但两种分析都会遇到各种困境。这是因为汉语的同位关系有不同于英语的特点，一是可以多项共现；二是后项阐释相邻前项呈现"链状"特性，居中的同位项具有双重身份：既是前项的说明，又是后项阐释的对象。后项的阐释性类似次级谓语，但次级谓语的分析不适合语用驱使形成的汉语同位关系。汉语同位关系应该采取"从上往下"的观察角度。

参考文献

安士桐：《德语同位语及其格的使用》，《德语人文研究》2000 年第 4 期。

北京大学中国语言文学系现代汉语教研室编：《现代汉语》，商务印书馆 1993 年版。

蔡维天：《自己、自性与自然——谈汉语中的反身状语》，《中国语文》2002 年第 4 期。

蔡维天：《论汉语反身词的重复现象》，《中国语文》2012 年第 4 期。

陈辰尧主编：《法语语法》，商务印书馆 1983 年版。

陈建民：《"同位"的词语》，《汉语学习》1986 年第 3 期。

陈满华：《北京话"人家"省略为"人"的现象考察》，《汉语学习》2007 年第 4 期。

陈满华：《体词谓语句研究》，中国文联出版社 2008 年版。

陈梦家：《西周铜器断代》，中华书局 2004 年版。

陈平：《释汉语中与名词性成分相关的四组概念》，《中国语文》1987 年第 2 期。

陈艳艳：《同位结构"姓名称谓＋人称代词"和"人称代词＋姓名称谓"的多维研究》，硕士学位论文，上海师范大学，2015 年。

储泽祥：《两个指人名词组合造成的复指短语》，《汉语学习》1998 年第 3 期。

储泽祥、刘琪：《"我人还在这儿呢"——限定性同指关系、指称意图与语言形式的选择》，《语言科学》2012 年第 5 期。

崔希亮：《人称代词及其称谓功能》，《语言教学与研究》2000 年第 1 期。

［英］戴维·克里斯特尔编：《现代语言学词典》，沈家煊译，商务印书馆 2000 年版。

邓荣：《复指短语再分类及语法特征分析》，硕士学位论文，暨南大学，

2011 年。

邓思颖：《形式汉语句法学》，上海教育出版社 2010 年版。

丁丽芬：《现代俄语中的同位语：本质特征及其言语功能》，《中国俄语教学》2012 年第 3 期。

丁声树等：《现代汉语语法讲话》，商务印书馆 1961 年版。

范晓：《关于结构和短语问题》，《中国语文》1980 年第 3 期。

范晓：《复指短语》，人民教育出版社 1990 年版。

范晓：《短语》，商务印书馆 1991 年版。

冯文洁：《论复指短语的两重性》，《大庆高等专科学校学报》1998 年第 2 期。

高更生：《复指成分应该取消》，《山东师范大学学报》（人文社会科学版）1981 年第 2 期。

郭锐：《朱德熙先生的词类研究》，《汉语学习》2011 年第 5 期。

郭继懋、沈红丹：《"外人"模式与"人家"的语义特点》，《世界汉语教学》2004 年第 1 期。

郭晓红：《甲骨文同位短语研究》，硕士学位论文，西南师范大学，2005 年。

韩蕾：《指称在现代汉语双名同位组构中的作用》，载《语法研究和探索》（十二）：商务印书馆 2005 年版。

韩蕾：《现代汉语指人名词研究》，中国戏剧出版社 2007 年版。

韩蕾：《"人称代词＋称谓"序列的话题焦点性质》，《汉语学习》2009 年第 5 期。

何伟渔：《复指短语·复指关系·复指成分》，《语文学习》1984 年第 10 期。

洪爽、石定栩：《再看同位结构和领属结构——从"他们这三个孩子"谈起》，《语言研究》2012 年第 4 期。

洪爽、石定栩：《限定词短语理论与汉语的同位结构》，《汉语学习》2013 年第 1 期。

侯风英、秦俊红：《"人家"的语用分析》，《山西农业大学学报》（社会科学版）2013 年第 2 期。

胡裕树：《现代汉语》（修订本），上海教育出版社 1979 年版。

黄河：《关于同位结构》，《汉语学习》1992 年第 1 期。

黄瓒辉：《人称代词"他"的紧邻回指和紧邻预指》，《语法研究和探索》（十二），商务印书馆 2003 年版。

金凤桐：《取消复指成分以后的设想》，《汉语学习》1982 年第 4 期。

金立鑫：《解决汉语补语问题的一个可行性方案》，《中国语文》2009 年第 5 期。

靳畅：《中国突厥诸语言同位结构短语》，《语言与翻译》1991 年第 3 期。

雷长怡：《同位词组的类型》，《语文学习》1989 年第 10 期。

雷玉芳：《复指结构"你个 NP"的功能及相关用法研究》，硕士学位论文，上海师范大学，2015 年。

黎锦熙：《新著国语文法》，商务印书馆 1924 初版，1953 第 17 版，1954 第 19 版。

黎锦熙、刘世儒：《联合词组和联合复句》，上海教育出版社 1958 年版。

李锦望：《"自己、人家、大家"跟指人名词组合及其结构关系》，《逻辑与语言学习》1993 年第 5 期。

李人鉴：《关于所谓"同位词组"》，《扬州师院学报（社会科学版）》1986 年第 2 期。

李升贤：《同位短语辨析》，《嘉应大学学报》1995 年第 3 期。

李文萃：《双项同位短语指称功能研究》，硕士学位论文，哈尔滨师范大学，2011 年。

刘丹青：《试谈两类"同位语"的区别》，《语言教学与研究》1985 年第 1 期。

刘街生：《现代汉语同位组构研究》，博士学位论文，华中师范大学，2000 年。

刘街生：《现代汉语同位组构研究》，华中师范大学出版社 2004 年版。

刘街生、代天善、北如：《结构的表达功能和风格特征》，《汉语学习》2006 年第 1 期。

刘雪芹：《论指代词"人家"的指称意义》，《西南农业大学学报（社会科学版）》2010 年第 1 期。

刘月华、潘文娱、故铧：《实用现代汉语语法》（增订本），商务印书馆 2001 年版。

刘泽民：《论同位结构》，《西北师大学报》1997 年第 2 期。

刘探宙、张伯江：《现代汉语同位同指组合的性质》，《中国语文》2014

年第 3 期。

　　陆俭明：《同类词连用规则刍议》，《中国语文》1994 年第 5 期。

　　吕叔湘、朱德熙：《语法修辞讲话》，开明书店 1952 合订本初版，中国青年出版社 1979 再版。

　　吕叔湘：《中国文法要略》，商务印书馆 1940 年版；《吕叔湘文集》第一卷，商务印书馆 1990 年版。

　　吕叔湘：《汉语语法论文集》，商务印书馆 1944 年版；《吕叔湘文集》第二卷，商务印书馆 1990 年版。

　　吕叔湘：《现代汉语语法》（提纲），1976 年初稿，未出版，收入《吕叔湘全集》第十三卷，辽宁教育出版社 2002 年版。

　　吕叔湘：《汉语语法分析问题》，商务印书馆 1979 年版；《吕叔湘文集》第二卷，商务印书馆 1990 年版。

　　吕叔湘主编：《现代汉语八百词》，商务印书馆 1980 初版，2002 增订本。

　　吕叔湘著、江蓝生补：《近代汉语指代词》，商务印书馆 1985 年版。

　　马建忠：《马氏文通》，商务印书馆 1898 初版，1998 再版。

　　马庆株：《顺序义对体词语法功能的影响》，《中国语言学报》1991 年第 4 期。

　　孟蓬生：《上古汉语的大名冠小名语序》，《中国语文》1993 年第 4 期。

　　潘玉坤：《西周金文中的同位语结构及其语序》，《古籍整理研究学刊》2005 年第 2 期。

　　齐沪扬：《现代汉语短语》，华东师范大学出版社 2000 年版。

　　阮氏秋荷：《现代汉语同位短语的多角度研究》，博士学位论文，华中师范大学，2009 年。

　　人民教育出版社中学语文室：《暂拟汉语教学语法系统》，人民教育出版社 1956 年版。

　　人民教育出版社中学语文室：《中学教学语法系统提要》（试用），人民教育出版社 1984 年版。

　　沈家煊：《语法六讲》，商务印书馆 2011 年版。

　　沈家煊：《"零句"和"流水句"》，《中国语文》2012 年第 5 期。

　　沈家煊：《谓语的指称性》，《外文研究》2013 年第 1 期。

　　沈家煊：《汉语的逻辑这个样，汉语是这样的》，《语言教学与研究》2014 年第 2 期。

沈阳、徐烈炯：《题元理论与汉语配价问题》，《国外语言学》1998 年第3 期。

沈阳、何元建、顾阳：《生成语法理论与汉语语法研究》，黑龙江教育出版社 2001 年版。

唐兰：《西周青铜器铭文分代史征》，中华书局 1986 年版。

徐华：《复指结构"人称代词＋一个 NP"构式分析》，硕士学位论文，哈尔滨师范大学，2013 年。

完权：《超越描写与区别之争："的"的认知入场作用》，《世界汉语教学》2012 年第 2 期。

完权：《从"复合词连续统"看"的"的隐现》，《语法研究和探索》（十七），商务印书馆 2014 年版。

王忠：《同位结构的认知机制及语义关系研究》，硕士学位论文，上海师范大学，2005 年。

吴绪主编：《法语基础语法》，商务印书馆 1979 年版。

项开喜：《与"V 到 NP"相关的句法语义问题》，南开大学中文系编《语言研究论丛》（第七辑），语文出版社 1997 年版。

闫亚平：《人际功能与"人家"所指的扩张》，《语言教学与研究》2007 年第 2 期。

杨靖宇：《"人称代词＋指人名词"结构的歧义》，《汉语学习》1998 年第3 期。

姚小鹏：《现代汉语复指短语研究》，硕士学位论文，广西师范大学，2005 年。

叶南薰原著、张中行修订：《复指和插说》，"汉语知识讲话"丛书，上海教育出版社 1985 年版。

于海燕、包丽娜：《汉语中"人家"的主观性标记》，《大众文艺》2011年第 1 期。

于泳波：《"人称代词＋一个＋NP"的句法语义分析》，第十七届全国现代汉语语法学术讨论会论文，上海，2012 年。

袁毓林：《定语顺序的认知解释及其理论蕴涵》，《中国社会科学》1999年第 2 期。

袁毓林、马辉、周韧、曹宏等：《汉语词类划分手册》，北京语言大学出版社 2009 年版。

岳中奇：《同位结构与名词性偏正结构》，《语文研究》2001 年第 3 期。

郑友阶：《同位语句法研究》，博士学位论文，华中师范大学，2013 年。

张伯江、方梅：《汉语功能语法研究》，江西教育出版社 1996 年版。

张伯江：《关于"索取类双宾语"》，《语言学论丛》第三十三辑，商务印书馆 2006 年版。

张伯江：《汉语限定性成分的语用属性》，《中国语文》2010 年第 3 期。

张伯江、吴早生：《释汉语"指·量短语"的两种意义——兼论定冠词问题》，《现代中国语研究》第 14 期，日本朝日出版社 2012 年版。

张伯江：《汉语话题结构的根本性》，《木村英树教授还历记念中国语文法论丛》，日本白帝社出版社 2013 年版。

张伯江：《汉语句法结构的观察角度》，《语法研究和探索》（十七），商务印书馆 2014 年版。

张会森：《最新俄语语法》，商务印书馆 2000 年版。

张黎、于康：《汉语指称性成分的等级分类及其对判断句的影响》，《语法研究和探索》（十），商务印书馆 2000 年版。

张旺熹：《汉语"人称代词＋NP"复指结构的话语功能》，《当代修辞学》2010 年第 5 期。

张旺熹、韩超：《人称代词"人家"的劝解场景与移情功能》，《语言教学与研究》2011 年第 6 期。

张旺熹：《汉语人称代词复用结构的情感表达功能》，《当代修辞学》2012 年第 3 期。

张文章：《浅谈同位短语与主谓短语的区分》，《绍兴师专学报》1996 年第 1 期。

张志公：《汉语知识》，人民教育出版社 1959 年版。

张志公：《现代汉语》，人民教育出版社 1982 年版。

周韧：《"全"的整体性语义特征及其句法后果》，《中国语文》2011 年第 2 期。

周日安：《名名组合的句法语义研究》，中国社会科学出版社 2010 年版。

周巍：《俄语同位语用法探析》，《黑河学院学报》2012 年第 6 期。

周振明：《维语同位主语、同等主语句中超常主从一致联系说略》，《喀什师院学报》1994 年第 1 期。

赵静贞：《同位结构在表达上的作用》，《汉语学习》1982 年第 2 期。

中国社会科学院语言研究所词典室编《现代汉语词典》（第 6 版），商务印书馆 2012 年版。

朱德熙：《语法讲义》，商务印书馆 1982 年版。

朱德熙：《自指和转指——汉语名词化标记"的、者、所、之"的语法功能和语义功能》，《方言》1983 年第 1 期。

朱德熙：《语法答问》，商务印书馆 1985 年版。

朱德熙：《从方言和历史看状态形容词的名词化兼论汉语同位性偏正结构》，《方言》1993 年第 2 期。

朱英贵：《同指短语内部直接同指项的确认问题》，《成都大学学报（社科版）》2005 年第 2 期。

朱英贵：《论"复指"与"同位"》，《四川师范大学学报》2009 年第 4 期。

Abney，S.，*The English Noun Phrase in its Sentential Aspect*，Ph. D. dissertation，MIT，1987.

Bhat，D. N. S.，*Pronouns*，Oxford：Oxford University Press，2004.

Aboh，Enoch，O.，"Topic and focus within D"，*Linguistics in the Netherlands* 21，2004.

Bosse，S.，"Split DPs in (Northern) German as derived structures". *Interdisciplinary Journal of Germanic Linguistics and Semiotic Analyses*. 14 (2)，2009.

Burton-Roberts，N.，"Nominal Apposition". *Foundations of Language* 13/3，1975.

Carlson，G.，*Reference to Kinds in English*，Ph. D. thesis，UMass，Amherest，1977.

Chao，Y. R.，*A Grammar of Spoken Chinese*. Berkeley and Los Angeles：University of California Press，1968；吕叔湘节译，《汉语口语语法》，商务印书馆 1979 年版；丁邦新译，《中国话的文法》，香港中文大学出版社 1980 年版、2002 年增订本版。

Diessel，H.，*Demonstratives：Form，Function，and Grammaticalization*. Amsterdam：John Benjamins，1999.

Fillmore，Charles，*Lectures on Deixis*，Stanford：Centre for the Study of Language & Information Publications，1997.

Frajzyngier, *A Grammar of Mupan*, Berlin: Dietrich Reimer Verlag, 1993.

Greville G. Corbett, *Agreement*, New York: Cambridge University Press, 2006.

Haugen Einar, "On Resolving the close apposition". *American Speech* 28, 1953.

Hannay, Mike & Evelien Keizer, "Non-restrictive apposition in an FDG of English". In Nial Mackenzie & M. Angeles G'omez-Gonz'alez (eds.), *Studies in Functional Discourse Grammar*, Bern: Peter Lang, 2005.

Heringa, H. "Appositional constructions: coordination and predication". In: Marlies kluck & Erik-Jan Smits (eds.), *Procecdings of the Fifth Semantics in the Netherlands Day*, Groningen: University of Groningen, 2007.

Hockett, C. F., "Attribution and apposition". *American Speech* 30, 1955.

Huang, C.—T J., Li, Y. H. Audrey and Li, Yafei, *The Syntax of Chinese*, Cambridge: Cambridge University Press, 2009.

Ion, G., "Split DP Topicalization and the role of interfaces", *Interface legibility at the edge*. Oxford: Oxford University Press, 2006.

Jackendoff, R., "X-Bar Syntax: A Study of Phrase Structure". Linguistic Inquiry Monograph Vol. 2. Cambridge: MIT Press, 1977.

JC Acuña-Fariña, "Aspects of the grammar of close apposition and the structure of the noun phrase", *English Language & Linguistics* 13 (3), 2009.

Jesperson, O., *A modern English grammar on historical principles*. London: Allen & Unwin, 1961.

Koktova, E., "Apposition as a pragmatic phenomenon in a functional description". *University of East Anglia Papers in Linguistics*, 1985.

Lekakou, Marika & Kriszta Szendröi, "Eliding the noun in close apposition, or Greek polydefinites revisited". *UCL Working Papers in Linguistics*, 2007. (www. phon. ucl. ac. uk/publications/WPL/uclwpl19. html).

Levinson, S., *Pragmatics*, Cambridge: Cambridge University Press, 1983.

Levinson, S., "Deixis", *The Handbook of Pragmatics*, Laurence Horn and Gregory Ward (eds.). Oxford: Blackwell Publishing, 2004.

Lin Yi-An, "The Syntax-Discourse Interface of Nominal Phrases in Chinese: A Split-DP Account", The 17th Annual conference of the International

Association of Chinese Linguistics Paper, 2009.

Lieber, Rochelle & Pavol Štekauer (eds.), *The Oxford Handbook of Compounding*. Oxford: Oxford University Press, 2009.

Lyons, C., *Definiteness*. Cambridge: Cambridge University Press, 1989.

Lyons, J., *Semantics. Vol.2*, Cambridge: Cambridge University Press, 1977.

McCawley, J. D., *The Syntactic Phenomena of English* (2nd edition), Chicago: University of Chicago Press, 1998.

María Dolores Gómez Penas, "Apposition in English: a linguistic study based on a literary corpus". *Revista Alicantina de Estudios Ingleses*, (7), 1994.

Mark De Vries, "The Syntax of Appositive Relativization: On Specifying Coordination, False Free Relatives and Promotion". *Linguistic Inquiry*, 37, 2006.

Meyer, Charles F., *Apposition in Contemporary English*. Cambridge: Cambridge University Press, 1992.

Newman, P. *The Hausa Language*. New Haven: Yale University Press, 2011.

Poutsma, H., *A grammar of late modern English*, *Part I*. Groningen: Noordhoff, 1904.

Luigi Rizzi, "*The Fine Structure of the Left Periphery*", In: L. Haegeman (eds.), *Elements of Grammar: Handbook of Generative Grammar*, Dordrecht: kluwer Academic Publishers, 1997.

Rodney Huddleston and Geoffrey K. Pullum, *The Cambridge Grammar of The English Language*, Cambridge: Cambridge University Press, 2002.

Saltarelli M., *Basque*, London: Croom Helm, 1988.

Steele, S., "Word order variation: a typological study". In: Joseph H. Greenberg, Charles A. Ferguson & Edith A. Moravcsik (eds.) *Universals of Human Language IV: Syntax*. Stanford: Stanford University Press, 1978.

Tao, Hongyin, "The Grammar of Demonstratives in Mandarin Conversational Discourse: A Case Study", *Journal of Chinese Linguistics*, 27, 1999.

后　记

2012 年，语言所句法语义学科进入"中国社会科学院创新工程"。作为执行研究员，我承担了"汉语句法语义研究的理论与实践"项目的子课题"现代汉语同位同指组合"研究。四五年的时间，此书终得成稿。有幸被纳入"文库"，我甚为荣幸和自豪，感谢各位评审老师的抬爱！

其实，在"创新工程"开始前，我就已经开始了这项课题的前期研究工作。

早在 2009 年初，我写方言语法文章《烟台话不带指示词和数词的量词结构》时（后刊于《中国语文》2012 年第 1 期），对"数量名""指量名"结构和定指、不定指等现象产生兴趣。同年春夏，因为读到张伯江老师为"两岸三地句法语义研讨会"写的论文初稿《汉语限定性成分的语用属性》（后刊于《中国语文》2010 年第 3 期），我开始进一步关注汉语中包含代词和限定词等成分的名词性短语。那次会议结束后，张老师带回一篇直接相关的英文文献，作者是台湾学者林怡安。他用形式语法的"DP 分裂假说"来分析汉语的限定词相关现象。正是这两篇文献，引发了我对汉语名词短语的浓厚兴趣。

同年秋天，我在职到北大跟从沈阳老师攻读博士学位。开学后，沈老师开了一门"生成语法理论与汉语语法研究"的课程，内容之一就是分章研读 Huang et al（2009）*The Syntax of Chinese* 一书，我选讲"名词短语"一章。这本书给了我重大的启发和研究兴趣。经过以上这些积累，我写了篇有关汉语数量短语和限定词短语问题的报告，沈老师一听就说："继续做下去，可以就此做博士论文，我们未来的课题方向就做名词短语。"导师的学术敏感和判断力，使我充满信心。

2010 年夏末，带着很多问题和想法，我去了香港理工大学石定栩先生那里，进行为期一年的博士生联合培养。感谢沈老师给我争取的这个联合培养机会，在香港的一年中，石老师深厚的现代语言学理论素养和独到的视角使我从思维到方法都有很大的进步。而他常挂在嘴边的"Theories come and go. Data are always there"对我影响至深。

随着对 DP 理论文献越来越深的接触，我发现，汉语中所谓的"多项限定词共现"其实多是多项同位成分组合的结果。当形式派的学者困惑一个 D 位置如何给两个限定成分安排合适的句法位置时，我发现还有三项、四项甚至更多这样的共现成分，这就是汉语独特的多项同位同指复杂组合。于是我决定系统地考察一下这种组合。在查阅了不少外语文献后，我看到，汉语的这种同位组合与其他语言的同位短语差异极大，尤其是多项组合，在别的语言中几乎不可能实现，而在汉语中，随着说话者对受话者背景信息的判断，可以往一个短语里添加不同侧面的信息，使所描述事物的信息更加丰富而立体，而这样的信息，最多可以有八项。于是，我扔掉头脑中固有的理论想法，踏踏实实地转到汉语的语言事实中来。

在北大读书期间，陆俭明老师、郭锐老师、袁毓林老师、胡敕瑞老师、刘子瑜老师、董秀芳老师和詹卫东老师都给这项研究提出过建设性的意见。这些意见我都在后来的写作中尽可能周全地虚心采纳了。比如袁毓林老师说，一定要把语料做扎实了，描写细致了不管用什么理论解释都有扎实的基础。这句话对我后来的写作起到了重要的警醒作用。我将八类名词成分按内部成员的不同，一个一个拼装起来测试合法度。可这种拼合并不那么容易，每次拼好了，想着再扫一遍的时候，总能发现还有几类被漏掉了，需要拆掉重插进去，这样后面的内容都得跟着做相应的调整。我希望自己能把这个材料尽可能做到齐备，宁多毋少。还有郭锐老师，他对同位同指组合句法框架和实现方式的意见，都促使我后来认真地进行了思考和完善，成就了后半部分一块儿非常重要的内容。小师妹王婷婷，不仅是我所有思考和疑虑的最耐心的倾听者，也是最热心的一个讨论者。感谢这些老师和同学给我的诚恳帮助！

创新工程开始以后，我专注于同位同指组合的理论研究，在博士论文的基础上继续拓展。当涉及生成语法"DP 假说"是否适用于分析汉语同位关系这个问题时，胡建华老师曾不遗余力地给予我批评指正，尽管最后我坚持了我的分析思路，但他的批评促使我更深入地查阅研读各种文献，从而对这个问题有了更进一步的认识。每当我在办公室提出讨论时，所有老师和同事都热情地回应我，使我受益匪浅。尤其是张伯江老师，在我的整个研究和写作中，从未间断过与我商讨、给我鼓励，并为我书稿作序，可以说，这项研究给我指导和帮助最多的就是张老师。感谢所有同事的帮助！

七八年的光阴一闪而过，多少苦苦思索、多少挑灯奋笔，都在家人的鼎力支持中化作力量。愿我的研究能为我们深入认识汉语尽一份绵薄之力。

最后，真诚感谢责任编辑任明先生对本书认真细致的审校，他为此书付出的所有辛劳终使这项研究得以成书。

刘探宙

2016 年 6 月于北京